国家职业技能鉴定指南

GUOJIA ZHIYE JINENG JIANDING ZHINAN

QICHE YINGXIAOSHI

人力资源和社会保障部教材办公室组织编写

汽车营销师

（国家职业资格四级）

主　编　任孝型
编　者　陶路路　王　伟　张玉龙
审　稿　鲁植雄

中国劳动社会保障出版社

图书在版编目(CIP)数据

汽车营销师：国家职业资格四级/人力资源和社会保障部教材办公室组织编写. —北京：中国劳动社会保障出版社，2011

ISBN 978-7-5045-8940-8

国家职业技能鉴定指南

Ⅰ.①汽… Ⅱ.①人… Ⅲ.①汽车-市场营销学-职业技能-鉴定-指南 Ⅳ.①F766-62

中国版本图书馆 CIP 数据核字(2011)第 054263 号

中国劳动社会保障出版社出版发行
（北京市惠新东街1号 邮政编码：100029）
出版人：张梦欣

*

北京市艺辉印刷有限公司印刷装订 新华书店经销
787毫米×1092毫米 16开本 12.75印张 302千字
2011年4月第1版 2014年3月第3次印刷
定价：25.00 元

读者服务部电话：010-64929211/64921644/84643933
发行部电话：010-64961894
出版社网址：http://www.class.com.cn

目　录

第一部分 应试指导

一、汽车营销师（国家职业资格四级，以下简称四级）职业技能鉴定形式

分为理论知识考核和专业能力考核。理论知识考核采用闭卷笔试方式，专业能力考核采用案例分析（闭卷考试）和现场实际操作相结合的方式。理论知识考核和专业能力考核均实行百分制，成绩皆达60分及以上者为合格，具体见表Ⅰ—1。

表Ⅰ—1 汽车营销师（四级）职业技能鉴定形式

项目	理论知识考核	专业能力考核	
		案例分析	实车操作
考核时间	90分钟	60分钟	20分钟
考核题型	判断题、单项选择题和多项选择题	简述题和案例分析题	实际操作题
考核题量	120～160题	3～4题	3～4题
考核方式	笔试、闭卷	笔试、闭卷	口试、现场操作
分值	100分	40分	60分

二、汽车营销师（四级）职业技能鉴定命题原则

汽车营销师（四级）职业技能鉴定的命题原则是：以汽车营销师（四级）的职业标准及鉴定要素细目表为依据，确定各考核点的题型，每个鉴定点编制10～15道题。

对于一般重要程度的鉴定点只出判断题，对于重要程度高的鉴定点以单项选择题和多项选择题为主。专业能力考核命题一般是针对重要程度较高的鉴定点命题。

三、汽车营销师（四级）职业技能鉴定试卷构成

1. 理论知识考核试卷构成

汽车营销师（四级）理论知识考核试卷由判断题、单项选择题和多项选择题三部分构成，权重分配为判断题占20%、单项选择题占60%、多项选择题占20%。

2. 专业能力考核试卷构成

（1）试卷组成。专业能力考核由两部分组成，即案例分析与实车操作。案例分析采用笔试方式，占专业能力考核的40%权重；实车操作采用口试与现场操作相结合的方式，占专业能力考核的60%权重。

汽车营销师（四级）专业能力考核试卷中的实车操作部分包括“准备通知单”“试题正文”和“评分记录表”三部分。其中，“评分记录表”包括扣分、得分、备注以及考评员签字，该部分内容由考评员填写，考生不得填写。

（2）考核时间

1）所有专业能力考核项目的鉴定内容必须在规定时间内完成，不得超时。

2）特殊情况下，须与考评员商定后酌情处理。

3）总考核时间为各部分典型试题考核时间的总和。

试卷头中准考证号、考生单位及姓名由考生填写，得分情况由考评员填写。考生在拿到试卷后应首先检查试卷是否和自己所报考的工种、级别相一致。

四、汽车营销师（四级）职业技能鉴定题型及其特点

1. 理论知识考核题型及其特点

汽车营销师（四级）理论知识考核的试题均采用客观性题型，即判断题、单项选择题和多项选择题三种题型。判断题采用陈述句，判断正误。单项选择题采用“四选一”题型，即每一道题有四个备选答案，其中只有一个是正确答案，其他三个备选项不正确，但对正确选项有干扰性。多项选择题设置多个备选答案，其中两个或两个以上答案正确。

汽车营销师（四级）理论知识考核的主要知识点见表Ⅰ—2。

表Ⅰ—2　　**汽车营销师（四级）理论知识考核的主要知识点**

工作内容		鉴定要点
汽车营销人员从业基础	汽车营销的基本概念	市场营销的核心概念
		汽车产品营销的定义
		市场的含义
		市场营销观念的演变
	汽车营销员的基本要求	汽车营销人员的基本素质
		汽车营销人员应具备的工作意识
	职业道德	道德
		职业与职业道德
		汽车营销师的职业守则
		汽车营销师的职业道德
	相关法律法规常识	合同法
		产品质量法
		消费者权益保护法
		专项法规
		机动车交易管理办法
	汽车保险	机动车辆保险及险种
		车辆损失险的附加险
		第三者责任险的附加险
		其他附加险
	保险索赔	保险索赔程序
		赔付规定及时间
		保险条款中的不赔责任
汽车营销商务礼仪	礼仪规范	商务礼仪的定义
		礼仪的基本原则和作用
		汽车营销基本礼仪规范
		汽车销售人员的外在形象

续表

工作内容		鉴定要点
汽车营销商务礼仪	礼仪规范	汽车销售人员的谈吐休养
	礼仪与营销技巧	汽车销售人员的电话形象
		迎送技巧
		拜访技巧
		交际技巧
		对顾客不同反应的应对技巧
		各种交往场合，环境的礼仪
汽车技术	汽车工业概况	汽车工业的发展史
		汽车产业的格局
		现代汽车技术发展趋势
	汽车常识	汽车的外形与色彩
		汽车标志
		汽车分类
		汽车编码常识
		汽车发动机构造
		汽车底盘与车身构造
		电气设备
		汽车产品主要性能参数
		汽车产品主要技术参数
		汽车油料
		汽车配置
		汽车日常维护
		汽车一级维护
		汽车二级维护
		汽车换季维护
		汽车新技术
		走合期的使用要求
		汽车使用技术
汽车市场调查	汽车市场	市场营销宏观环境
		市场营销微观环境
		营销信息的特征
		营销信息的主要内容
		市场细分的方法
	市场调查	市场调查的作用
		市场调查的分类
		市场调查的步骤
		市场调查的主要内容

续表

工作内容		鉴定要点
汽车市场调查	市场调查	汽车市场调查的方法
		汽车市场调查的样本选择
		市场调查中的访问技巧
		市场调查的问卷设计
		营销调研的程序
		营销调研实例
	市场预测	汽车市场预测的步骤
		汽车市场预测的方法
		汽车市场预测主要内容
汽车消费者购买行为分析	消费者购买行为分析	消费者需求
		汽车消费者的购买行为特征及其影响因素
		消费者购买行为决策过程
	消费者购买行为的影响因素分析	消费者动机对购买行为的影响
		群体与社会阶层
		交际风格类型
		整体产品概念
		产品生命周期
		产品生命周期中的营销策略
		新产品的定义及分类
		新产品开发
		汽车产品
		汽车用户的类型
		汽车消费市场的基本特征
		汽车消费者的购买行为模式
		集团组织市场的购买者类型
		集团组织市场的特点
		集团组织购买行为类型
		影响集团组织购买行为的主要因素
		集团组织的购买方式
	定价策略	影响汽车产品定价的主要因素
		汽车产品的基本定价方法
		汽车产品的价格策略
	促销策略	促销与促销组合策略的概念及作用
		汽车产品常见的促销方式
		促销组合决策

续表

工作内容		鉴定要点
汽车销售	汽车销售主要工作内容、原理与流程	汽车销售主要工作内容
		汽车销售原理
		汽车销售流程
	销售准备	销售人员的作用
		对销售人员的要求
		销售的基础准备
		电话访问前的准备
	顾客接待	顾客接待的方法
	寻找潜在客户	寻找潜在客户的途径
		发展潜在顾客的方法
		潜在客户的判定
		对潜在顾客的态度
	讲解技巧	汽车销售的洽谈技巧
		六方位汽车展示
	顾客异议处理	顾客异议分类
		顾客异议处理原则
		顾客异议处理方法
	成交谈判	引导谈判的方法
		谈判的目的与原则
		商务谈判的一般程序
		价格谈判
		谈判策略
		谈判的技巧
		销售缔结
	交车	交车与付款流程
		付款方式
		PDI
		新车注册准备事项及办理流程
	客户关怀	客户回访
		处理投诉

2. 专业能力考核题型及其特点

汽车营销师（四级）专业能力考核中的案例分析部分，采用简述题要求和案例分析题。简述题主要对汽车营销中的主要技能点进行论述；案例分析题要求对汽车营销中的个案进行综合分析。

汽车营销师（四级）专业能力考核的实车操作部分，试题一般可分为三类：第一类是单项综合型试题，即用一个考核项目综合性地考察考生在多个技能要素上的总体情况；第二类是多项组合型试题，即用多个项目进行抽样组合来达到对考生的专业能力进行综合考察的目的；第三类是多项零散型试题，即用能反映考生某方面专业能力的若干项目，从中选择具有典型性或代表性的几个项目进行考核。

汽车营销师（四级）专业能力考核包括仪表礼仪、行为规范、六方位绕车法、交流沟通和转移话题的能力以及谈判技巧、咨询服务等方面内容，主要考核要点见表Ⅰ—3。

表Ⅰ—3　　汽车营销师（四级）专业能力考核要点

考核内容		选项	配分
案例分析	汽车保险业务知识	任选三项	40分
	汽车销售流程		
	汽车营销原理		
	汽车营销观念		
	汽车市场调查		
	汽车消费者购买行为分析		
仪表礼仪	销售人员的外在形象	必考	60分
	销售人员的谈吐修养		
	电话营销技巧	任选一项	
	销售人员的接待技巧		
产品介绍	六方位汽车展示	必考	
	汽车产品知识介绍	任选两项	
	汽车结构和性能		
	汽车使用技术知识		
谈判技巧	语言表达能力	必考	
	价格异议的处理方法	任选两项	
	销售洽谈技巧		
	消费者行为分析		
咨询服务	汽车上牌服务	任选两项	
	汽车投保服务		
	汽车消费信贷服务		
	汽车售后服务		
	汽车走合期相关知识		

五、汽车营销师（四级）职业技能鉴定应试技巧

1. 理论知识考核应试技巧

汽车营销师（四级）理论知识考核采用涂答题卡标准化考试，标准答题卡如图Ⅰ—1所示。标准答题卡有100道题、150道题、200道题等多种样式，但结构一致，每一题下方有5个选择项，即A、B、C、D、E。

（1）准备的文具。标准化考试答案涂在答题卡上，需要准备如下几种文具：

1）铅笔。用来在答题卡上填涂答案信息点。为保证阅读器在答题卡上采集的信息准确无误，要求考生所填涂的信息点要达到一定的黑度，通常用2B型铅笔填涂比较合适。

国家职业资格全国统一鉴定答题卡

省（自治区、直辖市）：________ 地区（市）：________ 鉴定地点：________ 所在单位：________

姓名：	准考证号码																		科目		
	[0]	[0]	[0]	[0]	[0]	[0]	[0]	[0]	[0]	[0]	[0]	[0]	[0]	[0]	[0]	[0]	[0]	[0]	[0]	[0]	[0]
报考职业：	[1]	[1]	[1]	[1]	[1]	[1]	[1]	[1]	[1]	[1]	[1]	[1]	[1]	[1]	[1]	[1]	[1]	[1]	[1]	[1]	[1]
	[2]	[2]	[2]	[2]	[2]	[2]	[2]	[2]	[2]	[2]	[2]	[2]	[2]	[2]	[2]	[2]	[2]	[2]	[2]	[2]	[2]
	[3]	[3]	[3]	[3]	[3]	[3]	[3]	[3]	[3]	[3]	[3]	[3]	[3]	[3]	[3]	[3]	[3]	[3]	[3]	[3]	[3]
报考等级：	[4]	[4]	[4]	[4]	[4]	[4]	[4]	[4]	[4]	[4]	[4]	[4]	[4]	[4]	[4]	[4]	[4]	[4]	[4]	[4]	[4]
	[5]	[5]	[5]	[5]	[5]	[5]	[5]	[5]	[5]	[5]	[5]	[5]	[5]	[5]	[5]	[5]	[5]	[5]	[5]	[5]	[5]
	[6]	[6]	[6]	[6]	[6]	[6]	[6]	[6]	[6]	[6]	[6]	[6]	[6]	[6]	[6]	[6]	[6]	[6]	[6]	[6]	[6]
A ▬	[7]	[7]	[7]	[7]	[7]	[7]	[7]	[7]	[7]	[7]	[7]	[7]	[7]	[7]	[7]	[7]	[7]	[7]	[7]	[7]	[7]
	[8]	[8]	[8]	[8]	[8]	[8]	[8]	[8]	[8]	[8]	[8]	[8]	[8]	[8]	[8]	[8]	[8]	[8]	[8]	[8]	[8]
	[9]	[9]	[9]	[9]	[9]	[9]	[9]	[9]	[9]	[9]	[9]	[9]	[9]	[9]	[9]	[9]	[9]	[9]	[9]	[9]	[9]

答 题 区

1	2	3	4	5	6	7	8	9	10	11	12	13	14	15	16	17	18	19	20	21	22	23	24	25
[A]	[A]	[A]	[A]	[A]	[A]	[A]	[A]	[A]	[A]	[A]	[A]	[A]	[A]	[A]	[A]	[A]	[A]	[A]	[A]	[A]	[A]	[A]	[A]	[A]
[B]	[B]	[B]	[B]	[B]	[B]	[B]	[B]	[B]	[B]	[B]	[B]	[B]	[B]	[B]	[B]	[B]	[B]	[B]	[B]	[B]	[B]	[B]	[B]	[B]
[C]	[C]	[C]	[C]	[C]	[C]	[C]	[C]	[C]	[C]	[C]	[C]	[C]	[C]	[C]	[C]	[C]	[C]	[C]	[C]	[C]	[C]	[C]	[C]	[C]
[D]	[D]	[D]	[D]	[D]	[D]	[D]	[D]	[D]	[D]	[D]	[D]	[D]	[D]	[D]	[D]	[D]	[D]	[D]	[D]	[D]	[D]	[D]	[D]	[D]
[E]	[E]	[E]	[E]	[E]	[E]	[E]	[E]	[E]	[E]	[E]	[E]	[E]	[E]	[E]	[E]	[E]	[E]	[E]	[E]	[E]	[E]	[E]	[E]	[E]
26	27	28	29	30	31	32	33	34	35	36	37	38	39	40	41	42	43	44	45	46	47	48	49	50
[A]	[A]	[A]	[A]	[A]	[A]	[A]	[A]	[A]	[A]	[A]	[A]	[A]	[A]	[A]	[A]	[A]	[A]	[A]	[A]	[A]	[A]	[A]	[A]	[A]
[B]	[B]	[B]	[B]	[B]	[B]	[B]	[B]	[B]	[B]	[B]	[B]	[B]	[B]	[B]	[B]	[B]	[B]	[B]	[B]	[B]	[B]	[B]	[B]	[B]
[C]	[C]	[C]	[C]	[C]	[C]	[C]	[C]	[C]	[C]	[C]	[C]	[C]	[C]	[C]	[C]	[C]	[C]	[C]	[C]	[C]	[C]	[C]	[C]	[C]
[D]	[D]	[D]	[D]	[D]	[D]	[D]	[D]	[D]	[D]	[D]	[D]	[D]	[D]	[D]	[D]	[D]	[D]	[D]	[D]	[D]	[D]	[D]	[D]	[D]
[E]	[E]	[E]	[E]	[E]	[E]	[E]	[E]	[E]	[E]	[E]	[E]	[E]	[E]	[E]	[E]	[E]	[E]	[E]	[E]	[E]	[E]	[E]	[E]	[E]
51	52	53	54	55	56	57	58	59	60	61	62	63	64	65	66	67	68	69	70	71	72	73	74	75
[A]	[A]	[A]	[A]	[A]	[A]	[A]	[A]	[A]	[A]	[A]	[A]	[A]	[A]	[A]	[A]	[A]	[A]	[A]	[A]	[A]	[A]	[A]	[A]	[A]
[B]	[B]	[B]	[B]	[B]	[B]	[B]	[B]	[B]	[B]	[B]	[B]	[B]	[B]	[B]	[B]	[B]	[B]	[B]	[B]	[B]	[B]	[B]	[B]	[B]
[C]	[C]	[C]	[C]	[C]	[C]	[C]	[C]	[C]	[C]	[C]	[C]	[C]	[C]	[C]	[C]	[C]	[C]	[C]	[C]	[C]	[C]	[C]	[C]	[C]
[D]	[D]	[D]	[D]	[D]	[D]	[D]	[D]	[D]	[D]	[D]	[D]	[D]	[D]	[D]	[D]	[D]	[D]	[D]	[D]	[D]	[D]	[D]	[D]	[D]
[E]	[E]	[E]	[E]	[E]	[E]	[E]	[E]	[E]	[E]	[E]	[E]	[E]	[E]	[E]	[E]	[E]	[E]	[E]	[E]	[E]	[E]	[E]	[E]	[E]
76	77	78	79	80	81	82	83	84	85	86	87	88	89	90	91	92	93	94	95	96	97	98	99	100
[A]	[A]	[A]	[A]	[A]	[A]	[A]	[A]	[A]	[A]	[A]	[A]	[A]	[A]	[A]	[A]	[A]	[A]	[A]	[A]	[A]	[A]	[A]	[A]	[A]
[B]	[B]	[B]	[B]	[B]	[B]	[B]	[B]	[B]	[B]	[B]	[B]	[B]	[B]	[B]	[B]	[B]	[B]	[B]	[B]	[B]	[B]	[B]	[B]	[B]
[C]	[C]	[C]	[C]	[C]	[C]	[C]	[C]	[C]	[C]	[C]	[C]	[C]	[C]	[C]	[C]	[C]	[C]	[C]	[C]	[C]	[C]	[C]	[C]	[C]
[D]	[D]	[D]	[D]	[D]	[D]	[D]	[D]	[D]	[D]	[D]	[D]	[D]	[D]	[D]	[D]	[D]	[D]	[D]	[D]	[D]	[D]	[D]	[D]	[D]
[E]	[E]	[E]	[E]	[E]	[E]	[E]	[E]	[E]	[E]	[E]	[E]	[E]	[E]	[E]	[E]	[E]	[E]	[E]	[E]	[E]	[E]	[E]	[E]	[E]
101	102	103	104	105	106	107	108	109	110	111	112	113	114	115	116	117	118	119	120	121	122	123	124	125
[A]	[A]	[A]	[A]	[A]	[A]	[A]	[A]	[A]	[A]	[A]	[A]	[A]	[A]	[A]	[A]	[A]	[A]	[A]	[A]	[A]	[A]	[A]	[A]	[A]
[B]	[B]	[B]	[B]	[B]	[B]	[B]	[B]	[B]	[B]	[B]	[B]	[B]	[B]	[B]	[B]	[B]	[B]	[B]	[B]	[B]	[B]	[B]	[B]	[B]
[C]	[C]	[C]	[C]	[C]	[C]	[C]	[C]	[C]	[C]	[C]	[C]	[C]	[C]	[C]	[C]	[C]	[C]	[C]	[C]	[C]	[C]	[C]	[C]	[C]
[D]	[D]	[D]	[D]	[D]	[D]	[D]	[D]	[D]	[D]	[D]	[D]	[D]	[D]	[D]	[D]	[D]	[D]	[D]	[D]	[D]	[D]	[D]	[D]	[D]
[E]	[E]	[E]	[E]	[E]	[E]	[E]	[E]	[E]	[E]	[E]	[E]	[E]	[E]	[E]	[E]	[E]	[E]	[E]	[E]	[E]	[E]	[E]	[E]	[E]
126	127	128	129	130	131	132	133	134	135	136	137	138	139	140	141	142	143	144	145	146	147	148	149	150
[A]	[A]	[A]	[A]	[A]	[A]	[A]	[A]	[A]	[A]	[A]	[A]	[A]	[A]	[A]	[A]	[A]	[A]	[A]	[A]	[A]	[A]	[A]	[A]	[A]
[B]	[B]	[B]	[B]	[B]	[B]	[B]	[B]	[B]	[B]	[B]	[B]	[B]	[B]	[B]	[B]	[B]	[B]	[B]	[B]	[B]	[B]	[B]	[B]	[B]
[C]	[C]	[C]	[C]	[C]	[C]	[C]	[C]	[C]	[C]	[C]	[C]	[C]	[C]	[C]	[C]	[C]	[C]	[C]	[C]	[C]	[C]	[C]	[C]	[C]
[D]	[D]	[D]	[D]	[D]	[D]	[D]	[D]	[D]	[D]	[D]	[D]	[D]	[D]	[D]	[D]	[D]	[D]	[D]	[D]	[D]	[D]	[D]	[D]	[D]
[E]	[E]	[E]	[E]	[E]	[E]	[E]	[E]	[E]	[E]	[E]	[E]	[E]	[E]	[E]	[E]	[E]	[E]	[E]	[E]	[E]	[E]	[E]	[E]	[E]

填涂说明		
	1. 请用 2B 铅笔正确填涂，保持卡面清洁，修改时用橡皮擦干净。 2. 科目部分请填涂鉴定科目的代码，科目代码从试卷说明部分查找。 3. 正确填涂样例▬，错误填涂样例 [✓] [×] [▮] [/]。 4. 出现缺考、作弊情况，由考场监考人员填涂右框内容。	缺考 [ ] 作弊 [ ]

人力资源和社会保障部职业技能鉴定中心监制

图 I—1 答题卡式样

2）橡皮。用来修改答题区涂错的信息点，考生涂错的信息点一定要擦干净，否则机器会认为你多涂了信息点，做出错误的判别。

3）垫板。为防止涂写答题卡时因桌面不平造成破损，每个考生要准备一块垫板垫在答题卡下面。通常使用的垫板有两种，一种是商店出售的塑料垫板，一种是专用的空白硬纸板。

（2）答题卡涂写方法。在答题时，用 2B 铅笔在答题卡上将选项的答案的信息点（如〔B〕）从左至右涂满、涂黑（■）。对于判断题，通常是将正确的涂 A，错误的涂 B，其方法如图Ⅰ—2 所示。

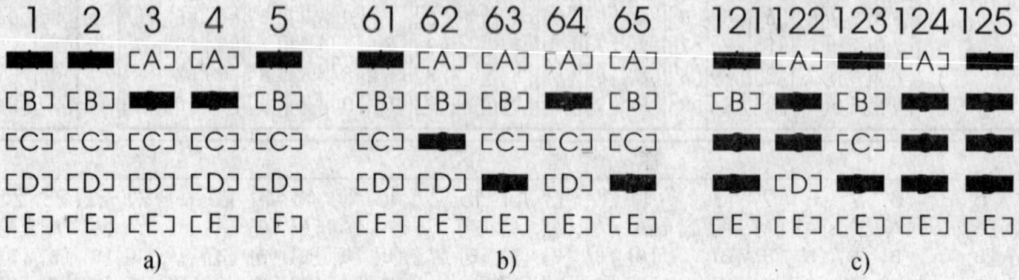

图Ⅰ—2　答题卡的涂写方法

a）判断题　b）单项选择题　c）多项选择题

（3）填涂技巧。标准化考试考生最易出现的问题是填涂不规范，以致在机器阅卷中产生误差。克服这类问题的简单方法是要把铅笔削好。铅笔不能削尖削细，而应相对粗些，且应把铅笔尖削磨成马蹄状或者直接把铅笔削成方形，这样一个答案信息点最多只涂两笔就可以涂好，既快又标准。

在考试中要十分注意，不要漏涂、错涂试卷科目和考号。在接到答题卡后不应忙于答题，而应在监考老师的统一组织下将答题卡的表头按要求进行“两填两涂”，即用蓝色或黑色钢笔、圆珠笔填写姓名、准考证号；用 2B 铅笔涂黑考试科目、涂黑准考证号。

（4）答题技巧

1）审涂分离移植法。这种方法是考生在接到试题后，不急于在答题卡上作答，而是先审题，并将自己认为正确的答案轻轻标记在试卷相应的题号上。审题后再仔细推敲自己选择的答案是否正确，经反复检查确认不再改动后，再依次移植到答题卡上来。

2）审涂结合并进法。这种方法是考生在接到试题后，一边审题，一边将选择的答案代号在答题卡相应位置上填涂，边审边涂，齐头并进。

3）审涂记号加重法。这种方法是考生在拿到试题后，一边审题，一边将选择的答案用铅笔在答题卡相应位置上轻轻记录（可以打钩或轻轻一画）。待审定确认不再改动后，再在记录的答题卡上加重涂黑。

（5）猜答技巧。选择题存在凭猜测得分的可能性，即机遇分。这种机遇分对每个考生是均等的，只要正确把握这种机遇，就不会造成考试的不公平。

1）单选型选择题猜答得分的机遇。标准化考试用得比较多的是单选型选择题，例如四选一题型。回答这种题目，首先要注意题目说明中是否有答错倒扣分的规定，如没有，当遇到不能肯定地选出正确答案的题目时，千万不要放弃，应该猜答。如果试题说明中有答错倒扣分的规定，对于一个干扰项也不能排除的题目，考生不要猜答。但是你若能肯定地排除一个或两个干扰项，余下的选项可以猜答，这时得分的机遇大于失分的机遇。

2）多项选择题的猜答机遇。多选型选择题不易猜答，但仍有它的答题基本方法：

①消元法。多项选择题都是两个或两个以上答案是正确的，其干扰项（错误项）最多为两个，因此，遇到此题运用消元法是最普遍的。先将自己认为不是正确的备选项消除掉，余下的则为应选项。

②分析法。将备选项全部置于试题中，纵横比较，逐个分析，去误求正，去伪存真，获得理想的答案。

③语感法。在答题中因找不到充分的根据确定正确选项时，可以将试题默读几遍，自己感觉读起来不别扭，语言流畅、顺口，即可确定为答案。

④类比法。多个选项中有一个备选项不属于同一范畴，那么，余下的几项则为应选项。如有两个备选项不能归类时，则根据优选法选出其中一组备选项作为自己的选择项。

⑤推测法。利用上下文推测词义。有些试题要从句子中的结构及语法知识推测入手，配合自己平时积累的常识来判断，推测出逻辑的条件和结论，以期将正确的选项准确地选出。

2. 专业能力考核应试技巧

汽车营销师（四级）专业能力应试应注意：

（1）提高快速、准确地解决实际问题的能力。

（2）做好考前的针对性练习。

（3）做好考场的适应性练习。考场的适应性练习是指在临近考核前，考生应到技能鉴定考核现场进行考前适应性练习。要熟悉鉴定考试环境和鉴定站准备的车型、营销环境等；要根据鉴定范围，演练一两个具有代表性且综合性强的项目，以熟悉操作内容，减轻考前焦虑紧张，增强信心，发挥应有水平。

（4）重要提示

1）考生必须听从鉴定站工作人员的统一指挥，按准考证的要求进入指定的考场、考位。

2）携带准考证、身份证等证件。

3）仔细阅读试卷，明确考题和考核要求，形成正确的操作思路。

4）心态稳定、镇静、自信。

5）严格按照操作程序进行。

6）把握好时间，以便获得完整的、正确的考核结果，以免因时间不够而影响考核成绩。

7）考核过程中一旦发生事故，要沉着冷静，积极配合考务人员做好处理工作。

第二部分 鉴定要点、重点提示与单元训练

单元1 汽车营销人员从业基础

鉴定要点、重点提示

一、鉴定要点

表Ⅱ—1

工作内容	鉴定要点	重要程度
汽车营销的基本概念	市场营销的核心概念	★★★
	汽车产品营销的定义	★★★
	市场的含义	★★★
	市场营销观念的演变	★★
汽车营销员的基本要求	汽车营销人员的基本素质	★★★
	汽车营销人员应具备的工作意识	★★★
职业道德	道德	★
	职业与职业道德	★★★
	汽车营销师的职业守则	★★★
	汽车营销师的职业道德	★★★
相关法律法规常识	合同法	★
	产品质量法	★
	消费者权益保护法	★
	专项法规	★★
	机动车交易管理办法	★★
汽车保险	机动车辆保险及险种	★★★
	车辆损失险的附加险	★★
	第三者责任险的附加险	★★
	其他附加险	★★
保险索赔	保险索赔程序	★
	赔付规定及时间	★
	保险条款中的不赔责任	★

二、重点提示

1. 市场营销的核心概念

（1）营销的含义

1）营销是买卖双方实现互利的交换行为的过程，卖方按买方要求提供商品，使买方商务需求得到满足；同时卖方获得相应的利润，本身也得到满足，双方各得其所。

2）营销的核心是达成交易，是由双方价值交换所构成的行为。

3）营销是系统性的管理过程，包括企业在流通领域内进行的商品交换活动，又包括生产过程前的市场调研活动和流通过程结束后的售后服务。

4）营销涉及企业或个人调查、生产、销售、服务的全过程。

（2）营销的核心概念

1）需要、欲望和需求。需要和欲望是市场营销活动的起点。市场营销者总是通过各种营销手段来影响需求，并根据对需求的预测结果决定是否进入某一产品（服务）市场。

2）产品。人们用产品来满足其需要和欲望。任何能满足人们某种需要和欲望的东西都可以称作产品。

3）价值、满意和质量。顾客做出购买选择是依据自己对产品和服务能提供的价值的理解。顾客是否满意取决于购买者所理解的某产品的价值与其期望值进行的比较。如果产品的价值低于顾客的期望值，购买者就会感到不满意；如果价值等于期望值，购买者就会感到满意；如果价值超过期望值，购买者就会感到非常满意。满意的顾客不仅会重复购买，而且会向其他人介绍产品的好处。质量与顾客的满意度密切相关，质量直接影响产品的性能，从而影响顾客满意程度。质量始于顾客的需要，结束于顾客满意。

4）交换、交易及其关系。交换是指从他人之处取得所需之物，同时以某种东西作为回报的行为。交换是一种过程，在这个过程中，如果双方达成一项协议，就称之为发生了交易。交易是交换的基本组成，是交换双方之间的价值交换，并有法律制度来保证和维护其承诺得以执行。

5）市场。市场是联系生产和消费的纽带，哪里有商品交换存在，哪里就有市场。从营销人员的角度来说，有顾客才有市场，市场是指产品所有现实的和潜在的购买者。

2. 汽车产品营销的定义

汽车相关企业或个人通过调查和预测顾客需求，把满足其需求的商品流和服务流从制造商引向顾客，从而实现其目标的全过程，就是汽车营销。

可以从一下几个方面来理解：

（1）汽车营销的起点不是生产过程，而是顾客的需要。

（2）汽车产品包括实体产品和服务两个方面，服务伴随着产品始终。

（3）汽车营销的目的是企业提供商品流和服务流来为顾客提供全方位的服务。

（4）整个汽车营销活动以顾客满意为终点，可以说顾客是否满意指导着整个汽车营销体系的运行。

3. 市场的含义

（1）市场是商品交换的场所。

（2）市场是商品交换的总和。

（3）市场是消费者对商品的总需求。市场是对某种商品具有需求和支付能力的人或组织。市场就是指消费者对某种商品的总需求，包括现实购买者与潜在购买者需求的总和。市场包括三个要素：有某种需要的人、为满足这种需要的购买力和购买欲望。因而，市场=人口+购买力+购买欲望。这里的市场专指买方及其需要，而不包括卖方。

4. 市场营销观念的演变

菲利普·科特勒认为：营销是个人和集体通过创造、提供并同他人交换有价值的产品，实现其需求和欲望的一种社会过程与管理过程。美国市场营销协会（AMA）将市场营销定义为：市场营销是关于构思、货物和劳务设计、定价、促销和分销的规划与实施过程，目的是创造能实现个人和组织目标的交换。

市场营销的中心是交换，是买卖双方为了实现各自目标而进行的交换过程。市场营销包括市场调研、市场分析与预测、目标市场选择、产品开发设计、价格制定、销售渠道选择、销售促进、售后服务等活动。市场营销是一种综合经营活动。

市场营销观念大体经历了四个阶段，即生产中心观念阶段、推销中心观念阶段、市场营销中心观念阶段及社会营销观念阶段。其中，生产中心观念阶段和推销中心观念阶段合称为传统营销观念，是“以企业为中心的观念”；而后两者合称为现代营销观念，分别是“以顾客为中心的观念”和“以社会长远利益为中心的观念”。

5. 汽车营销人员的基本素质

（1）积极向上的心态。积极向上的心态是汽车营销人员最基本的素质。

（2）谦卑的态度。谦卑的态度是汽车营销人员开展各种活动的基石。

（3）坚持不懈的决心。坚持不懈的决心是开展汽车营销活动的行动保证。

（4）掌握总结与分析的工作方法。好的方法是开展营销活动的习惯保证。

（5）了解全面的产品知识。

6. 汽车营销人员应具备的工作意识

（1）目的意识。为保证工作的顺利进行，仅凭工作方法的科学性是不够的，是否具有目的意识是评判工作方法是否有成效的标准。

（2）交期意识。成果意识与时间意识交织在一起就是交期意识。交期意识要求汽车营销人员在工作时要制订好工作日程，保障在规定期限内完成。

（3）成本意识。成本意识是指做任何事情，都要进行适当的投入、付出必要的代价，但投入与产出、代价与收获之间应保持合理的比例。

（4）问题意识。问题意识即风险意识，其核心在于对现阶段工作可能出现的问题有心理准备，并对可能出现的问题制订出相应防范措施。

（5）协调意识。协调意识是指汽车营销人员在工作中与其他人相互配合、协调发展的意识。

（6）客户意识。客户意识指工作中要从公司客户的角度来考虑，争取达到终端客户满意。

（7）品质意识。品质不仅是产品的质量，同时也包含工作的质量。

（8）具有5W3H意识。5W是指：What（做什么），Where（在哪里），When（什么时候，到什么时候为止），Who（谁），Why（为什么）。3H是指：How to（怎么做），How much（多少钱），How many（多少个）。

（9）PDCA意识。PDCA意识是指在工作中首先有计划（即P）——确定目标，去积极准备资料、信息等；然后执行（即 D）——根据目标，按照计划去推进工作并衡量效率；同时检查（即 C）——检查进展情况，及时汇报、联络团队人员，对有问题的及时进行修改；最后行动（即 A）——对总结检查的结果进行处理，对成功的经验加以肯定并适当推广、标准化，对失败的教训认识总结，以免重现，未解决的问题放到下一个 PDCA 循环。

（10）具有报告、联络、商讨意识。报告、联络、商讨意识是汽车营销人员所应具备的基本能力。

（11）具有三无意识。即避免工作中做无理性、无用功、无定性的事情。

（12）具有 VSOP 意识。VSOP 意识指销售人员要 Vitality（充满活力）、Specialty（有专业性）、Originality（有独创性）、Personality（有个性）。

7. 道德

道德是依靠人们的内心信念、传统习惯和社会舆论来调整个人与个人、个人与社会之间关系的行为准则和规范的总和。

（1）道德与法律的区别

1）从产生的方式看：法律是由国家权力机关制定，而且是严格按照法定的程序制定出来的；而道德则不然，它不是由某个人或某个部门制定的，而是人们在日常生活中自然而然形成的，即约定俗成的。

2）从起作用的方式来看：法律是靠国家强制力来保证执行的；而道德对人起作用却是建立在自我内在道德信念、良心和外在社会舆论基础上的，并最终通过人的内心信念和良心对人起作用。

3）从起作用的范围来看：任何法律都有其特定的适用范围，而道德却是无时不在、无处不有的。

4）从存在方式来看：法律是诉诸文字的，措辞严谨，无懈可击；而道德则诉诸人们口头语言和行为模仿而历代流传，以传统、风俗、习惯的方式存在着。

5）从心理倾向来看：法律偏重于客观分析，而道德则偏重于主观情感。

（2）道德的社会功能。表现在三个方面：认识作用、调节作用、教育作用。

（3）道德可分为三种类型：家庭道德、社会公德和职业道德。在社会主义社会，存在着社会主义家庭美德、社会公德和社会主义职业道德，统称为社会主义道德。

（4）影响道德观念转变的主要因素。有三大方面：自身文化素质、修养的影响；环境条件的影响；时间因素的影响。

8. 职业及职业道德

（1）职业。在现实生活中，人们习惯于把每一个社会成员在社会中所从事的并作为主要生活来源的工作称之为职业。职业道德是指从事一定职业的人们在职业活动中应当遵循的职业行为道德规范，即道德观念、行为规范和风俗习惯的总和。

职业产生于社会分工。随着生产力的发展，不断地产生新的职业，而每个职业都有具有各自特征的职业道德，无论何种职业的职业道德，都有其共同的特点，这就是对职业充满情感、信念与责任感。职业情感使人产生爱业、敬业乃至殉业精神；职业信念使人形成求生存、谋发展、争创一流的决心与行动；职业责任感使人刻苦钻研业务，诚实高效地完成工作任务。

（2）职业道德的特点。职业道德具有适用范围的有限性，发展的历史继承性，表达形式多种多样，很强的纪律性。

（3）职业道德的作用。职业道德是社会道德体系的重要组成部分，一方面它具有社会道德的一般作用，另一方面它又具有自身的特殊作用。具体表现在：有助于调节职业交往中从业人员内部以及从业人员与服务对象间的关系；有助于维护和提高本行业的信誉；有助于促进本行业的发展；有助于提高全社会的道德水平。

（4）职业道德的内容和类型。职业道德的内容主要包括职业道德规范和从业人员的职业道德观念、情感和品质。职业道德规范集中体现了社会的或阶级的利益和职业集团的利益，是职业道德的核心。

社会主义社会的职业道德是共产主义道德体系中的一个重要层次，它具有多种多样的类型。各行各业都有自己的职业道德，如医务道德、教师道德、商业道德等，共产主义道德原则体现于这些具体的职业道德之中。

9. 汽车营销师的职业守则

（1）热爱岗位，忠于职守。

（2）遵纪守法，尊师爱徒。

（3）讲求信誉，公平竞争。

（4）关心企业，善待顾客。

（5）热情服务，勤于思考。

（6）实事求是，注重调研。

（7）严于律己，认真负责。

（8）勇于开拓，善于创新。

10. 汽车营销师的职业道德

汽车营销师职业道德是指汽车营销从业人员在工作中必须遵循的职业道德准则和行为规范。

汽车营销师的职业道德可以概括为：实事求是、真诚可信；公正无私、光明磊落；勤奋努力、精益求精。

11. 相关法律法规常识

（1）专项法规

1）国家工商行政管理总局、公安部《关于加强汽车市场管理，严厉打击非法购销盗窃、走私汽车违法犯罪活动的通知》的规定。对盗窃汽车，就地或异地销赃的违法犯罪活动，必须采取措施坚决予以制止、打击。加强汽车市场管理，严厉打击非法购销盗窃、走私汽车的违法犯罪活动。

2）国家工商行政管理总局、公安部《关于进一步加强汽车交易市场管理有关问题的通知》的规定。进一步完善汽车交易市场的管理，严厉打击违法活动。

3）国务院办公厅《关于加强进口汽车牌证管理的通知》的规定。公安、交通管理部门在办理核发进口汽车、摩托车牌证手续时，无海关签发的《货物进口证明书》，一律不予办理牌证手续。海关签发证明时，应说明进口车辆的厂牌型号、车身颜色、发动机号码、车架号码、出厂日期和制造国等内容，否则不予签发牌证。

4）国家工商行政管理总局、中国汽车工业联合会《关于加强拼装汽车管理的通知》的规定。加强对汽车生产和销售活动的管理，制止拼装汽车的活动。

(2) 机动车交易管理办法。机动车交易管理办法包括以下内容：

1) 新机动车交易管理的有关规定。根据国家有关法规规定汽车经营企业必须经工商行政管理机关核准登记，领取营业执照，方可经营。小轿车经营主体资格，必须经国家工商总局和国家计委共同批准，申请单位持批准文件到原登记注册的工商局进行登记后，方可经营。该规定还对机动车经营方式、价格管理、验证盖章、进口汽车的管理、拼装汽车的管理做了详细的规定，经营中必须贯彻执行。

2) 报废汽车管理的规定。对不能继续使用或不合格而需报废的汽车，按照国家有关规定都应报废，并由国家指定的金属回收单位（公司）或有回收解体能力的单位（公司）收购并解体。报废车辆不得转卖其他单位或个人使用，也不得进入旧机动车市场交易。已成交者，由工商行政管理部门没收车辆，并责成卖方赔偿买方的损失。

3) 二手车交易管理办法。为了加强二手车流通管理，规范二手车交易行为，保障二手车交易双方的合法权益，商务部发布了《二手车交易规范及流通管理办法》。所谓二手车，是指在公安交通管理机关登记注册，在达到国家规定的报废标准之前或在经济实用寿命期内服役，并仍可继续使用的机动车辆。二手车属特殊商品，其流通必须在批准的二手车交易中心进行。

二手车交易中心具有对二手车评估定价、收购、销售、寄售、代购、代销、租赁、拍卖、检测维修、配件供应、美容及信息服务等功能，并为客户提供过户、上牌、保险等服务。该办法还对二手车的评估定价、交易行为、监督管理等做了详细的规定。

12. 汽车保险

机动车辆保险所承保的机动车辆是指汽车、电车、电动汽车、摩托车、拖拉机、各种专用机械车、特种车。机动车辆保险主要分为两个主险种和三个附加险种。

(1) 两个主要险种

1) 车辆损失险。车辆损失险是指车主向保险公司投保的预防车辆可能造成的损失的保险。《机动车辆保险条款》中对什么原因造成的保险车辆损失，保险人负责赔偿或不负责赔偿都有严格的责任界定（如保险车辆上的一切人员和财产，该险种是不负责赔偿的）。车辆损失险的保险金额可以按投保时的保险价值或实际价值确定，也可以由投保人与保险公司协商确定，但保险金额不能超出保险价值。

2) 第三者责任险。被保险人或其允许的合格驾驶人员在使用保险车辆过程中发生意外事故，致使第三者遭受人身伤亡或财产的直接损毁，依法应当由被保险人支付的赔偿金额，保险人依保险合同的规定给予赔偿。投保时，投保人可以自愿选择投保，事故最高赔偿限额分为五个档次：5 万、10 万、20 万、50 万、100 万。关于第三者的赔偿数额，应由保险公司进行核定，被保险人不能自行承诺或支付赔偿金额。

3) 车辆损失险与第三者责任险的区别。车辆损失险主要针对投保车辆本身的损坏，而第三者责任险是针对投保人使用保险车辆致使第三者遭受的人身伤亡或财产损失。这两种保险有严格的区别，但均不包括驾驶员本身的保险。为了能够得到完整的经济保障，应尽可能将两个险种一并投保。

(2) 三个附加险种。机动车附加险是在投保了主要险种后的附带险种。即只有投保了主要险种后方能投保相对应的附加险，附加险不能单独投保。

1) 车辆损失险的附加险

①盗抢险。保险车辆因全车被盗、被抢劫或被抢夺时，保险人对其直接经济损失按保险金额计算赔偿。赔偿后保险责任终止，该车辆权益归保险人所有。

②自燃损失险。在保险车辆因本车电气线路、供油系统发生损毁及运载货物的自身原因起火燃烧，造成保险车辆损失，以及被保险人在发生本保险责任事故时，为减少车辆损失所支出的必要合理的施救费用，由保险公司进行赔付。

③玻璃单独破碎险。指保险车辆发生玻璃单独破碎后，由保险公司承担赔付责任。

④新增加设备损失险。指投保车辆在出厂时原有各项设备以外，被保险人对另外加装的设备所投的保险，保险人将在保险单中该项目所载明的保险金额内，按实际损失计算赔偿。

2）第三者责任险的附加险

①车上责任险（司乘人员意外伤害险）。指保险车辆发生保险责任范围内的事故，致使保险车辆上的人员遭受伤亡，保险人在保险单所载明的该项赔偿限额内计算赔偿本应由被保险人支付的赔偿金额。

②车载货物掉落责任险。如在使用过程中，投保车辆所载货物掉落致使他人遭受人身伤亡或财产损失，保险公司可依照"车载货物掉落责任保险"进行赔偿。

③车上货物责任险。如果投保车辆在使用过程中，所载货物遭受直接损失，以及被保险人为减少货物损失而支付的合理施救、保护费用，可由保险公司依据"车上货物责任保险"为投保车辆提供规定金额的赔偿。

3）其他附加险。主要指不计免赔险。投保了车辆损失险及第三者责任险的车辆如发生保险责任范围内的事故，而造成车辆损失（不含盗抢）抑或第三者责任赔偿，由保验人依据《机动车辆保险条款》赔偿规定的金额负责赔偿。

13. 保险理赔

《机动车辆保险条款》第十七条规定："根据保险车辆驾驶人员在事故中所负责任，车辆损失险和第三者责任险在符合赔偿规定的金额内实行绝对免赔率：负全部责任的免赔 20%，负主要责任的免赔 15%，负同等责任的免赔 10%，负次要责任的免赔 5%。"即两个主要险种在发生事故时的赔偿率并非 100%，而是根据保险人在事故中所负的责任大小，按比例赔偿。例如，在交通事故中负主要责任的保险车辆，只能收到符合规定的赔偿金额的 80%，其余 20%须自行担负。

由此可知，如投保了不计免赔险，在发生保险责任范围内的事故时，就可以收到 100%的赔偿。

（1）索赔程序

1）报赔。发生交通事故后，应妥善保护好现场，并及时向保险公司报案，路面事故同时还要报请交通部门处理，非路面事故（如车辆因驾驶原因撞在树上或墙上）应由安委会出具证明材料。

2）核定

①保险公司接到报案后，会派人到现场勘查或到交通部门了解出险情况，同时对车辆进行定损，估算修理费用，并通知车主到保险公司指定的修理厂修理事故车辆。如车主要求自行修理，应办理自修手续，修理费如超出定损费用，将由车主自行支付超出部分的费用。

②对第三者责任的索赔，还应由保险公司对赔偿金额依法确定，并依据投保金额予以赔付，对于被保险人与第三者私下谈定的赔偿金额，保险公司可拒绝赔付。

3）赔付规定

①全部损失的赔付。保险车辆发生全损后，如果保险金额等于或低于出险当时的实际价值，将按保险金额赔偿；保险车辆发生全损后，如果保险金额高于出险当时实际价值，将按出险时的实际价值赔偿。

②部分损失的赔付。保险车辆局部受损失，其保险金额达到承保时的实际价值，无论保险金额是否低于出险时的实际价值，发生部分损失均按实际修理费用赔偿；保险车辆的保险金额低于承保时的实际价值，发生部分损失按照保险金额与出险当时的实际价值比例赔偿修理费用。

保险车辆损失最高赔偿金额以保险金额为限。

保险车辆按全部损失的一次赔款等于保险金额全数时，车辆损失险的保险责任即行终止。但保险车辆在保险有效期内，不论发生一次还是多次保险责任范围内的损失或费用支出，只要每次赔偿未达到保险金额，其保险合同依然有效。

保险车辆发生事故遭受全损后的残余部分，应协商作价归被保险人并在赔款中扣除。

4）赔付时间。在车辆修复后自带交通事故处理证明、事故调解书、修理清单及其他有关证件到保险公司领取赔偿金。保险公司支付赔款一般在30天以内。赔款必须在一年内领取，否则将按放弃处理。

5）争议。如与保险公司发生争议不能达成协议，可向经济合同仲裁机关申请仲裁或向人民法院提出诉讼。

（2）投保车辆被盗抢后的索赔

1）发现车辆被盗抢后，被保险人应立即向公安部门报案，同时通知保险公司。三个月内盗抢车辆未追回，被保险人即可向保险公司索赔。索赔时须提供保险单、出险地公安部门出具的案件证明、行车执照、购车原始发票、购置费凭证、地市公路局领取的《机动车辆停驶凭证》收据等必要单证。

2）如果偷车人驾驶保险车辆肇事而造成保险车辆本身损失，可向保险公司索赔，但如发生责任事故，其经济损失应根据有关部门对肇事处理的裁决来确定，保险公司原则上不予赔偿，但对肇事者无力赔偿的部分，保险公司可考虑酌情赔偿。

3）如果被保险人自公安机关出具被盗抢证明之日起，三个月内不提交上述单证，保险公司即视为被保险人自愿放弃权益。

4）若保险公司赔偿后，被盗抢的保险车辆找回，保险公司可将车辆折旧给被保险人，并收回相应赔款。如果被保险人不愿收回原车，则车辆所有权归保险公司。

（3）投保车辆的修理

1）保险车辆一旦遭受意外损失，应先明确责任范围。如属保险责任内的损失并需要修理时，应及时向保险公司报告，并会同有关部门进行检验，明确修理范围及其项目，估计所需修理费用，经与保险公司商定后进行修理。修理结束后，要开列修理费用单据，包括材料费及用工数，凭此向保险公司申请赔偿。

2）对不经过保险公司定损而被保险人自行修理的车辆，保险公司在重新核定修理费用时，被保险人应当如实地向保险公司提供车辆的受损情况、修理情况及有关证明材料。如果隐瞒实情，不如实申报，保险公司将部分或全部拒绝赔偿。

（4）保险条款中的不赔责任。保险并非有险必保，也并非有保必赔，车主要仔细阅读有关保险公司不赔付的内容，有针对性地避免无保障的风险。

常见的不赔付情况有以下几种：

1）无证驾驶或驾驶超出准驾车型。

2）酒后、吸毒、药物麻醉所致车辆损失和第三者责任。

3）第三者责任险拒绝支付被保险人与第三者私下协定的赔偿金额。

4）逾时报案，报案不实。

5）投保车辆发生转卖、赠送他人、变更用途、增加危险程度而未办理批改手续。

6）发生事故，未报保险公司备案。

7）新车保险单生效日以交通管理部门核发的行驶证和号牌日期为准，如果在行驶证和号牌尚未领到时，车辆被盗或发生交通事故，保险公司仍旧不予赔偿。

（5）无赔款优待。车主投保后，如在保险期内无赔款，在第二年续保时可以享受到无赔款优待，有些保户不清楚这项条款，续保时往往忽略了应该享有的利益。无赔款优待内容为：投保期内无赔款，在第二年续保时可在保费中享受10%的优惠。

（6）汽车零配件定损原则。由于汽车整车价格以及零配件销售价格不稳定，也不统一，且变化幅度很大，因此承保金额很难一致，给保险车辆出险后的定损、理赔工作带来了很大困难，理赔人员在定损时的尺度很难掌握，有时同样的车损保险金额却差别很大。为了解决这些实际问题，对于机动车零部件费用的计算方法一般采用零配件价值占全车价值的比例来计算。大致原则是：

1）百分比率是根据不论全车及配件价值怎样变化，而两者之间的比值基本不变这一原则制定的。

2）百分比率表是根据同期车价（计划价）和配件价（计划价）计算出百分比例。

3）全车为100%，损毁件占全车的百分率是多少，以此计算损毁件占全车保险金额百分之多少，即以百分率乘以保险金额即为损毁件比例赔偿金额。如果市场现行价超过以此法计算出的价值时，以计算金额赔付，如低于计算比例金额时，按现行价赔付，即以什么价值保的就以什么价值赔的原则赔付。

单元训练

一、判断题（下列判断正确的在括号里打“√”，错误的打“×”）

1. 现代市场营销观念与传统营销观念的出发点和中心不同。（ ）

2. 代理商的最主要特点是其无固定的营业场所。（ ）

3. 营业推广是消费品营销活动中最主要的促销手段。（ ）

4. 宏观市场环境是企业外在的不可控制因素。（ ）

5. 消费心理学认为，消费者的感知过程是一个有选择的心理过程，它有三种方式，即选择性注意、选择性理解、选择性记忆。（ ）

6. 现代市场营销观念认为，企业为消费者提供产品必须是产品核心、产品形式和产品服务三位一体的整体产品。（ ）

7. 市场营销的实质是需求管理。（ ）

8. 从中国汽车需求分析图中可以看出，近两年，中国汽车市场基本延续着一种高速增

长的态势，且随着中国与世界经济大环境的变化，这种高速增长的态势将一直持续下去，并会有明显的上升。（　）

9. 汽车营销应制定出营销目标，选定目标市场，确定市场营销组合策略，并予以实施。（　）

10. 市场＝人口＋购买力＋购买欲望。（　）

11. 社会营销观念的根本目的是实现消费者和社会利益的长期福利。（　）

12. 需求和欲望是市场营销的起点。（　）

13. 现行市价法又称市场法、市场价格比较法，是最直接、最简单的一种评估方法。（　）

14. 二手车交易的纳税额是按二手车成交额的多少来缴纳的。（　）

15. 现今汽车保险中必须要投保交强险。（　）

16. 部件鉴定法是按二手车各主要组成部分对整车的重要性和价值的大小来加权评分，最后确定成新率的一种方法。（　）

17. 理赔人员必须树立廉洁奉公和以身作则的工作作风，坚决杜绝理赔工作人员与汽车修理厂串通一气坑害保险公司的违法现象的发生。（　）

18. 保险车辆损失赔偿及施救费用分别以不超过保险金额为限。（　）

19. 验车时首先验车牌号、发动机号是否与文件一致。（　）

20. 车主有不明白的地方要问清楚承保人员，因为他们有如实告知的义务。（　）

21. 所谓职业道德，是指在一定职业活动中所应遵循的、具有自身职业特征的道德准则和规范。（　）

22. 我国的《消费者权益保护法》所称的消费者是指从事生产消费的主体。（　）

23. 《反不正当竞争法》是为保障社会主义市场经济健康发展，保护经营者和消费者的合法权益而制定的。（　）

24. 经营者违法进行有奖销售，监督检查部门可根据情节处以一万元以上二十万以下的罚款。（　）

25. 产品质量法中的产品也包括建筑工程产品、军工产品。（　）

26. 最小化报价法在保险、汽车按揭中用得比较多。（　）

27. 行业性是职业道德最显著的特点。（　）

28. 销售定价的目标是指企业通过制定价格水平，凭借价格调整的效用来达到预期的目的要求。（　）

29. 从保险人所承保的所有保险汽车而言，汽车保险事故发生和支付被保险人的赔款是不可避免的，所以可以说保险合同的保障性是绝对的。（　）

二、单项选择题（下列各题的 4 个选项中，只有 1 个是正确的，请将其代号填在横线空白处）

1. 市场营销的实质是以________为中心进行的管理。

A. 企业需求　　B. 消费者需求　　C. 政府需求　　D. 市场需求

2. 下列物品属于三大消费品之一的是________。

A. 汽车　　B. 食物　　C. 服饰　　D. 电器

3. ________是商务代理中一种最普通、最常见的形式。

A. 销售代理　　B. 独家代理　　C. 分代理　　D. 地区代理

4. 广告媒体选择要考虑的是________。

A. 广告对象与媒体的关系　　B. 广告公司的信誉

C. 广告公司与公众的关系　　D. 广告费用

5. ________是选择目标市场营销策略应考虑的因素之一。

A. 消费水平的高低　　B. 购买力的强弱

C. 产品的同质性　　D. 消费群的使用要求

6. 价格竞争主要依靠的是企业的________。

A. 产品价格高低　　B. 产品的质量　　C. 经济实力　　D. 规模

7. 汽车营销活动包括三个方面的内容，分别是商流、物流和________。

A. 信息流　　B. 资金流　　C. 人流　　D. 数据流

8. 企业市场竞争的必然结果是________。

A. 企业倒闭　　B. 企业强大　　C. 优胜劣汰　　D. 提高性价比

9. 市场营销环境包括微观环境和________环境。

A. 宏观　　B. 社会　　C. 自然　　D. 人气

10. 汽车营销控制的主要内容有战略控制、年度计划控制和________。

A. 资金控制　　B. 利润控制　　C. 资源控制　　D. 库存控制

11. 汽车营销管理业务技术性较强，要求营销管理人员有“三懂”，“三懂”指的是________。

A. 懂文化、懂道理、懂素质　　B. 懂文化、懂管理、懂技术

C. 懂管理、懂营销、懂技术　　D. 懂产品、懂顾客、懂管理

12. 营销在公司中最理想的地位是________。

A. 营销作为一个比较重要的功能

B. 营销作为主要功能

C. 顾客作为核心功能

D. 顾客作为核心功能和营销作为整体功能

13. 在社会市场营销观念中，所强调的利益应是________。

A. 企业利益　　B. 消费者利益

C. 社会利益　　D. 企业、消费者与社会的整体利益

14. 从某种意义上说，________是决定市场容量的最重要的因素。

A. 人口　　B. 购买力　　C. 购买市场　　D. 购买动机

15. ________是以生产为中心的企业经营的思想。

A. 生产观念　　B. 产品观念

C. 推销观念　　D. 市场营销观念

16. “整体市场营销”是________于 1992 年提出的市场营销新概念。

A. 菲利普·科特勒　　B. 尤金·麦卡锡

C. 温德·史密斯　　D. 比特·迪比茨

17. 市场营销管理的实质是以________需求为中心进行的管理，在现代市场营销学中被称为“需求管理”。

A. 消费者　　B. 经销商　　C. 企业　　D. 商品

18. 市场营销最主要的不是推销，推销只是市场营销的一个________。

A. 职能　　B. 部分　　C. 分支　　D. 前提

19. 市场营销的核心是________。

A. 生产　　B. 分配　　C. 交换　　D. 促销

20. 站在经营者角度，人们常常把卖方称为________，而将买方称为市场。

A. 企业　　B. 厂商　　C. 供货业　　D. 行业

21. 市场营销管理的实质是________。

A. 刺激需求　　B. 需求管理　　C. 生产管理　　D. 销售管理

22. 由于汽车保险合同是一种非要式合同，只要保险人和投保人就________达成一致，合同就生效。

A. 保险价格　　B. 赔偿额　　C. 保险条款　　D. 保险费率

23. 对于不足________时间即将报废的车辆，一律不办过户转籍手续。

A. 一年　　B. 两年　　C. 三年　　D. 四年

24. 汽车损失险简称车损险，是保险人对被保险人承保的汽车，因保险责任范围内的事故所致的________予以赔偿的保险。

A. 部分损失　　B. 大部分损失　　C. 全部损失　　D. 毁灭损失

25. 二手车鉴定评估以________为基础。

A. 使用条件　　B. 技术鉴定　　C. 使用范围　　D. 单位价值

26. 机动车驾驶人驾车时拨打、接听手持电话的，处警告或者________罚款。

A. 五十元　　B. 一百元　　C. 二百元　　D. 五百元

27. 路口转弯车辆妨碍被放行车辆、行人通行的，处警告或者________罚款。

A. 五十元　　B. 一百元　　C. 二百元　　D. 五百元

28. 车辆发生故障或者事故后难以移动时，未按规定使用灯光并设置警告标志的，处警告或者________罚款。

A. 五十元　　B. 一百元　　C. 二百元　　D. 五百元

29. 在不规则需求情况下，市场营销管理的任务是________。

A. 协调市场营销　　B. 改变市场营销

C. 反市场营销　　D. 开发市场营销

30. 由于家庭影院、在线电影等的普及，消费者去电影院看电影的需求下降，那么电影院的主要营销任务是________。

A. 改变市场营销　　B. 重振市场营销

C. 降低市场营销　　D. 刺激市场营销

31. 我国现存最早的市场营销学教材是由丁馨伯教授编译、复旦大学出版社 1933 年出版的________。

A.《市场学》　　B.《市场营销方法》

C.《市场营销原理》　　D.《市场营销》

32. 从营销理论的角度而言，企业市场营销的最终目的是________。

A. 满足消费者的需求和欲望　　B. 获取利润

C. 求得生存和发展　　D. 把商品推销给消费者

33. 在美国，推销观念产生于________。

A. 卖方市场　　B. 买方市场

C. 买方市场向卖方市场过渡阶段　　D. 卖方市场向买方市场过渡阶段

34. 从本质上看，市场营销观念________。

A. 注重卖方需求

B. 考虑如何把产品变成现金

C. 是消费者主权论在企业营销管理中的体现

D. 产生于卖方市场向买方市场过渡阶段

35. 恩格尔定律表明，随着消费者收入的提高，恩格尔系数将________。

A. 越来越小　　B. 保持不变　　C. 越来越大　　D. 趋近于零

36. ________指人们对社会生活中各种事物的态度和看法。

A. 社会习俗　　B. 消费心理　　C. 价值观念　　D. 营销道德

37. 企业的营销活动不可能脱离周围环境而孤立地进行，企业营销活动要主动地去________。

A. 控制环境　　B. 征服环境　　C. 改造环境　　D. 适应环境

38. 当事人订立合同时，应当具有相应的民事权利能力和________能力。

A. 公民权利　　B. 民事行为　　C. 人民权利　　D. 公民行为

39. 当事人依法可以委托________订立合同。

A. 律师　　B. 法院　　C. 代理人　　D. 自己相信的人

40. ________是依法成立的对商品和服务进行社会监督的、保护消费者合法权益的社会团体。

A. 消费者团体　　B. 消费者组织

C. 消费者民间组织　　D. 消费者协会

41. ________是从事一定职业的人长期在职业生活中从事的行为。

A. 职业习性　　B. 职业行为　　C. 职业习惯　　D. 职业道德

42. ________是合同订立应遵循的原则。

A. 尊重原则　　B. 适应原则　　C. 约束原则　　D. 遵纪守法

43. 爱岗敬业的具体要求是________。

A. 树立职业理想、强化职业责任　　B. 强化职业责任、抓住择业机遇

C. 提高技术水平　　D. 抓住择业机遇

44. 以下关于道德的说法中，正确的是________。

A. 就业成功与否取决于知识和技术，道德不十分重要

B. 道德是做人的根本，对才能起到统领作用

C. 强调道德会束缚人们的创新精神

D. 道德主要是说教，不具有很大的社会影响力

45. 下列职业行为规范正确的是________。

A. 把客户看做同事

B. 对客户承诺所有的事

C. 对于分外的事，对客户一概不理会

D. 把同事看做客户，有利于业务开展得更加顺利

46. 职业素质是由________构成的。

A. 思想政治素质、职业道德素质

B. 思想政治素质、职业道德素质、科学文化素质

C. 思想政治素质、职业道德素质、科学文化素质、专业技能素质

D. 思想政治素质、职业道德素质、科学文化素质、专业技能素质、身心健康素质

47. 在市场经济条件下，职业道德具有________的社会功能。

A. 鼓励人们自由选择职业　　B. 遏制牟利最大化

C. 促进人们的行为规范化　　D. 最大限度地克服人们受利益驱动

48. 关于合同的签订，下列说法错误的是________。

A. 合同应是成交双方签署的，合同格式中载明成交双方所达成的协议，包括所有的附件、附录和构成合同的其他文件

B. 经济合同应采用书面形式，合同签订应遵循法律和行政法规的规定

C. 订立经济合同应当遵守平等互利、协商一致的原则

D. 合同一旦签订，则不能够更改，双方必须全面履行合同规定的义务

49. 在合同执行过程中，下列说法错误的是________。

A. 由于一方的过错使合同不能履行，过错方应承担违约责任，违约所造成的损失超过违约金的，还应付赔偿金

B. 合同在执行过程中，出现非人力所能抗拒的原因，使合同规定的义务不能履行，双方可以协商，或解除合同

C. 合同发生纠纷时，必须通过人民法院裁决

D. 在请求调解无效后，可提起诉讼，法院依法予以判决，诉讼费由败诉方负担

50. 要使社会安定，秩序正常，除了法制手段以外，还需要________来约束人们的行为。

A. 科技　　B. 道德　　C. 教育　　D. 宗教

51. 与法律相比，道德在调节人与人、个人与社会以及人与自然之间的各种关系时，它的________。

A. 时效性差　　B. 作用力弱　　C. 操作性强　　D. 适用范围大

52. 下面关于以德治国与依法治国的关系的说法中正确的是________。

A. 依法治国比以德治国更为重要

B. 以德治国比依法治国更为重要

C. 德治是目的，法治是手段

D. 以德治国与依法治国是相辅相成、相互促进的

53. ________是汽车评估中一种常用的方法，适用于继续使用的汽车评估。

A. 现行市价法　　B. 收益现值法　　C. 清算价格法　　D. 重置成本法

54. 二手车收购评估的方法是在二手车鉴定评估的基础上充分考虑市场的________关系，对评估价格进行快速变现的特殊处理。

A. 人际　　B. 供求　　C. 价格　　D. 商品

55. 汽车保险中介人的主体形式，主要有汽车________、汽车保险经纪人和汽车保险公估人。

A. 保险代理人　B. 保险人　C. 被保险人　D. 总代理

56. 保险合同是一种________，是关于保险人与被保险人接受与转移风险契约行为的结果，所以又称保险契约。

A. 民间契约　B. 商业合同　C. 经济合同　D. 劳动合同

57. 汽车保险理赔工作人员的特殊要求：________、保险条款和有关业务规定。

A. 了解条款　B. 熟悉法律

C. 精通汽车保险法规　D. 熟知保养规范

58. 下列关于职业道德的说法中，正确的是________。

A. 职业道德与人格无关

B. 职业道德的提高与个人的利益无关

C. 职业道德的养成只能靠教化

D. 职业道德从一个侧面反映人的整体道德素质

59. 下列关于人总是要在一定的职业中工作生活的说法中，不正确的是________。

A. 职业是人谋生的手段

B. 职业活动是人的全面发展的最重要条件

C. 从事一定的职业是人的需要

D. 职业活动对人的发展毫无关系

60. 下列关于职业道德是协调职工同事关系的法宝的说法中，不正确的是________。

A. 尊重同事的隐私，谅解同事的缺点和不足

B. 关心和信任对方，积极帮助对方解决困难

C. 对感情不融洽的同事，在工作上不积极配合

D. 对同事不经意或故意的伤害，要以宽容之心予以谅解

61. 根据有关规定，车主必须购买的险种为________。

A. 车辆损失险　B. 第三者责任险

C. 车上人员责任险　D. 无过错责任险

62. 保险单缮制完毕后，制单人不应将________一起送复核人员复核。

A. 交费单　B. 保险单　C. 投保单　D. 附表

63. 下列汽车保险理赔的原则中错误的是________。

A. 重合同的原则　B. 准确合理的原则

C. 守信用的原则　D. 实事求是的原则

三、多项选择题（下列各题的 4 个选项中，至少有 2 个是正确的，请将其代号填在横线空白处）

1. 市场的构成要素有________。

A. 人口　B. 购买力　C. 购买欲望　D. 购买需求

2. 下列属于市场营销观念的是________。

A. 生产观念　B. 推销观念　C. 产品观念　D. 社会营销观念

3. 商品质量的基本特性有________。

A. 可靠性　　B. 安全性　　C. 适用性　　D. 经济性

4. 广告的基本目标有________。

A. 以说服为目标　　B. 以提醒为目标

C. 以通知为目标　　D. 以节省费用为目标

5. 当目标国家的生产成本较高时，企业宜采取________进入该国市场。

A. 间接出口　　B. 直接通过国外中间商出口

C. 直接通过国外分公司出口　　D. 投资当地生产

6. 生产观念产生和流行的客观经济条件是________。

A. 产品供不应求　　B. 产品供过于求

C. 产品成本高　　D. 产品质量高

7. 人口、购买力以及________是构成市场的四要素，四个要素互相制约，缺一不可。

A. 购买欲望　　B. 商品　　C. 购买权力　　D. 交换关系

8. 有关市场的论述，以下正确的是________。

A. 市场是商品交换的场所　　B. 市场是各种商品交换关系的总和

C. 市场是购买者需求的总和　　D. 人口众多的地方市场肯定就大

9. 分析营销环境的根本目的是________。

A. 扩大销售　　B. 对抗竞争

C. 寻求营销机会　　D. 避免环境威胁

10. 社会购买力受到________等因素的影响。

A. 居民收入　　B. 币值　　C. 消费者储蓄　　D. 消费者信贷

11. 现实市场的基本条件和要求主要包括________。

A. 必须具备形成市场的基本的条件

B. 市场交易活动的当事人参与交易的目的、行为要符合交易的规范

C. 价值规律、供求规律、货币流通规律等

D. 市场容量大小

12. 市场营销所实施的是以________为主要内容的营销活动过程及客观规律，具有实践性、应用性。

A. 产品　　B. 定价　　C. 地点　　D. 促销

13. 市场营销的目标一般是由________等要素组成的。

A. 时间　　B. 成本　　C. 数量　　D. 质量

14. 市场营销所要表达的核心内容是：企业把产品和服务转移到消费者手中以获得利润的过程中的全部活动，包括________的全部过程。

A. 生产　　B. 储存　　C. 运输　　D. 销售

15. 一般二手车交易应该检查的证件和凭证包括________。

A. 购车发票复印件　　B. 车辆购置附加税

C. 车辆保险　　D. 车船使用税

16. 二手车鉴定估价的方法有________。

A. 现行市价法　　B. 收益现值法　　C. 清算价格法　　D. 重置成本法

17. 进口车在办理新汽车入户手续时，要有________。

A. 进口批文　　B. 海关货物进口证明书
C. 商检单　　D. 省公安厅车管所签发的办牌许可证

18. 二手车鉴定评估工作政策性强，依据的主要政策法规有________等。
A.《国有资产评估管理办法》　　B.《国有资产评估管理办法细则》
C.《二手车交易规范及流通管理办法》　　D.《汽车报废标准》

19. 二手车销售定价应考虑的因素________。
A. 客观因素　　B. 成本因素　　C. 供求关系　　D. 竞争状况

20. 检查损坏区域时应注意________、电焊崩开等各项。
A. 磨损　　B. 裂痕　　C. 边缘损坏　　D. 金属变形

21. 车损报告中的基本信息主要是指________、车辆 17 位代码、油漆代码、牌照号等最基本的、非常重要的、不能缺损的信息。
A. 车主姓名　　B. 地址　　C. 联系电话　　D. 保险信息

22. 我国汽车损失险的保险标的是指汽车、________、拖拉机、各种专用机械车、特种车。
A. 电车　　B. 电瓶车　　C. 摩托车　　D. 自行车

23. 当事人订立合同，有以下________等形式。
A. 书面形式　　B. 口头形式　　C. 其他形式　　D. 以上都不对

24. 树立良好的职业道德有利于________。
A. 社会进步　　B. 树立良好的企业形象
C. 谋求更高的职务　　D. 企业的发展

25. 经济合同执行中的常见问题有________。
A. 合同变更和解除　　B. 违反经济合向责任
C. 违反购销合同责任　　D. 经济合同纠纷的调解和仲裁

26. 在我国，营销合同纠纷的处理方式有________。
A. 权衡　　B. 协商　　C. 调解　　D. 仲裁

27. 道德的主要特点是________。
A. 自律性　　B. 广泛性　　C. 多层次性　　D. 阶级性

28. 职业道德的特征是________。
A. 范围上的有限性　　B. 内容上的稳定性
C. 形式上的多样性　　D. 职业道德的随意性

29. 下列关于中华民族传统美德的主要内容的说法中，正确的是________。
A. 父慈子孝，尊老爱幼　　B. 以仁待人，以礼敬人
C. 诚实守信，见利忘义　　D. 修身为本，严于律已

30. 消费者权益保护法的基本原则是________。
A. 经营者应当依法提供商品或者服务的原则
B. 经营者与消费者进行交易应当遵循自愿、平等、公平、诚实信用的原则
C. 国家保护消费者的合法权益不受侵犯的原则
D. 一切组织和个人对损害消费者合法权益的行为进行社会监督的原则

四、案例分析

车辆长期被泥石流困住无法脱险，应如何处理？

某地林业局将一辆越野吉普车在当地保险公司投保了车辆损失险和第三者责任险。在保险期限内，该局工作人员驾驶该车赴林区检查工作，途中忽遇泥石流，长达两公里多。由于多处路段出现坍塌，造成前进受阻，所幸汽车和车上人员都安然无恙，但汽车被泥石流困住，无法开出。工作人员只好选择弃车，步行而归，脱离险区后立即向承保的保险公司报案，要求对汽车进行施救处理。但由于险区路段根本无法通行，施救工作无法展开。而当地雨季来临在即，如不及时施救，本来完好的汽车有可能被雨水、泥石冲刷浸泡致损。另外，受阻路段至少要在两个月以后才能修复，而该车的保险期限距满期日已不足一个月，车主非常着急。试分析应该如何处理该案例。

五、简答题

汽车营销人员的职业道德要求有哪些？

单元2 汽车营销商务礼仪

鉴定要点、重点提示

一、鉴定要点

表Ⅱ—2

工作内容	鉴定要点	重要程度
礼仪规范	商务礼仪的定义	★★
	礼仪的基本原则和作用	★★
	汽车营销基本礼仪规范	★
	汽车销售人员的外在形象	★★★
	汽车销售人员的谈吐休养	★★★
礼仪与营销技巧	汽车销售人员的电话形象	★★★
	迎送技巧	★★★
	拜访技巧	★★★
	交际技巧	★★★
	对顾客不同反应的应对技巧	★★★
	各种交往场合、环境的礼仪	★★★

二、重点提示

1. 商务礼仪的定义

礼是表示敬意的通称，是表示尊敬的语言或动作，是表示准则、表率、仪式、风度等。我们通常讲的“礼仪”，是“礼”和“仪”两个词的合成词。

礼仪是人类社会生活中在语言行为方面的一种约定俗成的，要求每一个社会成员共同遵守的准则和规范。又可定义为：礼仪是人们在长期的生活实践中，在语言行为方面由于风俗习惯而形成的为大家共同遵守的准则。

商务礼仪是人们在商务活动中，用以维护企业形象或个人形象，对交往对象表示尊重和友好的行为规范和惯例。

2. 礼仪的基本原则

礼仪的基本原则主要有遵守社会道德、顾全大局、相互尊重、友诚守信和注重仪表等五项基本原则。

顾全大局的礼仪风范，是与良好的道德修养及博大的胸怀相关联的。一个有着顾全大局雅量的人往往能取得交际的成功，要做到这一点，就需要把握好以下几个方面：一是严于律己，尤其是当个人利益与集体利益、国家利益发生冲突时，要舍“小我”、取“大我”；二是要求大同、存小异，对一些非原则性问题不要斤斤计较，患得患失；三是有理也要让三分，不要得理不让人。

仪表，指礼仪的外在表现形式，人们的内在道德修养要依靠完美的外在形式表现出来。也就是说，只有内在美的和谐统一，才能做到尽善尽美。

仪表包括人的容貌、服饰、行为举止等方面。注重仪表还体现着对他人的尊重。如果不修边幅、举止粗俗、言语不当，都会令人生厌。不过，注重仪表应适度、恰到好处，不能过分追求外在美，而忽略了内在美的修养。

3. 礼仪的作用

（1）协调作用。礼仪所表达的意义主要是尊重，尊重可以使对方在心理需要上感到满足，产生好感与信任。人们在交往时按礼仪规范去做，有助于加强交往双方相互尊重、坦诚相待的良好关系，缓解或避免某些不必要的情感对立与障碍。

职业礼仪是社会生活尤其是职业生活中的润滑剂和调节器，是协调交际关系的纽带和桥梁。人与人之间、业务接待员与客户之间的相互理解、信任、关心和友谊会营造良好的社会气氛，使每个人健康的、合理的心理需要得到程度不同的满足，从而产生乐观、融洽的情绪，对生活、对事业更加热爱、更加追求，使经营环境保持一种稳定的与和谐的秩序。业务接待员通过完备的礼仪，可以沟通与各种类型客户的感情。当业务接待员与客户发生了不快、误会或摩擦时，通过一句礼貌用语、一个礼节形式，可以得到化解，重新获得客户的理解和尊重。对于新客户，只要礼仪周全，也会得到他们的信任和好感；反之，即便是老客户，如果与他们进行非礼仪交往，也会变得关系疏远与冷淡。可见，礼仪的协调作用是很大的。

（2）教育作用。礼仪是一种高尚的、美好的行为方式，它可以净化人的心灵，陶冶人的情操，提高人的品行。在礼仪实践中通过评价、劝阻、示范等教育形式纠正人们不正确的行为习惯，可以倡导人们按礼仪规范的要求去协调人际关系，维护社会的正常秩序。遵守礼仪的人，客观上还起着榜样作用，无声地影响着周围的人。

一个人如果处处遵守礼仪，就会使自己心胸开阔，谦虚诚恳，遵守纪律，乐于助人。在礼仪形式的熏陶下人们在耳濡目染之中接受教育，提高修养，改正缺点，成为道德高尚的人。

（3）创效作用。一个经济实体在市场中的竞争，主要是人才质量与服务质量的竞争。经济实体的生存与发展、市场与客源、声誉与效益，靠的是向客户提供全方位的优质服务，而优质服务主要由职业礼仪体现出来。当接待人员让客户处处受到尊重并享受到热情周到的服务时，会使客户在感官上、精神上产生自尊感、信任感和留恋感，他就会认为接待他的人是值得信赖的人，认为这家企业是他选择的最理想的企业。员工良好的职业形象和企业良好的社会形象，会吸引更多的客户，会在激烈的市场竞争中得以生存和发展，从而给企业带来丰厚的经济效益和社会效益。

4. 汽车营销基本礼仪规范

（1）仪表端庄、整洁。具体要求是：

1）按季节统一着装，整齐、清洁、得体、大方。

2）衬衫平整干净，领子与袖口不脏污。

3）穿西服应佩戴领带，并注意西服与领带颜色相配。领带不得脏污、破损或歪斜松弛。

4）胸卡佩戴在左胸位置，卡面整洁、清晰。

5）纽扣。穿西服可以不扣纽扣，如果扣，正确的扣法是只扣上边一粒，下边则不扣。

6）口袋。胸部口袋只是装饰，不能装东西，如遇隆重场合，仅可装作为胸饰的小花等。其他口袋也不可装许多东西，如果外观鼓鼓囊囊很不雅观。

7）穿深色皮鞋，每日擦亮，不穿破损、带钉和异形的鞋。

8）工作期间不宜穿大衣或过分臃肿的服装。

9）女性业务接待员服装淡雅得体，不得过分华丽。

（2）仪容洁净、自然，不过分修饰。具体要求是：

1）头发。要经常清洗，保持清洁，发型普通，不染彩发。男性业务接待员不留长发，女性业务接待员不留披肩发。

2）面部清洁。男性业务接待员不留胡须，并经常剃须。女性业务接待员要化淡妆，不能浓妆艳抹，不用气味浓烈的香水。

3）指甲。指甲不能太长，并经常注意修剪。女性业务接待员不留长指甲，不做美甲、不涂有色指甲油。

4）口腔。口腔保持清洁，上班前不喝酒、不吃有异味食品。

（3）仪态，包括站、坐、行。具体要求是：

1）站姿。上身挺拔，收腹，双目平视，双臂自然下垂，不耸肩。男性业务接待员双脚齐肩宽分开，双臂自然下垂或交叉背后。女性业务接待员双脚后跟并拢，脚尖分开约45°，亦可用小丁字步，即一脚稍微向前，脚跟靠在另一脚内侧，双手在体前交叉互握。

2）坐姿。上身挺拔、端正，收腹，坐椅子三分之二，双目平视。男性业务接待员双腿可齐肩宽分开，女性业务接待员双腿并拢。不得把腿向前或向后伸，更不可跷“二郎腿”。须移动坐椅位置时，应先把坐椅移动后放好，然后再坐。

3）行姿

头正：双目平视，收颌，表情自然平和。

肩平：两肩平稳，双臂自然在体侧摆动。

躯挺：上身挺直，收腹立腰，重心稍前倾。

目光：目光自然，不可左顾右盼。

行进：步幅适当，步速平稳，不得忽快忽慢、低头驼背、摇头晃肩或双臂大甩。

引导步是用于走在前边给客人带路的步态。引导时要尽可能走在客人左侧前方，整个身体半转向客人方向，保持两步的距离，遇到上下楼梯、拐弯、进门时，要伸左手示意，并提示请客人上楼、进门等。

后退步与客人告别时，应当先后退两三步，再转身离去，退步时脚轻擦地面，步幅要小，先转身后转头。

5. 汽车销售人员的外在形象

汽车销售人员的外在形象包括：

（1）仪容。通常指人的外观、容貌。汽车营销职业对个人仪容的首要要求是仪容美。

修饰仪容的基本规则是：美观、整洁、卫生、得体。

注意的方面有：头发、面容、手臂、腿部、化妆。

（2）仪态。仪态是指人在行为中的姿势和风度，姿势是指身体呈现的样子，风度是气质方面的表露。要特别注意：站姿、坐姿、手姿。

（3）仪表。仪表是指人的外表，服饰对人的仪表起到修饰作用。汽车销售人员的着装要区分公众场合、社交场合、休闲场合，遵循男性和女性的着装基本原则。

男士着装的“三个三原则”包括：三色原则，三一定律，三大禁忌。

女性着装基本原则：符合身份，扬长避短，遵守惯例，区分场合。

6. 汽车销售人员的谈吐修养

（1）介绍。介绍是人与人之间相识的一种手段，它最突出的作用是缩短人与人之间的距离。介绍包括自我介绍和介绍他人。

（2）名片交换。名片交换的注意事项：

1）名片放置的位置。

2）交换名片的顺序。

3）递名片的方法。

4）接名片的方法。

5）名片的使用。无论参加私人宴请还是商业宴会，皆不宜用餐时发送名片，因为此时只宜社交而非商务活动。

（3）称呼。称呼的原则是尊重他人，要注意不同地区、不同民族和不同语言的传统，注意因职业、职务、性别、年龄、性格和文化程度等不同而不同。

（4）语言技巧

1）汽车销售人员说话基本要求

①语调要明朗低沉。

②发音清晰，段落分明。

③音量大小适中。

④语速要时快时慢、恰如其分。

⑤懂得适当停顿。

⑥配合表情。

⑦措辞得体。

2）不让顾客说“不”的技巧

①暗示法。就是用暗示的方式，让顾客按照营销所需要的方向发展，以便顺利达成交易。

②引导法。就是用引导的方式，让顾客按照营销人员所指引的方向思考，认同他的观点。

③反客为主法。就是把自己当成交易的主动方，把顾客当成被动方，自己掌握交易的主动权。

④假设成交法。假设顾客购买了我们的服务，告诉他将得到什么利益，从而不让顾客说“不”。

⑤重新框定法。就是当看到顾客对自己的推销产生疑虑时，或有拒绝的可能后，迅速把握事态的发展，重新框定话题、言语等，使顾客解除拒绝状态。

3）汽车营销人员不该说的话

①不说批评的话。
②杜绝主观性的议题。
③少用专业性术语。
④不说夸大不实之词。
⑤禁用攻击性言语。
⑥避谈隐私问题。
⑦少问质疑性话题。
⑧变通枯燥性话题。
⑨回避不雅之词。

7. 汽车销售人员的电话形象
（1）接打固定电话的礼仪。
（2）接打手机的礼仪。
（3）对电话记录的管理和应用。
（4）电话营销技巧。

8. 汽车销售人员的接待技巧
（1）迎送技巧。
（2）拜访技巧。
（3）交际技巧。
（4）对顾客不同的反应和态度的应对技巧。
（5）各种交往场合、环境的礼仪。

单元训练

一、判断题（下列判断正确的在括号里打“√”，错误的打“×”）

1. 礼仪是人类文明和社会进步的重要标志，也是现代人必备的基本素质。（　）
2. 汽车营销职业对个人仪容的首要要求是仪容美。（　）
3. 仪容通常是指人的外观、容貌。（　）
4. 汽车销售人员社交场合的着装基本要求是舒适自然。（　）
5. 介绍最突出的作用是缩短人与人之间的距离。（　）
6. 初次见面，不能一次同时接受几张名片。（　）
7. 汽车销售人员说话的语速可以时快时慢。（　）
8. 汽车销售人员在与顾客会谈过程中不能接打电话。（　）
9. 礼仪距离一般为 1～3.5 m。（　）

二、单项选择题（下列各题的 4 个选项中，只有 1 个是正确的，请将其代号填在横线空白处）

1. 礼貌属于社会公德的重要组成部分，比较侧重________。

A. 内在修养　　B. 外在气质　　C. 行为规范　　D. 外在修养

2. 一般而言，狭义的礼仪是指________。

A. 仪表　　B. 仪式　　C. 礼节　　D. 礼貌

3. 人们进入交际状态实施的第一个礼节是________。

A. 应邀礼节　　B. 见面礼节　　C. 宴会礼节　　D. 馈赠礼节

4. “言不顺，则事不成”是________说的，用来形容言语技巧的重要性。

A. 孟子　　B. 老子　　C. 孔子　　D. 荀子

5. 上下级之间握手时，以下做法正确的是________。

A. 下级先伸手，上级再伸手相握　　B. 上下级同时伸手

C. 无所谓谁先谁后　　D. 等上级主动伸手后，下级再伸手相握

6. 偶尔点头表明你正在倾听，但持续不断的点头就表明你有不耐烦的情绪，这属于________。

A. 表达适宜　　B. 倾听过度　　C. 表达过度　　D. 表达不充分

7. 与顾客交往中，最直接且最迅速给人印象的是营销人员的________。

A. 外表仪态　　B. 谈吐修养　　C. 穿着打扮　　D. 身体动作

8. 汽车销售人员必须在训练中达到提高个人仪态与________的目的。

A. 风度　　B. 姿势　　C. 站姿　　D. 坐姿

9. 展厅接待人员行礼的角度，以________最为恰当。

A. 15°　　B. 30°　　C. 45°　　D. 60°

10. 初次见面者，握手的时间一般控制在________ s 以内。

A. 2　　B. 3　　C. 4　　D. 5

11. 称呼的原则是________。

A. 尊重他人　　B. 区分年龄　　C. 区分性别　　D. 区分场合

12. 汽车销售人员需养成________拿话筒的习惯。

A. 左手　　B. 右手　　C. 单手　　D. 双手

13. 客人来访时，汽车营销人员首先要________。

A. 目视对方　　B. 询问姓名　　C. 马上起立　　D. 握手

14. 汽车销售人员与不太熟悉顾客的谈话距离是________。

A. 私人距离　　B. 交际距离　　C. 礼仪距离　　D. 公共距离

三、多项选择题（下列各题的 4 个选项中，至少有 2 个是正确的，请将其代号填在横线空白处）

1. 在首次与顾客会面时，接待员应牢记________。

A. 自我介绍时应面带笑容　　B. 只要与个别顾客打招呼

C. 细心聆听客户的要求　　D. 轻易对客户做出承诺，以获得订单

2. 称谓的种类有________。

A. 年龄称谓　　B. 姓名称谓　　C. 亲属称谓　　D. 职务称谓

3. 汽车销售人员的外在形象包括________。

A. 仪容　　B. 仪态　　C. 仪表　　D. 仪式

4. 汽车销售人员的着装要注意区分________。

A. 公众场合　　B. 休闲场合　　C. 社交场合　　D. 着装基本原则

5. 修饰仪容的基本规则是________。

A. 美观　　B. 整洁　　C. 卫生　　D. 得体

6. 男士着装的“三个三原则”包括________。

A. 三色原则　B. 三一定律　C. 三大注意　D. 三大禁忌

7. 女性着装基本原则是________。

A. 符合身份　B. 扬长避短　C. 遵守惯例　D. 区分场合

8. 汽车销售人员在拨打顾客电话时应注意________。

A. 仔细接听　B. 阿谀奉承　C. 语言文明　D. 态度文明

四、简答题

1. 什么是商务礼仪？
2. 汽车销售人员的外在形象包括哪些？请逐一解释含义并指出注意事项。

单元3 汽车技术

鉴定要点、重点提示

一、鉴定要点

表Ⅱ—3

工作内容	鉴定要点	重要程度
汽车工业概况	汽车工业的发展史	★
	汽车产业的格局	★★★
	现代汽车技术发展趋势	★
汽车常识	汽车的外形及色彩	★
	汽车标志	★
	汽车分类	★★
	汽车编码常识	★★
	汽车发动机构造	★★★
	汽车底盘与车身构造	★★★
	电气设备	★★★
	汽车产品主要性能参数	★★★
	汽车产品主要技术参数	★★★
	汽车油料	★
	汽车配置	★★
	汽车日常维护	★★★
	汽车一级维护	★★
	汽车二级维护	★★
	汽车换季维护	★
	汽车新技术	★
	走合期的使用要求	★★★
	汽车使用技术	★★

二、重点提示

1. 汽车工业的发展史

(1) 国外汽车发展史。世界汽车诞生日是1886年1月29日，由德国工程师卡尔·本茨设计制造。

汽车工业大致经历了三次变革：

1）第一次变革是汽车实现流水线生产，汽车行业进入生产阶段。

2）第二次变革是汽车行业竞争态势凸现，汽车行业进入营销阶段。

3）第三次变革是汽车行业全球化趋势加快，汽车行业进入个性化阶段。

全世界汽车年产量近 8 000 万辆，汽车保有量已超过 8 亿辆。

全世界主要汽车生产国家是：美国、日本、德国、中国、法国、韩国。

（2）我国汽车发展史

1）起步阶段（1980 年以前）。1953 年 7 月第一汽车制造厂在吉林省长春市兴建，1956 年 10 月“解放”牌货车下线，结束了中国不能制造汽车的历史。1958 年 5 月我国第一辆轿车——东风牌轿车诞生。

2）计划时代（1980—1990 年）。汽车工业处于低级发展阶段，“重货轻轿”是当时汽车厂家的普遍做法，载货汽车产量占汽车总产量的绝大部分。

3）批发时代（1990—2000 年）。中国汽车行业形成桑塔纳、富康、捷达三足鼎立的时代。

4）“井喷”时代（2000—2003 年）。汽车产量和销售量双双突破 200 万辆/年。

5）理性增长时代（2004 年至今）。汽车销售利润下降，售后服务成为主要利润来源。

2. 汽车产业的格局

（1）汽车跨国公司在中国的布局。世界汽车产业已经初步形成了“6+4”的格局。其中“6”是指通用系、福特系、大众系、戴姆勒—克莱斯勒系、丰田系和雷诺—日产系；“4”是指标致—雪铁龙、本田、现代—起亚和宝马。

（2）国内大型汽车集团。主要包括一汽集团、上汽集团、东风集团、长安集团和北汽集团。

3. 汽车分类

（1）国产汽车分类

传统分类：轿车、客车、货车、牵引车、越野车、自卸车、专用汽车。

新标准分类：乘用车、商用车。

（2）国外轿车分类

1）德系分类：A 级（小型轿车）、B 级（中档轿车）、C 级（高档轿车）、D 级（豪华轿车）。

德国大众的轿车分类法具有代表性，将轿车分为 A、B、C、D 级，其中 A 级车又可分为 A00、A0 和 A 三级车，相当于我国微型轿车和普通型轿车；B 级车和 C 级车分别相当于我国的中级轿车和中高级轿车；D 级车相当于我国的红旗等高级轿车。

2）美系分类：Mini 级、Small 级、Low-med 级、Interm 级、Upp-med 级、Large/Lux 级。

通用汽车公司的分类比较有代表性，将轿车分为 6 级。它的 Mini 级相当于我国的微型轿车；我国的普通型轿车在通用分类中可找到两个级别，即 Small 和 Low-med；中级轿车的分类标准比较一致，即中级轿车 Interm（B 级）；中高级轿车 Upp-med，在我国相当于近几年涌现最多、销售最畅的奥迪、别克、雅阁等新型车；高级轿车相对应的是 Large/Lux 级别。

4. 汽车编码常识

（1）国外汽车编码方法。现在世界各国汽车公司都使用了 VIN 车辆识别代号编码，主要由一组字母和阿拉伯数字组成，共 17 位，又称 17 位识别代号编码。

从 VIN 编码中可以识别出该车的生产国家、制造公司或生产厂家、车的类型、品牌名称、车型系列、发动机型号、车型年款、安全防护装置型号、检验数字、装配工厂名称和出厂顺序号码等。

VIN 车辆识别代号编码由三部分组成：世界制造厂识别代号（WMI）＋车辆说明部分（VDS）＋车辆指示部分（VIS）。例如：在编码 JT1GK12E7S9092125 中，J 表示国别为日本；T 表示制造商为丰田汽车公司；1 表示车辆类型为乘用车；G 表示发动机为 1MZ－FE3.0L V6；K 表示车辆品牌为佳美；1 表示汽车种类为 MCVlOL 型；2 表示汽车系列为 LE 系列；E 表示车身类型为 4 门轿车；7 表示检验位；S 表示车型生产年份为 1995 年；9 表示装配厂为日本，092125 表示汽车的生产顺序号。

（2）国产汽车产品编码规则。我国汽车的产品型号由企业名称代号、车辆类别代号、主参数代号、产品序号组成。

例如：

CA1091——第一汽车制造厂生产的第二代总质量为 9 310 kg 的载货汽车。

EQ2080——第二汽车制造厂生产的第一代总质量为 7 720 kg 的越野汽车。

JN6481——济南客车厂生产的第二代车长为 4 750 mm 的客车。

TJ7100——天津汽车厂生产的第一代排量为 0.99 L 的夏利轿车。

5. 汽车的基本构造

汽车基本构造由发动机、底盘、车身和电气设备四部分组成。

（1）发动机。发动机是为汽车行驶提供动力的装置。

1）发动机的作用。将燃料燃烧所产生的热能转变为机械能，并通过底盘驱动汽车行驶。

2）发动机的分类。按其使用的燃料进行分类，可分为汽油机和柴油机；按完成一个工作循环所需活塞的行程数来分类，可分为二冲程发动机和四冲程发动机；按冷却方式的不同，发动机又分为水冷式发动机和风冷式发动机。

3）发动机常用术语。上止点、下止点、活塞行程、燃烧室容积、汽缸总容积、排量、压缩比。

4）汽油发动机的组成。包括两大机构和五大系统。即曲柄连杆机构、配气机构、燃料供给系、点火系、冷却系、润滑系、起动系。柴油发动机没有点火系。

（2）底盘。底盘是汽车装配与行驶的主体。

1）底盘的作用。支撑、安装发动机、车身等其他总成与部件，形成汽车的整体造型，并接受发动机输出的动力，使汽车产生运动且保证汽车正常行驶。

2）底盘的组成。由传动系、行驶系、转向系、制动系四部分组成。

（3）车身。车身安装在底盘的车架上，车身容纳驾驶员、乘客和货物，并构成汽车的外壳。

车身包括车身壳体、车门、车窗、车锁、内外饰件、附件、坐椅及车前各钣金件等。载重汽车车身由驾驶室和货厢组成，客车与轿车的车身由统一的外壳构成。

汽车车身主要分为非承载式车身和承载式车身两种。

（4）电气设备。电气设备是指汽车上的用电设备和电源，由电源、用电设备（主要包括发动机点火系、起动系以及照明设备、信号设备、辅助电器）、电子控制装置、仪表及报警装置四部分组成。

6. 汽车的主要参数

汽车的主要参数可以分为性能参数与技术参数。

（1）汽车产品的主要性能参数

1）汽车的动力性。汽车的动力性是指汽车在良好路面上行驶时所能达到的平均行驶速度。汽车运输效率的高低在很大程度上取决于汽车的动力性能。

汽车动力性指标主要由最高车速、加速性能和最大爬坡度来表示，是汽车使用性能中最基本和最重要的性能。

2）汽车的制动性。汽车的制动性是指汽车行驶时能在短距离内停车，并且维持行驶方向稳定性和在下长坡时能维持一定车速的能力，以及汽车在一定坡道上能长时间停车不动的驻车制动性能。

汽车的制动性能主要由制动效能、制动效能的恒定性和制动时汽车的方向稳定性三个方面来评价。

3）汽车的操纵性和稳定性。汽车的操纵性是指汽车对驾驶员转向指令的响应能力，直接影响到行车安全。

汽车的稳定性是指汽车在受到外界扰动后恢复原来运动状态的能力，以及抵御发生倾覆和侧滑的能力。

4）汽车的行驶平顺性。汽车的平顺性是指汽车在行驶中对路面不平的减震程度。

5）汽车的经济性。汽车的经济性指标主要由耗油量来表示，耗油量参数是指汽车行驶百公里消耗的燃油量。

6）汽车的通过性。汽车的通过性是指汽车在一定载重量下能以较高的平均速度通过各种坏路及无路地带和克服各种障碍物的能力。

（2）汽车产品的主要技术参数。包括车身尺寸、轴距、轮距、最小离地间隙、最小转弯半径、接近角、离去角、行李箱容积、悬挂、转向系统、轮胎型号、整备质量、发动机形式、最大扭矩、排放标准、加速时间、最高车速、油耗。

1）车身尺寸：长×宽×高

车身长（mm）：汽车长度方向两极端点间的距离。

车身宽（mm）：汽车宽度方向两极端点间的距离。

车身高（mm）：汽车最高点至地面的距离。

2）轴距（mm）。汽车前轴（桥）中心至后轴（桥）中心的距离。三轴汽车的轴距通常以前轴到中轴与后轴的中心点之间的距离表示，或由各轴间距分别表示。

3）轮距（mm）。同一车桥左右轮胎胎面中心线间的距离。双轮胎时，则为同一车桥两端两轮胎中心之间的距离。

4）最小离地间隙（mm）。汽车满载时，最低点至地面的距离。

5）最小转弯半径（m）。汽车转向时，汽车外侧转向轮的中心平面在车辆支撑平面上的轨迹圆半径。转向盘转到极限位置时的转弯半径为最小转弯半径。

6）接近角。车体前部突出点向前轮引的切线与地面间的夹角。

7）离去角。车体后端突出点向后轮引的切线与地面间的夹角。

8）行李箱容积（L）。行李箱也称后备箱，行李箱容积的大小衡量一款车携带行李或其他备用物品的能力。

9）悬挂。悬挂根据结构可分为非独立悬挂和独立悬挂，目前大多数轿车的前后悬挂都采用了独立悬挂的形式。采用独立悬挂，汽车舒适性高，尤其在高速路面上行驶时，可提高汽车的行驶稳定性。独立悬挂按照结构形式又可分为横臂式、纵臂式和麦弗逊式等。

10）转向系统。现在几乎所有的轿车上都使用了助力转向，但是助力转向有很多种，一般经济型轿车使用机械液压助力转向系统。另外一种是随发动机转速变化的可变化助力转向系统，通常国内市场上十几万元的中级轿车乃至二十几万元的中高档车上比较常见，这种动力转向系统相比于前者，能使转向操纵更灵活、轻便。现在比较先进的，尤其是在高档车上普遍装备的叫做随速助力转向，这种助力转向相较于前两种的优点是在低速行驶时助力大，例如，在停车入位时，方向盘比较轻，操作灵活，而在高速行驶时助力小，方向盘感觉比较重，会觉得车辆很稳，好掌握，不发飘。

11）轮胎型号。顾名思义是汽车轮胎的规格尺寸。大部分轿车的前后轮胎规格是一样的，在少数跑车、后轮驱动等高性能特殊用途车辆上，前、后轮胎的规格会有所不同。

轿车的车轮一般使用子午线轮胎。子午线轮胎的规格包括宽度、高宽比、内径和速度极限符号。有些轮胎的速度极限符号，分别用 P、R、S、T、H、V、Z 等字母代表各速度极限值。例如，丰田 CROWN3.0 轿车，其轮胎规格是 195/65R15，表示轮胎两边侧面之间的宽度是 195 mm，65 表示高宽比，“R”代表单词子午轮胎（Radial），15 是轮胎的内径，以英寸计。

12）整备质量。汽车整备质量是指汽车的各结构质量加上冷却液和燃料（不少于油箱容量的 90%）及备用车轮和随车附件的总质量。汽车的整备质量是影响汽车油耗的一个重要参数。因为车辆的耗油量与整备质量成正比关系，即整备质量越大的汽车越耗油。当然，汽车的整备质量也不是小就好，大就不好。大也有大的好处，整备质量大的汽车稳定性好，特别是急转弯和急刹车的时候，优势很明显。

13）发动机形式。汽车发动机的汽缸排列形式主要分有直列、V 型、水平对置。

直列是指所有汽缸排成一列进行上下的往复运动，一般 6 缸以下的发动机多采用这种方式，它的特点是工艺简单、制造成本低、便于维修。这种形式是经济型轿车的首选，但是发动机运转时的震动较大。

V 型发动机所有汽缸分成两排，相当于两个直列汽缸发动机以一定的角度连接起来，是比较理想的发动机形式，其特点是运转平稳，震动及噪声都要小于直列发动机。V 型发动机的构造相对复杂，制造成本及维修费用都比较高，多应用于中高档汽车。

水平对置发动机的两列汽缸以水平方式对向连接，所有活塞都做水平的往复运动，其特点是发动机的平衡性比较好，而且重心相对比较低，有利于汽车的稳定性。

14）最大扭矩。扭矩是发动机性能的一个重要参数，是指发动机运转时从曲轴端输出的平均力矩，俗称发动机的“转劲”。扭矩越大，发动机输出的“劲”越大，曲轴转速的变化也越快，汽车的爬坡能力、起步速度和加速性也越好。扭矩的单位是牛·米（N·m）或千克·米（kg·m）。

15）排放标准。汽车排放是指从废气中排出的 CO（一氧化碳）、$HC+NO_x$（碳氢化合物和氮氧化物)、PM(微粒，碳烟)等有害气体。国际上普遍采取政策鼓励采用先进技术来控制排气污染。我国已采用国Ⅳ标准，北京甚至已采用更严的国Ⅴ标准。

16)加速时间。汽车加速时间，象征着汽车的加速性能，即迅速提高行驶速度的能力。加速时间包括汽车的原地起步加速时间和超车加速时间。加速时间越短，汽车的加速性就越好，整车的动力性随即提高。

17)最高车速(km/h)。汽车的最高速度，是在水平良好的路面上(混凝土或沥青路面)汽车所能达到的最高行驶速度。

18)油耗。指汽车行驶完100 km的耗油量。

7. 汽车产品的配置

1)视野配置。主要包括灯光、后遮阳帘、雨刮器、大灯清洗器等。

2)灯光配置。汽车的前照灯一般有白炽灯、卤素灯、氙气灯等类型。随着汽车技术的不断发展，过去那种白炽真空灯已被淘汰。现在汽车的前照灯以卤素灯、氙气灯为主。

3)内饰配置。主要包括坐椅、仪表面板、门内侧装潢材料等。

内饰材料指车身内部覆饰件的材料，一般分为织物复合结构、蒙皮发泡复合成型、结构发泡成型、注塑成型以及真空成型薄壳内饰，高档车中也有真皮材料。

内饰贴面材料指内部贴面属于内部覆饰件的一部分，它的存在主要是从美观和驾乘感出发，通常就是为了改变内饰单调颜色格局而装饰于内饰上的小面积贴覆件，材料有桃木、合金等。内饰贴面颜色各异。

4)外观配置。主要指车身上安装的附件的颜色、特点、用途，配置上包括后视镜等设备。

5)安全装备配置。包括安全气囊、安全带、ABS+EBD、超级防盗锁、防盗报警器、倒车雷达等。

6)舒适性配置。主要包括动力转向、方向盘高度角度可调、定速巡航、中控锁、遥控钥匙、电动车窗、行驶电脑、多功能显示屏、防夹电动窗、冷藏保温两用储物箱、AUDIO音响、空调等系统。

8. 汽车新技术

现代汽车电子控制由发动机的电子控制、底盘的电子控制、车身安全的控制、信息与通信系统控制等组成。

新型能源动力汽车有天然气汽车、液化石油气汽车、太阳能汽车、燃料电池汽车等。

汽车电子化的程度被看做衡量现代汽车水平的重要标志。

9. 汽车使用与维护

汽车的维护分为定期维护和非定期维护。定期维护分为日常维护、一级维护、二级维护。非定期维护分为季节性维护和走合维护。

(1)汽车维护作业的主要内容。包括清洁、检查、补给、润滑、紧固、调整等。

(2)走合期的使用要求。走合期行车必须遵守的主要规定包括减载、限速、正确驾驶等。

1)减少装载质量。走合期内，汽车必须适当减载。其装载质量一般不应超过汽车额定装载质量的80%，并且不得拖带挂车或其他机械行驶。

2)控制车速。一般载重车在走合期的最高车速不应超过45 km/h，小型乘用车不超过50 km/h。同时在走合期间不得拆除限速装置。

3）发动机起动时不要猛踏加速踏板。要控制加速踏板行程，避免发动机高速运转。

4）起步要平稳，换挡要及时，选择平坦的良好路段行驶，以避免震动和冲击。

5）避免紧急制动、长时间制动或使用发动机制动。

(3) 汽车使用技术。

单元训练

一、判断题（下列判断正确的在括号里打“√”，错误的打“×”）

1. 汽车上用的电和日常生活上用的电是一样的，都是交流电。（ ）

2. 全世界公认的第一辆四轮汽车是由德国人卡尔·本茨发明的。（ ）

3. 专用汽车分类代号是识别专用汽车的结构类别和用途的代号。（ ）

4. 发动机排量是指多缸发动机各汽缸工作容积的总和。（ ）

5. 机油粗滤器串联在机油泵和主油道之间，若滤芯堵塞则主油道中就没有机油了。（ ）

6. 汽车行驶中，传动轴的长度可以自动变化。（ ）

7. 一般汽车的前轮轮胎气压比后轮低。（ ）

8. 适当的转向盘自由行程可以缓和路面的反冲，使转向操纵柔和，避免驾驶员过度紧张。（ ）

9. 汽车译名的方法分为意译、音译、音意译结合。（ ）

10. 汽车产品型号中，车辆类别代号 4 代表轿车。（ ）

11. 汽车 VIN 编码的第十位英文字母表示生产年代。（ ）

12. 变速器中锁止机构有自锁、互锁、倒挡锁。（ ）

13. 为了防止空调系统泄漏，在加注制冷剂时加注得越多越好。（ ）

14. 空气滤清器堵塞，将会导致发动机在运行中熄火。（ ）

15. 减震器在汽车行驶中变热是不正常的。（ ）

16. 汽车诞生的日期 1886 年 1 月 29 日。（ ）

17. 汽车发动机燃料消耗量随其负荷而变化的特性称为发动机的外特性。（ ）

18. 评价汽车动力性的指标有动力因素、比功率、经济车速、加速性能和最大爬坡度。（ ）

19. 汽车后轮驱动避免横向倾翻、侧滑的条件为：汽车横向稳定性系数大于路面附着系数。（ ）

20. 汽车的驱动力必须大于地面与轮胎附着力，汽车才能正常行驶。（ ）

21. 发动机转速越高，最佳点火提前角越推迟。（ ）

22. 曲柄连杆机构的功用是将活塞的往复运动转变为曲轴的旋转运动。（ ）

23. 制动时，后轮先于前轮抱死，会使汽车制动时发生侧滑。（ ）

24. 汽车的燃油经济性通常用百公里燃油消耗率来表示。（ ）

25. 发动机在冷起动时，应供给稀混合气。（ ）

26. 十字轴万向节在其运动中具有不等角速特性，即当十字轴万向节的主动叉是等角速转动时，从动叉是不等角速转动的。（ ）

27. 越野汽车主要用于非公路上载运人员、货物或牵引，因此它都是由后轮驱动的。（　）

28. 汽车满载时的总质量称为汽车的最大总质量。（　）

29. 汽车在任何行驶条件下均存在滚动阻力和空气阻力。（　）

30. 汽车驱动力的大小主要取决于发动机输出功率的大小。（　）

31. 由于柴油机的压缩比大于汽油机的压缩比，因此在压缩终了时的压力及燃烧后产生的气体压力比汽油机压力高。（　）

32. 多缸发动机各汽缸的总容积之和，称为发动机排量。（　）

33. 发动机的燃油消耗率越小，经济性越好。（　）

34. 经济车速是指很慢的行驶速度。（　）

35. 发动机转速增高，其单位时间的耗油量也增高。（　）

36. 同一发动机的标定功率值可能会不同。（　）

37. 在测功机上测定发动机功率，是在不带空气滤清器、风扇、消声器、发电机等条件下进行的。（　）

38. 为了从根本上解决鱼型汽车的升力问题，人们设想了种种方案，最后终于找到了“子弹头形”。（　）

39. 汽车按行驶机构的特征不同可分为轮式、履带式、雪橇式、螺旋推进式和气垫式等汽车。（　）

40. 喷油器的作用是将可燃混合气雾化成细微颗粒，并根据燃烧室的形状，把可燃混合气合理地分布到燃烧室中，以利于和空气均匀混合，促进着火和燃烧。（　）

41. 差速器是由行星齿轮、行星齿轮轴、半轴齿轮、垫片和差速器壳等组成。（　）

42. 轿车 VIN 车辆识别代号编码为便于查验，应位于仪表板下。（　）

43. 汽车正常行驶过程中所受到的滚动阻力，主要是由于车轮滚动时轮胎与路面的变形产生的，其数值的大小与汽车总质量、轮胎结构和气压以及路面的性质有关。（　）

44. VIN 车辆识别代号编码由一组英文和阿拉伯数字组成，共 16 位。（　）

45. 随着近年来汽车销售利润的下降，售后服务成为主要利润来源。（　）

46. 世界汽车产业已经初步形成了“6＋3”的格局。（　）

47. 发动机是将燃料燃烧所产生的机械能转变为热能，并通过底盘驱动汽车行驶。（　）

48. 排量是指汽车的排气量。（　）

49. 底盘是汽车装配与行驶的主体。（　）

50. 汽车的平顺性是指汽车在行驶中对路面不平的减震程度。（　）

51. 耗油量参数是指汽车行驶一个月消耗的燃油量。（　）

52. 汽车的电子化程度被看做是衡量现代汽车水平的重要标志。（　）

53. 走合期汽车必须遵守的主要规定包括减载、限速、正确驾驶等。（　）

二、单项选择题（下列各题的 4 个选项中，只有 1 个是正确的，请将其代号填在横线空白处）

1. 有时为了修理钣金件或零件，需要拆卸与之相邻的未损坏零件，修好后再重新将零件装复的作业称为________。

A. 拆检　　　　B. 调整　　　　C. 修理　　　　D. 更换

2. 世界汽车制造业中最大的跨国公司是________。

A. 丰田公司　　B. 大众公司　　C. 通用公司　　D. 雷诺—日产公司

3. 确定汽车外形需要考虑三个因素，即机械工程学、人体工程学和________。

A. 运动学　　B. 地面力学　　C. 仿生学　　D. 空气动力学

4. 世界汽车诞生日是________。

A. 1883 年 1 月 29 日　　B. 1886 年 1 月 29 日

C. 1883 年 7 月 10 日　　D. 1886 年 7 月 10 日

5. 车辆识别代号编码第二部分由________个字码组成。

A. 5　　B. 7　　C. 8　　D. 6

6. 大型客车是指车辆长度大于________ m 的客车。

A. 10　　B. 12　　C. 15　　D. 9

7. 在四冲程汽油机的工作循环中，对外做功的行程是________。

A. 进气行程　　B. 压缩行程　　C. 做功行程　　D. 排气行程

8. 汽车在行驶中，其驱动力总是________附着力。

A. 小于或等于　　B. 等于　　C. 大于或等于　　D. 小于

9. 车轮滑移率一般在________时，其纵向附着系数最大。

A. 10％～20％　　B. 15％～20％　　C. 100％　　D. 80％

10. 增大汽车轮距，降低汽车重心高度，可提高汽车的________稳定性。

A. 纵向　　B. 横向　　C. 全车　　D. 转向

11. 弹性轮胎的侧偏角与轮胎的侧偏刚度________。

A. 成正比　　B. 成反比　　C. 无关　　D. 不成比例

12. 目前柴油机的燃料消耗率比汽油机平均低________。

A. 10％～25％　　B. 20％～45％　　C. 30％～55％　　D. 45％～55％

13. 变速器自锁装置的作用是________。

A. 防止跳挡　　B. 防止同时挂上两个挡

C. 防止挂入倒挡　　D. 防止乱挡

14. 客车的主参数代号为________。

A. 发动机排量　　B. 车辆总质量　　C. 车辆长度　　D. 生产年代

15. 对照所给的汽车标志，请选择对应的品牌顺序为________。

①劳斯莱斯　　②奔驰　　③斯柯达　　④起亚

A. ④①②③　　B. ②①③④　　C. ②④③①　　D. ④①③②

16. 柴油机供油提前角过大会使________。

A. 燃烧不完全　　B. 燃烧室温度降低

C. 排气管冒白烟　　D. 工作粗暴

17. 通常与主油道并联以清出机油中细微杂质的滤清器是________。

A. 过滤器　　B. 集滤器　　C. 细滤器　　D. 粗滤器

18. 被一般载货汽车广泛采用的弹性元件是________。

A. 橡胶弹簧　　B. 螺旋弹簧　　C. 空气弹簧　　D. 钢板弹簧

19. 发动机冒白烟说明________。

A. 发动机工作正常　　B. 发动机燃烧不完全

C. 发动机烧机油　　D. 发动机机油过多

20. 在________年内生产任何车辆的识别代号不得相同。

A. 50　　B. 20　　C. 30　　D. 40

21. 以下废物中，不属于特种垃圾的是________。

A. 废机油　　B. 制动液　　C. 防冻液　　D. 电线

22. 若主销后倾角过大会造成________。

A. 转向轻便　　B. 转向沉重　　C. 转向跑偏　　D. 转向不稳

23. 火花塞由________等组成。

A. 壳体、绝缘体、中央电极、密封垫片

B. 壳体、绝缘体、中央电极、侧电极、密封垫片

C. 壳体、绝缘体、中央电极、侧电极、垫片

D. 壳体、绝缘体、侧电极、垫片

24. 维持柴油机转速稳定和限制最高、最低转速的装置是________。

A. 调速器　　B. 节气门　　C. 喷油器　　D. 柱塞行程

25. 蓄电池正常使用一段时间后电解液亏损时应添加________。

A. 硫酸　　B. 蒸馏水　　C. 自来水　　D. 同等密度电解液

26. 前轮前束与________配合不当时，将会造成前轮“摆头”。

A. 主销内倾角　　B. 主销后倾角　　C. 前轮外倾角　　D. 后轮外倾角

27. 目前常规检测汽油车废气排放量是在________工况下进行的。

A. 急加速　　B. 大负荷　　C. 怠速　　D. 任意

28. 关于爆震，以下叙述正确的是________。

A. 轻微爆震对发动机工作有利　　B. 爆震是正常现象

C. 使用稀混合气易产生爆震　　D. 以上都不对

29. 在非独立悬架中大多数采用________弹簧作为弹性元件。

A. 螺旋　　B. 钢板　　C. 空气　　D. 油气

30. 蓄电池主要由________等组成。

A. 外壳、正负极板、隔板、电解液

B. 外壳、正极板、负极隔板、电解液

C. 外壳、负极板、正极隔板、电溶液

D. 外壳、正负极板、隔板、电溶液

31. 汽车的充气轮胎是________发明的。

A. 英国邓洛普　　B. 法国的米合兰兄弟

C. 普利司通　　D. 固特异

32. 世界上年产 400 万辆以上的大汽车集团有________。

A. 通用、福特、戴姆勒—克莱斯勒、丰田、大众、雷诺—日产

B. 通用、福特、戴姆勒—克莱斯勒、丰田、大众、宝马

C. 通用、福特、戴姆勒—克莱斯勒、丰田、大众、本田

D. 通用、福特、标志、丰田、大众、本田

33. 关于汽车工业的发展历程，下列说法错误的是________。

A. 1901 年，美国人奥得尔生产和销售了 425 辆奥斯美比尔牌轿车，1905 年达 6 500 辆，从此开始了汽车大量生产的新纪元

B. 1913 年，福特首先发明了科学设计的汽车流水生产线并且很快被其他汽车生产商所仿效

C. 福特汽车公司的 T 型轿车，从 1908 年到 1927 年共生产了 1 500 万辆，这一大量生产的世界纪录，到上世纪 60 年代才被德国大众公司的甲壳虫式轿车所打破

D. 通用汽车公司首先推出既考虑了机械工程学、流体力学诸因素，又强调了以人为主体、注重乘员舒适性和驾驶员操纵性的新车型

34. 这个标志是________车型。

A. 尼桑　　B. 雪佛兰　　C. 别克　　D. 宝马

35. 汽车的结构可分为________四大部分。

A. 动力装置、底盘、车身及其附件和电气设备

B. 发动机、变速器、底盘和车身

C. 发动机、底盘、车架和车身

D. 行驶系、传动系、转向系和制动系

36. ________不是离合器的功用。

A. 保证汽车平稳起步　　B. 防止传动系过载

C. 变速变扭　　D. 保证接合平顺

37. 关于车架，下列说法错误的是________。

A. 车架对汽车是必需的

B. 对于非承载式车身结构，需用车架联结并支承车身、发动机和传动系、悬挂等部件，承受和传递底盘传来的外力

C. 对于承载式车身结构来说，由于它没有车架，车身承担整车结构的主要强度，车身的底板部分起着车架的作用

D. 承载式结构的优点是整车质量轻、刚度大、高度降低、室内空间大

38. 转向轮的定位参数是________。

A. 主销后倾、主销内倾、前轮外倾和前轮前束

B. 主销后倾、主销内倾、前轮内倾和前轮前束

C. 主销外倾、主销后倾、前轮内倾和前轮前束

D. 主销外倾、主销后倾、前轮外倾和前轮前束

39. 下列说法错误的是________。

A. 轮胎要传递地面的驱动力、制动力，因此必须与地面有良好的附着性能，这通常靠各种花纹来增强

B. 汽车的充气轮胎按胎体中帘线排列方向不同，可分为普通斜交线胎、带束斜交线胎和子午线胎

C. 子午线轮胎弹性大、耐磨性好、滚动阻力小、附着性能和缓冲性都好，因而在轿车上获得广泛应用

D. 对于公路赛车，为了提高车速采用混合花纹轮胎

40. 关于轮胎的规格表示下列正确的是________。

A. 轮胎的规格可用外胎直径、轮辋直径、断面宽和断面高表示

B. 轮胎的规格可用外胎直径、轮辋直径、断面宽表示

C. 轮胎的规格可用外胎直径和轮辋直径表示

D. 轮胎的规格可用外胎直径除以轮辋直径表示

41. 轮胎使用中要注意________。

A. 合理搭配轮胎、保持较高胎压

B. 合理搭配轮胎、保持胎压正常、不经常轮胎超载

C. 合理搭配轮胎、保持胎压正常、防止轮胎超载、随心驾驶

D. 合理搭配轮胎、保持胎压正常、防止轮胎超载、精心驾驶和保持良好的底盘技术状况

42. 汽车悬架的组成有________。

A. 弹性元件、车桥、减震器和导向装置

B. 弹性元件、车轮、减震器和导向装置

C. 弹性元件、减震器、导向装置和横向稳定杆

D. 弹性元件、减震器、导向装置和轮胎

43. 关于悬架的作用，下列说法不正确的是________。

A. 悬架可以缓和不平路面、加速和转弯引起的冲击或车身位置的变化

B. 可以衰减弹性系统引起的振动

C. 可以使车轮按一定运动轨迹相对车身运动，同时起传递力的作用

D. 横向稳定杆可以提高侧倾刚度，使汽车只有中性转向特性

44. 关于汽车的公害，下列说法错误的是________。

A. 汽车尾气对大气有污染

B. 噪声对环境有危害

C. 汽车电气设备对无线电通信及电视广播等有电波干扰

D. 在所有的危害中，噪声公害对人们的生活环境影响最大

45. 下列有关汽车尾气对人体的危害说法不正确的是________。

A. CO 被人体大量吸入后会使人感觉恶心、头晕及疲劳，严重时会使人窒息死亡

B. 碳氢化合物对人的眼、鼻和咽喉黏膜有较强的刺激作用，严重时可致癌

C. NO_2是一种刺激性很强的污染物，它能刺激眼、鼻黏膜，麻痹嗅觉

D. 汽车尾气中直接排出的氮氧化物基本上是 NO_2

46. 关于车用燃油下列说法不正确的是________。

A. 汽车的标号是根据辛烷值高低来定的

B. 柴油的标号是根据十六烷值高低来定的

C. 十六烷值低的柴油，易引起柴油机工作粗暴

D. 辛烷值高的汽油抗爆性能好

47. 下列关于自动变速器中行星齿轮机构的说法正确的是________。

A. 大齿轮带动小齿轮转是减速

B. 齿圈固定，太阳轮输入，行星架输出是加速并且同向

C. 行星架固定，齿圈输入，太阳轮输出是加速并且反向

D. 辛普森式是两行星排共用行星架和齿圈

48. 自动变速器位于P挡位时________不能转动。

A. 变矩器　　B. 油泵　　C. 输入轴　　D. 输出轴

49. 低压胎的充气压力为________。

A. 0.5～0.7 MPa　　B. 0.15～0.45 MPa

C. 0.15 MPa以下　　D. 2～4 MPa

50. 下列说法不正确的是________。

A. ABS可对全部车轮产生作用　　B. ASR在制动时不工作

C. ASR可对制动力矩进行调节　　D. ABS可对发动机转矩进行调节

51. 发动机的有效转矩与曲轴角速度的乘积称之为________。

A. 指示功率　　B. 有效功率　　C. 最大转矩　　D. 最大功率

52. 发动机在某一转速发出的功率与同一转速下所可能发出的最大功率之比称为________。

A. 发动机工况　　B. 有效功率　　C. 工作效率　　D. 发动机负荷

53. 雷克萨斯轿车是________的顶级轿车。

A. 日本日产汽车公司　　B. 德国大众汽车公司

C. 美国通用汽车公司　　D. 日本丰田汽车公司

54. 汽车耗油量最少的行驶速度是________。

A. 低速　　B. 中速　　C. 全速　　D. 超速

55. 汽车发动机的标定功率是指________。

A. 15 min功率　　B. 1 h功率　　C. 12 h功率　　D. 持续功率

56. 在测功机上测量发动机功率，能直接测量到的是________。

A. 功率　　B. 功率和转速　　C. 转矩和转速　　D. 负荷

57. 四冲程发动机曲轴，转速为3 000 r/min时，则同一汽缸的进气门在1 min时间内开闭次数应该是________次。

A. 3 000　　B. 1 500　　C. 750　　D. 6 000

58. 曲轴正时齿轮与凸轮轴正时齿轮的传动比是________。

A. 1∶1　　B. 1∶2　　C. 2∶1　　D. 3∶1

59. 四冲程六缸发动机中，各同名凸轮之间的相对位置夹角应当是________。

A. 120°　　B. 90°　　C. 60°　　D. 45°

60. 摇臂的两端臂长是________。

A. 等臂的　　B. 靠气门端较长

C. 靠推杆端较长　　D. 等长的

61. 一般发动机的凸轮轴轴颈是________设置一个。

A. 每隔一个汽缸　　B. 每隔两个汽缸

C. 每隔三个汽缸　　D. 每隔四个汽缸

62. 在压力差的作用下，汽油从化油器喷管中吸出，并在高速流动的空气流撞击下分散成细小的汽油颗粒，此过程称为________。

A. 雾化过程　　B. 汽化过程　　C. 喷射过程　　D. 化油过程

63. 上海桑塔纳轿车发动机油路中分别设有两个报警装置，它们的作用是________。

A. 低速油压不足时同时报警

B. 高速油压不足时同时报警

C. 低速油压不足和高速油压不足分别报警

D. 低速油压过高和高速油压过高分别报警

64. 机油泵常用的形式有________。

A. 齿轮式与膜片式　　B. 转子式和活塞式

C. 转子式与齿轮式　　D. 柱塞式与膜片式

65. 单向流量控制阀的作用是________。

A. 防止怠速时混合气被吸入曲轴箱内

B. 防止高速时混合气被吸入曲轴箱内

C. 防止怠速时机油被吸入汽缸

D. 防止怠速时曲轴箱内气体吸入汽缸冲淡混合气

66. CA1091 表示的含义是________。

A. 一汽生产的质量为 9 t 的货车

B. 一汽生产的最大总质量为 9 t 的货车

C. 一汽生产的最大总质量为 9 t 的第二代货车

D. 一汽生产的总质量为 9 t 的第一代货车

67. 根据________不同，L 类机动车又分为五种类型。

A. 轮数　　B. 发动机排量　　C. 质量　　D. 车速

68. 汽车行业进入营销阶段，是汽车工业的________变革。

A. 第一次　　B. 第二次　　C. 第三次　　D. 第四次

69. 全世界汽车保有量已超过________亿辆。

A. 5　　B. 6　　C. 7　　D. 8

70. 中国汽车行业桑塔纳、富康、捷达三足鼎立的时代，是________。

A. 计划时代　　B. 批发时代　　C. “井喷”时代　　D. 理性增长时代

71. 国外轿车分类中德系的 C 级车，即________。

A. 小型轿车　　B. 中级轿车　　C. 中高级轿车　　D. 豪华轿车

72. 国外汽车编码中，车辆说明部分的英文缩写是________。

A. WMI　　B. VDS　　C. VIS　　D. VDT

73. 汽车运输效率的高低在很大程度上取决于汽车的________。

A. 动力性　　B. 操纵性　　C. 通过性　　D. 平顺性

74. ________是汽车产品的技术参数。

A. 车身尺寸　　B. 动力性　　C. 制动性能　　D. 平顺性

75. 汽车的经济性指标主要是由________来表示。

A. 耗油量　　B. 动力性　　C. 省油量　　D. 性价比

76. 汽车的维护分为定期维护和________。

A. 日常维护　　B. 二级维护　　C. 走合维护　　D. 非定期维护

三、多项选择题（下列各题的 4 个选项中，至少有 2 个是正确的，请将其代号填在横线空白处）

1. 从安全的角度考虑，汽车的色彩最好选择________。

A. 黄色　　B. 红色　　C. 白色　　D. 蓝色

2. 汽车的命名原则是________。

A. 具有个性　　B. 具有内涵　　C. 具有概括性　　D. 表示个人习惯

3. 四冲程柴油机与汽油机的主要区别是________。

A. 燃料的性质　　B. 混合气形成的过程

C. 冷却方式　　D. 压缩比

4. 汽油机的凸轮轴可以驱动________等附件。

A. 机油泵　　B. 分电器　　C. 汽油泵　　D. 水泵

5. 汽车行驶系由________等组成。

A. 车架　　B. 车桥　　C. 车身　　D. 车门

6. 汽车悬架一般由________组成。

A. 弹性元件　　B. 导向装置　　C. 减震器　　D. 支架

7. 汽车上常见的报警指示灯有________。

A. 制动报警灯　　B. 转向指示灯　　C. 前照灯　　D. 工作灯

8. ABS 传感器一般由________组成。

A. 车速传感器　　B. 轮速传感器　　C. 减速度传感器　　D. 转速传感器

9. 汽车给人类生活带来了深刻的影响，改变了人们的________。

A. 居住条件　　B. 生活方式　　C. 工作方式　　D. 思维方式

10. 汽车外形的演变就是________三者协调发展的过程。

A. 道路规划学　　B. 机械工程学　　C. 人体工程学　　D. 空气动力学

11. 汽车颜色的确定，应主要考虑汽车的________。

A. 使用功能　　B. 使用环境　　C. 使用对象　　D. 流行色彩

12. 按汽车的行走方式进行分类可分为________。

A. 轮式汽车　　B. 电动式汽车　　C. 履带式汽车　　D. 半履带式汽车

13. 活塞的作用是________。

A. 与汽缸盖构成燃烧室

B. 传递动力

C. 由连杆带动完成进气、压缩、排气行程

D. 驱动配气机构

14. 汽车噪声主要来源于________。

A. 发动机　　B. 传动系　　C. 轮胎　　D. 喇叭声

15. 汽车电气设备按其功能可分为________。

A. 电源　B. 用电设备　C. 照明设备　D. 起动设备

16. 驱动桥壳的作用是支撑并保护________。

A. 主减速器　B. 差速器　C. 半轴　D. 车轮

17. 车架及主要基础件的外观检查包括________检查。

A. 裂痕　B. 破损　C. 渗漏　D. 铆钉松动

18. 汽车的主要技术参数有________。

A. 车长和车宽

B. 车高、轴距和轮距

C. 前悬、后悬、最小离地间隙、接近角和离去角

D. 轴荷、汽车总质量和载荷量

19. ________不当会引起汽车发生制动跑偏。

A. 轮距　B. 轴距

C. 制动力　D. 踏板自由行程

20. 影响最佳点火提前角的因素是________。

A. 转速　B. 负荷　C. 压缩比　D. 火花塞间隙

21. 汽车的主要性能指标有________。

A. 动力性　B. 燃油经济性　C. 制动性　D. 操纵稳定性

22. 制动系的组成元件有________。

A. 制动主缸和轮缸　B. 真空助力器

C. 制动器　D. 制动液

23. 影响蓄电池容量的主要因素有________。

A. 极板上活性物质的数量　B. 极板厚度

C. 活性物质的孔率　D. 极板中心距

24. 下列关于离合器的叙述正确的是________。

A. 离合器处于结合状态时，踏板处于最低位置，分离杠杆与分离轴承之间存在间隙

B. 离合器摩擦片磨损后，离合器踏板自由行程变小

C. 在正常情况下，离合器处于结合状态

D. 膜片弹簧式离合器有结构简单、压力分布均匀、散热性好的优点

25. 下列有关自动变速器的叙述正确的是________。

A. 自动变速器一般由变矩器、变速齿轮机构、液压控制系统、电子控制系统等组成

B. 泵轮的作用是将自动变速器油的动能转变为发动机的机械能

C. 涡轮的作用是将自动变速器油的动能转变为涡轮轴上的机械能

D. 自动变速器控制机构包括主油路调压阀、手动阀、换挡控制阀及锁止离合器控制阀

26. 引起汽车行驶中侧滑的原因有________。

A. 路面的附着条件　B. 汽车的自重

C. 行驶速度　　D. 转弯半径

27. ________是现代汽车新技术。

A. 通过雷达系统进行防撞报警和自动控制

B. 通过卫星导航系统、道路交通信息系统选择最佳的行驶路线

C. 采用高强度、抗变形且质量轻的新材料，以提高整车的抗撞能力；采用自动驾驶技术、车灯光源、角度自动调节新装置

D. 智能交通系统（ITS）的应用

28. 汽车可以按________进行分类。

A. 用途　　B. 动力装置　　C. 道路特征　　D. 行驶机构特征

29. 关于汽车的公害下列说法正确的是________。

A. 汽油机的主要污染物是 CO 和 HC

B. 柴油机的主要污染物是 NO_x 和碳烟

C. 汽车的噪声对环境有危害

D. 汽车所用的材料有时对环境有害

30. 现代汽车采用________可以减少对环境的危害。

A. 无铅汽油

B. 曲轴箱强制通风装置和活性炭吸附装置

C. 二次空气喷射技术

D. 柴油机的共轨技术

31. 下列说法正确的是________。

A. 一根曲轴的曲柄数等于汽缸数

B. 一根曲轴的连杆轴颈数目等于汽缸数目

C. 一根曲轴的主轴颈数目等于汽缸数目

D. 曲轴内部开有油道

32. 活塞气环的主要作用是________。

A. 密封　　B. 布油　　C. 导热　　D. 刮油

33. 确定配气正时主要是确定下面部件________的相对位置关系。

A. 凸轮轴　　B. 曲轴　　C. 中间轴　　D. 中间齿轮

34. 汽油的主要性能有________。

A. 抗压性　　B. 抗爆性　　C. 蒸发性　　D. 黏度

35. 执行器用以执行发动机 ECU 发出的各种控制命令，下列属于执行器的是________。

A. 电动燃油泵　　B. 喷油器　　C. 传感器　　D. 机油报警器

36. 除驾驶员选择挡位外，自动变速器的换挡时刻主要由________信号决定。

A. 发动机负荷　　B. 发动机转速　　C. 爆燃　　D. 车速

37. 液力变矩器的锁止离合器工作与否主要是受________信号控制。

A. 发动机节气门的开度　　B. 发动机的转速

C. 车速　　D. 爆燃

38. 行星齿轮机构中，如果太阳轮固定，齿圈输入，行星架输出，其输出的运动特点是________。

A. 减速　　　　　　　　　　　　B. 增速
C. 输入与输出同向　　　　　　　D. 输入与输出反向

39. 下列属于发动机强制循环水冷系统零部件的是________。
A. 水泵　　B. 节温器　　C. 曲轴位置传感器　　D. 压力传感器

40. 汽车诞生一百多年来，汽车外形经过了________等的演变。
A. 马车形　　B. 箱形　　C. 甲壳虫形　　D. 船形

41. 下列属于世界十大汽车生产公司的是________
A. 现代汽车公司　　　　　　　　B. 通用汽车公司
C. 丰田汽车公司　　　　　　　　D. 福特汽车公司

42. 与汽车动力性有关的参数有________。
A. 最大功率　　B. 最大扭矩　　C. 爬坡性　　D. 油耗

43. 我国国内的大型汽车集团有________。
A. 一汽集团　　B. 上汽集团　　C. 东风集团　　D. 长安集团

44. 按国产汽车新标准分类，汽车分为________。
A. 轿车　　B. 商务车　　C. 商用车　　D. 乘用车

45. 柴油发动机的组成包括________。
A. 点火系　　B. 冷却系　　C. 润滑系　　D. 起动系

46. 汽车的制动性能主要由________来评价。
A. 制动效能　　　　　　　　　　B. 制动效能的恒定性
C. 制动时汽车的方向稳定性　　　D. 制动距离

47. 汽车产品的主要技术参数是________。
A. 加速时间　　B. 最高车速　　C. 制动效能　　D. 油耗

48. 汽车产品的配置包括________。
A. 视野配置　　B. 灯光配置　　C. 外观配置　　D. 内饰配置

49. 汽车维护作业的主要内容包括________。
A. 检查　　B. 补给　　C. 调整　　D. 紧固

50. 走合期的使用要求有________。
A. 减少装载质量　　　　　　　　B. 起步要平稳
C. 紧急制动　　　　　　　　　　D. 控制车速

四、简答题

1. 简述汽油发动机的组成及作用。
2. 简述汽车走合期的使用要求。

单元4　汽车市场调查

鉴定要点、重点提示

一、鉴定要点

表Ⅱ—4

工作内容	鉴定要点	重要程度
汽车市场	汽车市场营销宏观环境	★★
	汽车市场营销微观环境	★★
	营销信息的特征	★★
	营销信息的主要内容	★★
	市场细分的方法	★★
市场调查	市场调查的作用	★★★
	市场调查的分类	★★★
	市场调查的步骤	★★★
	市场调查的主要内容	★★★
	汽车市场调查的方法	★★★
	汽车市场调查的样本选择	★★
	市场调查中的访问技巧	★★★
	市场调查的问卷设计	★★★
	营销调研的程序	★
	营销调研实例	★
市场预测	汽车市场预测的步骤	★★★
	汽车市场预测的方法	★★★
	汽车市场预测主要内容	★★★

二、重点提示

1. 汽车市场营销宏观环境

企业作为社会的细胞，它们的活动信息往往与其外部环境发生着千丝万缕的联系。一方面，环境与企业相辅相成，营销宏观环境及其正常变化可以为企业细胞的新陈代谢提供必需的场所条件，而无数企业细胞的正常活动又能促进营销宏观环境的稳定；另一方面，环境与企业彼此相制约，给企业带来威胁，甚至破坏企业细胞，无数细胞的异常代谢或恶性增生又可能导致营销宏观环境的紊乱。所以，认识和研究企业营销的宏观环境就显得十分必要。

(1) 人口因素。人口因素主要包括以下三个方面：人口数量与增长速度；人口的地理分布及地区间的流动；人口结构。

人口结构主要包括人口的年龄结构、家庭结构和社会结构。

(2) 经济因素。经济因素很多，对企业营销影响较大的有产业结构、购买水平和居民储蓄等。

1) 产业结构。产业结构对一个地区的经济发展有着较明显的影响。目前有四种常见的产业结构：

①自给型经济。在自给型经济里，人口的绝大多数都从事简单农业生产，产品的大部分都被生产者自己消费掉，多余的产品用于简单的物物交换，换取所需的产品和服务，这种自给型经济不会对生产经营者提供什么销售机会。

②原料出口型经济。这一类经济地区往往某种或某几种自然资源十分丰富，而其他方面却十分贫乏，该地区的大部分收入来自这些资源性产品的出口。

③工业化进程中的经济。工业化进程中的经济，制造业已占当地总产值的约 20%以上，如我国中东部的广大的地区。随着制造业的发展，这些地方对工业原料、加工设备、重型机械及技术的需求很大。工业化进程也产生了新的富有者和人数不多但仍在扩大的中产阶层，他们对某些新产品有需求，有些还是高档消费品的需求者。

④工业化经济。工业化经济地区是制成品和资金的主要输出地区。

2) 购买水平。购买力是构成市场和影响市场规模大小的重要因素。购买力大小则由消费者收入、支出和居民储蓄等因素所决定。

消费者收入，是指消费者个人从各种来源中得到的全部收入，它分为个人可支配的收入和可任意支配的收入。个人可支配的收入指从个人收入中扣除税款和非税性负担后所剩下的余额，即个人能用于消费或储蓄的收入部分。若从个人可支配的收入中再减去维持生活所必要的费用外，余下的部分即为个人可任意支配的收入。消费者可将这部分收入任意投向，所以它是消费者需求变化中最活跃的因素，也是营销者最应着力关注的部分。

现在国际上多用恩格尔系数来反映这种变化，即：

恩格尔系数=食物支出的总额/收入总额×100%

恩格尔系数表明：随着家庭收入的增加，用于食物的支出比重将递减。西方的一些学者以此作为衡量家庭、阶层乃至国家富裕程度的重要参数。发达国家的这一系数值约为20%～30%，而经济较落后的国家这一系数则高达 60%～70%。近几年，我国大部分地区居民生活的恩格尔系数已达到 50%左右，并呈现逐年下降的趋势。

3) 居民储蓄。

(3) 自然环境因素。环境恶化造成的影响直接对企业的营销造成威胁，而这种威胁与机会是同物资环境的三个趋势联系在一起的，即原料短缺、能源成本增加和污染增加。

1) 原料短缺。地球上的资源由无限资源、可再生的有限资源和不可再生的有限资源组成。无限资源的破坏，如沙尘暴的肆虐、臭氧层的空洞，已经引起了人们的高度重视。可再生的有限资源，如森林、食物，需精打细算地充分利用。不可再生的有限资源，如石油、煤炭、金属矿等，这些资源枯竭的年代已经可以用两位数来计算了。

2) 能源成本增加。石油这一不可再生的有限资源，已构成影响未来经济增长的最严重的问题。油价的不断上涨，激起了对替代能源进一步的研究。太阳能、风能及其他形式能源的研究也进入了实用性阶段。还有一些企业正在研究有实用价值的电动汽车。

3）污染增加。工业化生产将不可避免地破坏自然环境的质量。如化学废弃物及核废料的处理，土壤和植物中的有害化学成分残留，乱扔的不可催化还原的饮料瓶、塑料袋和其他包装物对环境的影响。这些现象给那些警觉的企业创造了市场机会。

（4）科学技术因素

1）对企业输入方面的影响。科技发展给企业带来新材料、新工艺，并使传统的工艺、设备不断翻新，给企业的输入带来契机。同时，科技带动工业的飞速发展，造成非再生资源的短缺，使依赖于这些资源的企业日渐感到原材料紧张。此外，新材料又使旧设备、旧工艺显得过时。这样，科技进步又给企业的输入带来威胁。

2）对企业管理方面的影响。技术革命既向管理者提出了新课题、新要求，又为企业改善经营管理，提高管理效率提供了物质基础。计算机、传真、光纤通信等大大提高了企业生产经营的工作效率，使企业管理逐步向现代化迈进。同时，又使劳动者的素质提高，使人们的思维、工作、生活方式发生根本性的变革，使劳动力资源得以重新组合。科技的革命还带来营销方式的变革。网络技术的出现，使信息传播的方式和购物方式发生了根本的变革，使传统的营销管理模式受到强烈的冲击。

3）对企业输出方面的影响。市场需求档次升级和多样化，要求产品的性能增强、花样翻新，而新材料、新工艺、新设备又为产品的技术改造、革新提供了充分条件。

（5）社会文化因素。社会文化是人类在创造物质财富的过程中所积累的精神财富的总和，它体现了一个国家或地区的社会文明程度。社会文化因素主要通过影响消费者行为，间接地影响企业的营销活动。社会文化所包含的内容很多，主要有价值观念、民族传统、宗教信仰和亚文化群等。

1）价值观念。所谓价值观念是指生活在某一社会环境下的多数人对事物的普遍态度或看法。这种价值观念，是子女从父母那里继承来的，并由社会各种主要机构（学校、工作单位和政府）予以进一步强化的。

2）民族传统。民族传统指一个国家整个民族的文化传统与风俗习惯，在民族传统中，营销者应特别注重传统节日。每个民族都有自己的喜好和禁忌，营销者应做到入境问俗，切不可忽视。

3）宗教信仰。宗教信仰对市场营销也有一定的影响，特别在一些信奉宗教的国家和地区，其影响力会更大。据统计，世界上六个主要宗教的信教群众已占了人口总数的二分之一以上。

4）亚文化群。在同一国家和社会文化中，因民族、宗教、习俗等多种因素的影响，会使人们的价值观念、风俗习惯等表现出不同的特征，而具有相同特征的人就是亚文化群。亚文化群又包括民族、宗教、地理、语言四种亚文化群。不同亚文化群的消费者，其生活方式、消费习惯、爱好、兴趣等各不相同，他们的需求会有很大的差距。

（6）政治和法律因素。市场营销决策很大程度上受政治和法律环境变化的影响。

1）政治因素。政治因素的影响包括政治局势、经济体制和宏观政策。政治局势是指企业营销时所处的国内政体稳定状况，以及国际政治气候等。经济体制是一个国家组织整个经济运行的模式，是该国基本经济制度的具体表现形式，也是该国宏观政策制定和调整的依据。它包括三个方面的内容：所有制形式，管理机构的建立和组织经济运行模式。我国实行的经济体制是以公有制为主体，多种经济成分共存的市场经济。宏观政策是政府在不同的政治经济环境中制定的相应的政策，它会对企业的生产经营活动产生广泛的影响。

2）法律因素。法律是体现统治阶级意志，由国家制定或认可，并强制实施的行为规范（规则）的总和。

为了保证本国经济的良好运行，各国政府都会颁布一些经济法规来制约、维护、调整企业的活动。《企业法》《经济合同法》《商标法》《广告法》等法规对保障我国经济活动的协调、稳定和发展及维护社会整体效益产生了重大的影响。

2. 汽车市场营销微观环境

微观环境（micro-environment）指与企业关系密切、能够影响企业服务顾客能力的各种因素——企业自身、供应商、销售渠道、顾客、竞争对手和公众，这些因素构成企业的价值传递系统。营销部门的业绩，建立在整个价值传递系统运行效率的基础之上。

（1）企业的内部环境。企业内部环境指企业的类型、组织模式、组织机构及企业文化等因素。企业的组织机构，即企业职能分配、部门设置及各部门之间的关系，是企业内部环境最重要的因素。一般而言，企业内部基本的组织机构包括高层管理部门、财务部门、研究与发展部门、采购部门、生产部门、销售部门。

（2）生产供应者。生产供应者，指向企业提供生产经营所需资源（如设备、能源、原材料、配套件等）的组织或个人。供应商的供应能力包括供应成本的高低（由原材料价格变化所引起）、供应的及时性（由供应短缺或延迟、暂时性停工停业所引起）是营销部门需要关注的。这些因素短期将影响销售的数额，长期将影响顾客的满意度。

（3）营销中介。营销中介（marketing intermediaries）指协助汽车企业从事市场营销的组织或个人。它包括中间商、实体分配公司、营销服务机构和财务中间机构等。

中间商是销售渠道，能帮助汽车企业找到顾客或把产品售卖出去。中间商包括批发商和零售商。

实体分配公司帮助汽车企业在从原产地至目的地之间存储和移送商品。

营销服务公司包括市场调查公司、广告公司、传媒机构、营销咨询机构，它们帮助公司正确地定位和促销产品。

财务中间机构包括银行、信贷公司、保险公司及其他金融机构，它们能够为交易提供金融支持或对货物买卖中的风险进行保险。

（4）顾客（用户）。顾客市场可分为五类：消费者市场、企业市场、经销商市场、政府市场和国际市场。

（5）竞争者。

（6）有关公众。公众指对企业的营销活动有实际的、潜在的利害关系和影响力的一切团体和个人。一般包括融资机构、新闻媒介、政府机关、协会、社团组织以及一般群众等。

3. 营销信息

营销信息指的是在一定时间和条件下，同企业营销活动以及与之相联系的多功能服务有关的各种信息、情报、数据、资料等的总称，是对市场各种经济关系和营销活动的客观描述与真实反映。

（1）营销信息的特征

1）一般属性。包括普遍性、可感知性、可处理性、可转换性、可传递性、有效性等。

2）特殊属性

①营销信息是多种信息来源、多种信息渠道、多个信息层次、多种信息表达方式的综合。

②具有双向流动性。

③具有时效性、活跃性。

（2）营销信息的主要内容

1）汽车产品供求及其变化的信息。

2）汽车产品的价格及其变化的信息。

3）汽车行业市场竞争情况及其发展趋势信息。

4）技术进步及新产品开发信息。

5）国际市场及其变化信息。

6）与市场营销有关的其他信息。

（3）营销信息的管理。营销信息系统大致可以分为四个环节，分别为信息收集环节、问题与答案确认环节、决策者判断环节和结果处理环节。

4. 市场调查的作用

（1）市场调查可以帮助企业设定经营目标。企划人员可以通过市场调查协助企业制定如下目标：

1）市场调查可以用来评估市场大小。

2）市场调查可以确认潜在顾客，提高工作效率。

3）市场调查可以为汽车服务制定价格。

4）市场调查可以确定广告费与销售额之间的关系。

（2）市场调查可以帮助企业解决问题

1）分析某一车型的品牌专卖店业务下降的原因。

2）分析利润率不足的原因。

3）调查如何满足市场需求。

（3）市场调查可以促进企业的成长。企业可以通过市场调查获得顾客购买汽车和选择服务的真正原因，从而使企业能够制定正确的经营策略击败竞争对手。

1）显示出谁是决定购买的人。

2）显示人们选择某些品牌的原因。

3）显示消费者在何时及何处购买、消费。

4）经常性地进行市场调查能够促进营销人员的成长。

5. 市场调查的分类

（1）探索性调查。指企业对需要调查的问题尚不清楚，无法确定应调查哪些内容，因此，只能搜集一些有关资料进行分析，帮助确定要调查的问题，提出假设，然后再做进一步调研。所要回答的问题主要是“是什么”。

（2）描述性调查。指通过调研，对诸如某种车型的市场潜力、顾客态度和偏好等方面的问题如实地记录并描述。所要回答的问题主要是“何时”或“如何”。

（3）因果分析调查。指通过调研，检验假设的因果关系的准确性。

（4）预测性调查。指通过调研，运用数学方法估计未来某个时期对产品的需求量及其未来发展趋势。预测性调研主要用于销售预测，回答的问题是“将来如何”。

6. 市场调研的步骤

市场调研一般可为预备调研、正式调研和结果处理三个阶段。

（1）预备调研阶段

1）初步分析情况，确定调研目标和范围。

2）成立调研小组。

3）确定调研方案和调研程序。

（2）正式调研阶段。

（3）结果处理阶段

1）整理分析调研资料。

2）提交调研报告。

7. 市场调研的主要内容

市场调研的主要内容一般包括以下五个方面：

（1）市场环境调查。主要包括：政策法律环境调查、经济环境调查、科技环境调查、社会文化环境调查。

（2）企业竞争者调查。主要包括：主要竞争对手有哪些，他们对市场的控制能力有多大；消费者对主要竞争产品的认可程度；与本企业是直接竞争还是间接竞争；竞争对手的销售能力和市场计划；消费者还有哪些要求尚未在竞争产品中体现出来；市场竞争的焦点与机会等。

（3）市场竞争需求及产品状况调查。主要包括：需求量调查、需求结构调查、需求时间调查、消费者购买动机与购买行为调查。

（4）企业自身营销组合要素调查。

（5）销售企业的客户满意度调查。

8. 汽车市场调查的方法

（1）文案调研

1）文案调研的资料选用原则：系统性原则、时效性原则、相关性原则、经济性原则。

2）文案调研资料的类型

内部资料：主要包括以会计统计为主的报告系统资料、内部信息系统档案资料等。

外部资料：通过因特网、政府机构、相关的报纸杂志、行业协会等渠道获得的资料。

（2）实地调研。实地调研是市场调查的执行人员在充分了解企业市场调查的目的之后，通过询问、观察、实验等方法获取第一手资料，并对其进行分析、整理之后，进而提出相关调查报告及市场营销建议，作为企业相关人士决策的参考信息。

1）实地调研资料的类型。实地调查所获取的第一手资料按其性质可以分为事实、所知信息、意见、打算和动机等类型。

2）收集资料的方法。实地调研常用的方法有询问法、观察法、实验法。

①询问法。指通过某种方式向被调查者询问问题而收集所需要的资料的一种调查方法。通常应该事先将一系列的问题编制成一套调查表或问卷，以便有步骤地提问，避免东一榔头西一棒子，使被调查者摸不着头脑。

询问法主要可按下列几种方式进行：

个人访问法：这种方法也称为人员访问调查法，就是由进行调查的单位派出访问人员直接向被调查者当面询问问题。

邮寄调查法：这是调查者把事先设计好的调查表，通过邮局寄给被调查者，由被调查者书面回答调查表上的问题后，再寄回调查人。

电话调查法：通过电话和被调查者进行交谈以收集资料的方法。

混合调查法：有些情况下，企业可以把上面提到的三种询问调查方法，即人员访问、邮寄调查和电话调查混合起来加以综合使用。

②观察法。这种方法的要点是避免直接向当事人提出问题，而代之以观察所发生的事实，据以判断当事人在某种情况下的行为、反应。常用的有如下几种方法：

直接观察法：由市场调查的主持者派出观察员直接到现场观察。

亲身经历法：这种亲身经历法所观察到的事实常常是很真实的，因为被观察者很自然地表现出他们的真实情况。

实际痕迹测量法：这种方法常用来了解广告的效果。

行为记录法：观察法的要点是现场观察，并不向观察对象提出问题。因此这种观察、记录的工作就完全可以用机器来代替，如录音机、录像机等，把这些仪器装在现场上，观察对象的言行就如实地记录下来。

③实验法。实验法是借用科学家在实验室中实验求证的方法。市场调查中所用的实验法就是先在一个较小的范围内，并在一定的条件下——类似实验室的条件下，对某种影响商品销售的因素进行试验，分析其结果，以判断这种方法是否有大规模推行的价值，所以这种实验也常称为销售实验，或者称为试销。对试销效果的调查，需要限定在一个特定的地区和特定的时间，这种在特定时间里、特定范围内的特定市场就是实验市场。

9. 汽车市场调查的样本选择

(1) 调查对象的选择。在进行抽样时要注意以下几点：

1) 定义恰当的总体。

2) 注意样本的代表性。

3) 确定合适的样本数。

(2) 抽样的方法

1) 随机抽样。随机抽样的方式有简单随机抽样、分层随机抽样、分群随机抽样。

2) 非随机抽样。非随机抽样的方式有便利抽样、典型抽样、配额抽样、滚雪球抽样。

10. 市场调查中的访问技巧

(1) 访问的工作流程

1) 街头访问工作流程。确定调查主题，培训街头访问人员；准备调查资料，包括宣传资料、纪念品等；在预定地点选定符合条件的访问对象进行拦截；针对合作者先按访问提纲进行提问，注意记录，时间控制在 10 min 以内，最后赠送宣传资料、纪念品表示感谢；对不合作者赠送宣传资料，表示歉意。

2) 客户访问工作流程。确定调查主题及访问数量，对访问人员进行培训；在顾客档案中随机抽取预定数量的顾客，做好记录；准备访谈资料及纪念品，说明访问原因，预约访问时间、地点；对合作者提供资料，围绕主题及访问提纲进行访问，时间控制在 30～45 min；做好访问记录，最后赠送宣传资料、纪念品表示感谢。

3）拜访访问工作流程。确定调查主题及访问数量，对访问人员进行培训；确定调查区域，了解消费水平及状况；准备拜访资料、纪念品，注意着装，拜访的时间以 9、15、20 点左右为宜；登门拜访，注意时间控制在 30～60 min；最后表示感谢，赠送相关资料及纪念品。

（2）访问的技巧

1）获得被访者的认同。进行访问的首要任务是访问者获得被访者的认同，好的访问要做好以下几个方面：访问者要注意好的仪态；树立较好的专业形象；注意选择地点和把握时机；做好自我介绍，注意语言技巧，谈吐诚恳有礼。

2）控制谈话气氛，把握访问节奏。在调查过程中，向被访者询问问题是必不可少的，而访问者掌握一定的沟通技巧是十分必要的。说明访问理由，获得被访者认同；根据初步接触，判断被访者性格。

3）注意问话技巧，提高访问质量。

4）记录回答。

5）结束访问。

（3）对顾客的访问过程

1）诚恳有礼，做好自我介绍，注意专业形象。

2）说明访问理由，注意观察被访者的反应。

3）判断被访者的大致性格，对性格内向的被访者要用鼓励、启发的风格来讨论，注意用轻松的话题来调节气氛。

4）对性格外向的被访者要用引导、研讨的风格来访问，并注意控制节奏和方向。

5）采用不同的提问方式和提问顺序。

6）针对核心问题，对被访者的回答适当追问，根据对被访者的了解，适当调节谈话风格。

7）采用被访者能够接受的方式进行记录，如录音、录像、笔录等，并控制好访谈进度。

8）控制时间，选择适当时机结束谈话，致谢并赠送纪念品。

11. 市场调查的问卷设计

（1）问卷的结构。问卷一般由封面信、指导语、问题与答案、结束语等部分组成。

（2）设计调查问卷的步骤。进行市场走访，明确问卷设计的主题；考虑被调查者状况确定问题比例；初步设计问卷并在小范围内征询意见；修订问卷，并确定印制数量；考虑问卷调查的渠道，并准确发放；回收和审查问卷，并进行整理。

（3）问题的设计

1）问题的形式。分为开放式问题和闭合式问题。

2）问题的表述。问题的表达要简洁，意思明确，通俗易懂，不要模棱两可，避免用一般或经常等词语；问题要单一，避免多重含义；要注意问题的客观性，避免有诱导性和倾向性的问题，以免使答案和事实产生误差；避免涉及个人隐私；问题要具体，避免抽象和笼统；调查语句要有亲切感，并考虑到答卷人的自尊。

3）问题的顺序。第一个问题必须有趣且容易回答，以引起被调查者的兴趣；重要问题放在重要地方；问卷中问题之间的间隔要适当，以便答卷人看卷时有舒适感；容易回答的问题在前面，慢慢引入比较难答的问题；问题要一气呵成，且应注意问题前后的连贯性，不要让答卷人情感或思绪中断；私人问题和易引起对方困扰的问题，应最后提出。

4）相关联问题的设计。相关联问题是指当某个问题是否需要回答或如何回答，取决于被调查者对前一个问题的回答结果。

(4) 问题答案的设计。问题答案的设计原则：互斥性原则和完备性原则。

(5) 问卷的发放与回收。

12. 营销调研的程序

(1) 定义问题

1）好的调查源于完善的信息系统。

2）不要把问题和症状相混淆。

3）确立研究对象是营销人员专业水准的表现。

(2) 情景分析，编制计划

1）确定进行情景分析的责任人。

2）情景分析。

3）编写计划。

(3) 获取特定问题的资料

1）询问法的应用。

2）观察法的应用。

3）实验法的控制条件。

(4) 解释数据。

(5) 完成市场调查，解决问题。

13. 汽车市场预测的步骤

(1) 确定预测目标。

(2) 收集、分析和整理相关数据资料。

(3) 选择预测方法。

(4) 分析误差。

(5) 进行预测，写出预测报告。

14. 汽车市场预测的方法

(1) 定性预测方法。定性预测方法又称为判断分析预测法，它是由预测者根据所拥有的历史资料和现实资料，依据个人经验、知识和综合分析能力，对未来的市场发展趋势做出估计和测算。

常见的定性预测方法：

1）德尔菲法。该种方法是在20世纪40年代末期由美国兰德公司（LAND）首创并使用的，在西方发达国家广泛盛行的一种预测方法。它可以用于技术预测和经济预测、短期预测和长期预测，尤其是对于缺乏统计数据而又需要对很多相关因素的影响做出判断的领域，以及事物的发展在很大程度上受政策影响的领域，更适合应用德尔菲法进行预测。

2）集合意见法。集合意见法就是集合企业内部经营人员、业务人员等的意见，凭他们的经验和判断共同讨论市场趋势而进行市场预测的方法。

除上面两种预测方法外，定性预测方法还有社会（用户）调查法（即面向社会公众或用户展开调查）、小组讨论法（会议座谈形式）、单独预测集中法（由预测专家独立提出预测看法，再由预测人员予以综合）、领先指标法（利用与预测对象关系甚密的某个指标变化对预测对象进行预测，如通过对投资规模的监控来预测汽车需求量即需求结构）、主观概率法（预测人员对预测对象未来变化的各种情况做出主观概率估计）等。

（2）定量预测方法。定量预测方法是依据必要的统计资料，借助数学方法，特别是数理统计方法，通过建立数学模型，对预测对象未来在数量上的表现进行预测等方法的总称。汽车市场定量预测方法一般有以下几种：

1）时间序列预测法。时间序列是指某种社会经济统计指标同一变数的一组观察数值，按时间先后顺序排列而成的数列。

2）因果分析预测法。因果分析预测法是从事物变化的因果关系出发，寻找市场发展变化的原因，分析原因与结果之间的联系结构，建立数学模型，据此预测市场未来的发展变化趋势和可能水平。

15. 市场预测的主要内容

（1）预测汽车市场需求。

（2）预测汽车市场价格。

（3）预测消费心理和消费行为。

（4）预测市场占有率。

（5）预测生命周期。

单元训练

一、判断题（下列判断正确的在括号里打“√”，错误的打“×”）

1. 市场细分也就是市场分类，即企业通过对不同商品进行分类，以满足不同需要的活动。（　　）

2. 恩格尔系数表明：随着家庭收入的增加，用于食物支出的比重将递增。（　　）

3. 在良好的竞争环境中，企业将会按照公平合理、优胜劣汰的竞争原则采取各种决策和行为。（　　）

4. 企业生产的商品品种多样、齐全，无疑将大大提高企业的知名度和竞争能力。（　　）

5. 促销就是促进销售的简称。（　　）

6. 信息渠道是指接收方对信息的理解。（　　）

7. 产品质量法中的产品也包括建筑工程产品、军工产品。（　　）

8. 企业的服务有两种含义：一种是企业无形产品及劳务；另一种是企业配合销售有形商品而提供的服务。（　　）

9. 街头访问时，对合作的被访者进行提问，要注意记录，时间控制在 20 min 以内。（　　）

10. 国家性的指标包括国民生产总值、国内生产总值、国民收入等指标。（　　）

11. 市场细分也叫市场区划或市场分片，从现代市场营销发展史来看，它经历了四个阶段。（　　）

12. 拜访访问的时间以 9、15、20 点左右登门为宜。（　　）

13. CRM、ERP、SCM（客户关系管理、企业资源管理、供应链管理）并称为现代企业提高竞争力的三大法宝。（ ）

14. 市场营销历经了生产观念、销售观念、市场营销观念、现代市场营销理念等演变的过程。（ ）

15. 市场定位战略有竞争性定位、拾遗补缺定位、突出特色定位。（ ）

16. 现行市价法又称市场法、市场价格比较法，是最直接、最简单的一种评估方法。（ ）

17. 市场营销组合是战略性市场营销。（ ）

18. 汽车市场环境调查是汽车市场调查的主要内容之一。（ ）

19. 进行访问时，访问者不一定要获得被访者的认同。（ ）

20. 定性预测法是量的预测方法，定量预测法是质的预测方法。（ ）

二、单项选择题（下列各题的4个选项中，只有1个是正确的，请将其代号填横线空白处）

1. 汽车市场常见的细分方法有________。
   A. 按汽车产品类型的传统划分标准、按购买者的经济成分
   B. 按汽车产品的性能特点、完整性、使用的燃料、自然气候
   C. 按地理位置、产业、保有量的变化、新旧程度
   D. 以上都是

2. 下列属于不正当竞争行为的是________。
   A. 季节性降价　　B. 因转产、歇业降价销售产品
   C. 假冒他人的注册商标　　D. 节日性折扣

3. 常用的市场调查方法有观察法、访问法和________。
   A. 预测法　　B. 实验法　　C. 统计法　　D. 计算法

4. 市场预测分为宏观预测与________预测。
   A. 微观　　B. 简单　　C. 复杂　　D. 总体

5. ________属于市场需求调研。
   A. 市场潜在需求调研　　B. 商品的生命周期调研
   C. 竞争对手的目标和性质调研　　D. 人口调研

6. ________是选择目标市场营销策略应考虑的因素之一。
   A. 消费水平的高低　　B. 购买力的强弱
   C. 产品的同质性　　D. 竞争者的实力

7. 人口结构主要包括人口的家庭结构、社会结构和________。
   A. 市场结构　　B. 年龄结构　　C. 分布结构　　D. 地区结构

8. 生产婴幼儿食品的企业将其食品投向老年人市场，是通过________寻找市场营销机会的方法。
   A. 产品开发　　B. 市场开发　　C. 市场渗透　　D. 市场重新选择

9. 生产家用电器的企业与轿车制造厂是________。
   A. 一般竞争者　　B. 行业竞争者　　C. 品牌竞争者　　D. 市场竞争者

10. ________是影响奢侈品、汽车、旅游等商品销售的主要因素。

A. 消费者收入　　B. 可支配的个人收入

C. 存款　　D. 服务质量

11. 合理选择中间商应考虑的首要因素是________。

A. 中间商的条件　　B. 中间商的类型

C. 中间商的数目　　D. 中间商的信誉

12. 市场竞争的存在是以________的社会经济条件为前提的。

A. 行业垄断性　　B. 自由、平等、公开

C. 商品的日益丰富　　D. 开放竞争

13. 用企业现有的产品去满足新的市场需求从而增加销售，这是________。

A. 产品开发　　B. 市场渗透　　C. 市场开发　　D. 市场定位

14. 企业经营的所有产品都采用同一商标投入市场，这种商标策略称为________。

A. 个别商标策略　　B. 延伸商标策略

C. 统一商标策略　　D. 独立商标

15. 市场细分的概念是美国市场营销学家________提出的。

A. 迈克尔·波特　　B. 麦卡锡

C. 菲利普·科特勒　　D. 温德尔·斯密

16. ________是网络营销的核心工作。

A. 销售渠道　　B. 客户服务　　C. 客户关系　　D. 网站推广

17. 以现有产品开发新市场，这是________战略。

A. 一体化　　B. 市场渗透　　C. 市场开发　　D. 产品开发

18. 关系市场营销能为企业带来一种独特的资产，即________。

A. 超额利润　　B. 设备和技术

C. 企业规模　　D. 营销网络

19. 市场渗透战略适用的情况是________。

A. 现有市场——新产品　　B. 新市场——现有产品

C. 现有市场——现有产品　　D. 新市场——新产品

20. 协助买卖成交、推销产品，但对所经营产品没有所有权的中间商有________。

A. 批发商　　B. 运输公司　　C. 制造商代表　　D. 零售商

21. 市场需求的________，企业经营能力的局限性，是市场细分的客观基础。

A. 差异性和和相似性　　B. 必要性和可能性

C. 整体性和可能性　　D. 整体性和必要性

22. 实力相对薄弱的企业一般采用________。

A. 无差异性市场策略　　B. 差异性市场策略

C. 集中性市场策略　　D. 多样性市场策略

23. 下列市场中属于不可扩张市场的是________。

A. 服装市场　　B. 食盐市场　　C. 化妆品市场　　D. 汽车市场

24. 企业从消费者的角度对创意所作的详尽描述叫做________。

A. 产品形象　　B. 产品概念　　C. 产品外观　　D. 产品用途

25. 对同一种商品采用不同级别的包装，以适应不同的购买力水平，这种包装决策叫做

________。

A. 差异包装决策　　B. 复用包装决策

C. 改变包装决策　　D. 分等级包装决策

26. 对企业市场营销组合因素所进行的效率审计属于________。

A. 市场营销职能审计　　B. 市场营销战略审计

C. 市场营销系统审计　　D. 市场营销组织审计

27. 两个国家的企业合作，共同开拓或占领市场，这种战略联盟属于________。

A. 技术开发联盟　　B. 市场营销与服务联盟

C. 合作生产联盟　　D. 多层次合作联盟

28. 市场之所以能够细分的前提是市场需求的________。

A. 相似性　　B. 差异性　　C. 层次性　　D. 共性

29. 拟订调查计划属于汽车市场调查步骤的________。

A. 调查准备阶段　　B. 调查实施阶段

C. 分析总结阶段　　D. 确定调查问题阶段

30. 以销定产的经营模式下，企业独立运营，充满活力，通过市场竞争促使企业不断________，推陈出新，提高管理水平。

A. 扩大生产　　B. 提高效率　　C. 增加效益　　D. 改进产品

31. 市场调查是市场营销决策的依据，也是企业收集信息资料的重要________，是所有理性决策的基础和前提。

A. 内容　　B. 方法　　C. 方面　　D. 途径

32. 企业进行战略控制时，常采用________的方法，客观地对财务会计资料进行考察、询问、分析检查，作出结论和报告。

A. 资格审查　　B. 营销审计　　C. 财务审计　　D. 价格审核

33. 最有效而且实用的调查方法是________。

A. 电话访问　　B. 人员访问　　C. 邮寄问卷　　D. 现场问卷

34. ________最富有灵活性，但是花费成本较高。

A. 电话访问　　B. 人员访问　　C. 邮寄问卷　　D. 现场问卷

35. 在不规则需求情况下，市场营销管理的任务是________。

A. 协调市场营销　　B. 改变市场营销

C. 反市场营销　　D. 开发市场营销

36. 家庭影院、在线电影等的普及，使得消费者去电影院看电影的需求下降，那么电影院的主要营销任务是________。

A. 改变市场营销　　B. 重振市场营销

C. 降低市场营销　　D. 刺激市场营销

37. 市场营销的核心是________。

A. 生产　　B. 分配　　C. 交换　　D. 促销

38. 社会文化因素包含的方面有很多，主要有________、民族观念、宗教观念和亚文化群。

A. 价值观念　　B. 营销观念　　C. 市场观念　　D. 竞争观念

39. 从营销理论的角度而言，企业市场营销的最终目的是________。

A. 满足消费者的需求和欲望　　B. 获取利润

C. 求得生存和发展　　D. 把商品推销给消费者

40. 中间商包括批发商和________。

A. 经销商　　B. 中转商　　C. 零售商　　D. 代理商

41. 文案调研的资料选用原则有：时效性原则，相关性原则，系统性原则和________原则。

A. 平等性　　B. 开放性　　C. 经济性　　D. 特殊性

42. 恩格尔定律表明，随着消费者收入的提高，恩格尔系数将________。

A. 越来越小　　B. 保持不变　　C. 越来越大　　D. 趋近于零

43. ________指人们对社会生活中各种事物的态度和看法。

A. 社会习俗　　B. 消费心理　　C. 价值观念　　D. 营销道德

44. 询问法主要包括以下几种方式：个人询问法，邮寄询问法，电话询问法和________。

A. 实际痕迹测量法　　B. 亲身经历法

C. 行为记录法　　D. 混合调查法

45. 随机抽样的方式一般有分层随机抽样、分群随机抽样和________。

A. 简单随机抽样　　B. 便利随机抽样

C. 典型随机　　D. 混合调查法

46. 问卷调查的问题的形式有开放式和________两种。

A. 简单式　　B. 复杂式　　C. 随机式　　D. 闭合式

三、多项选择题（下列各题的 4 个选项中，至少有 2 个是正确的，请将其代号填在横线空白处）

1. 市场细分的方法有________。

A. 按地理环境细分　　B. 按选择性细分

C. 按人口社会因素细分　　D. 按购买行为和心理因素细分

2. 市场细分的原则有________。

A. 可衡量性　　B. 可进入性　　C. 有效性　　D. 稳定性

3. 当企业生产经营的是________的产品时，宜采用短渠道分销。

A. 单价高　　B. 耐久性强　　C. 技术性强　　D. 市场集中

4. 具有________的商品是适合直复营销的。

A. 特色性　　B. 稀缺性　　C. 隐私性　　D. 时代性

5. 商品质量的基本特性有________。

A. 可靠性　　B. 安全性　　C. 适用性　　D. 经济性

6. 通常把消费者市场细分的因素分为________。

A. 地理　　B. 人口　　C. 心理　　D. 行为

7. 现代企业市场预测的主要内容是________。

A. 预测企业经营区域范围内产品购买力的发展趋势

B. 预测产品生命周期及新产品投入市场的成功率

C. 预测市场对企业产品的需求情况

D. 预测企业产品的市场覆盖率

8. 市场预测的主要步骤有________。

A. 明确预测目标　　B. 收集资料

C. 选定预测方法　　D. 分析修订预测结果

9. 影响汽车营销宏观环境的政治因素包括________。

A. 政治局势　　B. 营销中介　　C. 宏观政策　　D. 有关公众

10. 有关公众一般包括________。

A. 融资机构　　B. 新闻媒介

C. 政府机关、协会　　D. 社团组织

11. 市场调查的主要内容包括________。

A. 市场需求调查　　B. 竞争结构调查

C. 价格调查　　D. 销售渠道调查

12. 消费者的信息来源主要有________等几个方面的来源。

A. 商业　　B. 间接　　C. 个人　　D. 大众

13. 政治法律环境是由那些影响各种组织、个人行为的________组成。

A. 法律　　B. 政府机构　　C. 群体规范　　D. 传统习惯

14. 市场细分的有效条件是________。

A. 可衡量性　　B. 可进入性　　C. 可获利性　　D. 长期稳定性

15. 营销战略任务的确定应考虑________等因素。

A. 企业历史上的突出特征　　B. 环境变化

C. 企业资源　　D. 企业的特有能力

16. 考察一个中间商，需要综合考虑其________等因素。

A. 经营能力　　B. 所有制结构　　C. 所在区域　　D. 经营水平

17. 市场营销信息系统包括________。

A. 内部报告系统

B. 外部报告系统

C. 市场营销情报系统

D. 市场营销研究系统

18. 市场调查，就是运用科学的方法，________地收集、记录、整理和分析有关市场的信息资料，从而了解市场的现状和发展变化的趋势，做好市场营销的预测和管理决策工作。

A. 有目的　　B. 有计划　　C. 有深度　　D. 系统和客观

19. 市场调研的步骤一般可分为________。

A. 预备调研　　B. 正式调研　　C. 结果处理　　D. 信息反馈

20. 常用的观察法有________。

A. 直接观察法　　B. 间接观察法　　C. 亲身经历法　　D. 行为记录法

21. 随机抽样的方式一般有________。

A. 便利随机抽样　　B. 简单随机抽样

C. 分层随机抽样　　D. 分群随机抽样

四、案例分析

【案例 1】汽车降价潮

2003 年以来，汽车厂商纷纷高举降价大旗，即使在销售旺季也是照降不误，而且没有撤旗的迹象，汽车市场上各种品牌是你方唱罢我登场，就连一些比较畅销的车型也抵不住市场的压力纷纷加入降价行列中，可见汽车市场这一降价策略并未能解决淡季营销的干渴。各种品牌汽车全面降价，以及很多品牌持续降价带来了不可忽视的促销副作用，“价格泡沫”显露，搅乱了消费者的消费心理，影响了其购买决策和购买行为。

问题：

（1）请分析汽车市场产生这一现象的原因。

（2）请就这一问题制定相应的解决方法。

【案例 2】车企争推世博概念

上海世博会倡导的“低碳出行”为国内众多汽车企业提供了展示新能源车技术和实力的舞台，新能源汽车潮流借助世博会成为 2010 年下半年中国车市的主题。各大汽车厂商借“世博”东风，拉开营销大战。

（1）作为 2010 年上海世博会唯一的汽车全球合作伙伴，上汽集团—通用汽车馆以“直达 2030”为主题，向人们展现了一幅“零排放、零交通事故、远离对石油的依赖、远离交通堵塞、实现有趣而又时尚驾驶”的 2030 美好城市交通生活蓝图。此外，还有“电力化”“车联网”“自动驾驶”技术实现的“可持续发展的动力移动系统”的愿景展示，让观者身临其境感受到充满尖端技术的未来汽车世界。

（2）长安志翔 HEV 混合动力车被定为指定工作用车。据了解，长安志翔 HEV 服务丹麦世博馆只是双方合作中的一部分，长安还将与丹麦馆在“城市，让生活更美好”的世博主题及“低碳世博”的口号下展开深入合作。此外，长安悦翔纯电动概念车模型还将在世博重庆馆内得以展示。

简述以上汽车品牌的成功之道是什么？

五、简答题

市场调研的主要内容是什么？

单元5　汽车消费者购买行为分析

鉴定要点、重点提示

一、鉴定要点

表Ⅱ—5

工作内容	鉴定要点	重要程度
消费者购买行为分析	消费者需求	★★★
	汽车消费者的购买行为特征及其影响因素	★★★
	消费者购买行为决策过程	★★
消费者购买行为的影响因素分析	消费者动机对购买行为的影响	★★
	群体与社会阶层	★
	交际风格类型	★
	整体产品概念	★
	产品生命周期	★★
	产品生命周期中的营销策略	★★★
	新产品的定义及分类	★★
	新产品开发	★★
	汽车产品	★
	汽车产品购买行为分析	★★★
定价策略	影响汽车产品定价的主要因素	★★★
	汽车产品的基本定价方法	★★★
	汽车产品的价格策略	★★★
	汽车产品的定价程序	★★
促销策略	促销与促销组合策略的概念及作用	★
	汽车产品常见促销方式	★★★
	促销组合决策	★★

二、重点提示

1. 消费者需求

（1）需求的概念。需求是一定条件下人所感受到的对生理或心理条件的必要认识，是对其生存或发展条件的追求。这种对生理或心理活动条件的追求，通过人们对某种客观事物的欲望得到表达。

（2）需求的特征。人们的需求多种多样，但所有的需求概括起来说都反映出以下基本特征：

1）原始本能性。

2）可选择性。

3）可诱导性。

4）可连带性。

5）可发展性。

（3）需求的层次。美国心理学家马斯洛认为：人是有欲望的动物，需要什么取决于已经有了什么，只是尚未被满足的需要才影响人的行为，亦即已满足的需要不再是一种动因，人的需要是以层次的形式出现的，按其重要程度的大小，由低级需要逐级发展到高级需要。具体分为以下五个层次，如图Ⅱ—1所示。

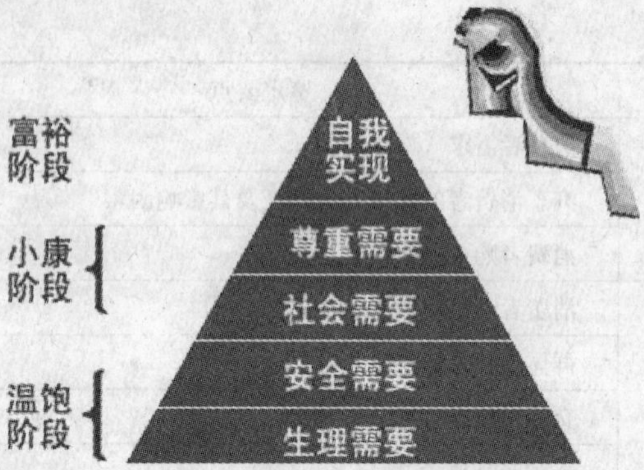

图Ⅱ—1　马斯洛五层次需要示意图

2. 汽车消费者的购买行为特征及其影响因素

（1）汽车消费者的购买行为特征

1）汽车消费是一种复杂的购买行为。

2）购买行为的理智性。

3）需求的派生性。

（2）影响消费者购买行为的主要因素

1）社会影响。包括文化因素、社会阶层和社会群体。

2）个人及心理因素。

3）营销因素。

4）购买情景。如汽车卖场的环境、购买时间、销售人员的服务意识等。

（3）影响消费者购买行为的角色

1）发起者：首先提出购买意向的人，包括使用者、消息灵通人士、已购车的朋友等。

2）影响者：指其看法和建议对最终决策有一定影响的人。一般指紧密群体的成员。

3）决策者：指对整个购买行动起决定性作用的人。包括家长、单位领导等。

4）购买者：指最终实际采购的人。一般包括家庭成员、办公室负责人等。

5）使用者：指最终使用产品和服务的人。一般指司机、实际驾驶人员。

3. 消费者购买行为决策过程

(1) 发现问题。

(2) 信息搜索。信息的来源有四个渠道：

1) 个人来源：即从家庭成员、亲朋好友、同学同事、邻居处得来的信息。

2) 商业来源：即从广告、售货/推销员介绍、商品展销会、订货会、商品说明书等方面得来的信息。

3) 公众来源：即从新闻媒介、互联网、商评等方面得来的信息。

4) 经验来源：即从自己的实践中得来的信息。

(3) 方案评价。

(4) 购买决策。

(5) 购买后评价。

4. 消费者动机对购买行为的影响

(1) 动机在消费过程中的作用

1) 激活作用：即动机会使人产生某种行动。

2) 指向作用：即在动机的作用下，人的行为将指向某一目标。

3) 强化作用：即当活动产生后，动机可以维持和调整活动。

(2) 动机体现的形式

1) 求实购买动机。以追求汽车的实用价值为主要目的，注重“实惠”和“实际”原则，强调汽车的效用和质量，讲究朴实大方、经久耐用、使用便利，而不过分关心商品的外形、品牌。

2) 求新购买动机。以追求车型外观、配置的时尚和新颖为主要目的，注重汽车的“现代气息”和“新奇”，讲究车型的款式和社会流行趋势。

3) 求美购买动机。以追求车型外观的欣赏价值和艺术价值为主要目的，注重车型的颜色、款式、流线设计及线条装饰等外观因素，讲究车型的风格和个性化特征的美化所带来的美感享受。

4) 求利购买动机。以追求价格低廉为主要目的，注重汽车的价格变动，而对车型的款式、品牌等不十分挑剔。

5) 求名购买动机。以追求车型的名牌、高档为主要目的，借以显示或提高身份地位，注重车型的社会声誉和象征意义，讲求车型与其生活水平、社会地位和个性特征的关联性。

6) 好奇购买动机。为满足自己的好奇心而产生的购买动机。

7) 从众购买动机。为保持和别人步调一致或水平相当或地位相近而产生购买汽车的动机，这种情况通常是在相关群体和社会风气的影响下产生的，有一定的盲目性和不成熟性。

8) 癖好购买动机。为满足个人爱好而形成的动机，通过购买和消费自己偏爱的车型款式而获得心理满足。对特定事物偏爱的形成，往往与消费者的业余爱好、专业特长和日常生活情趣密切相关，并且伴有浓厚的感情色彩。

9) 习惯性购买动机。消费者对于所选择的汽车服务单位有充分的了解，并抱以特殊的信任，一般不会轻易改变所选的品牌。这种购买多为一些大众所熟悉并赞赏的耐用品和奢侈品或服务品牌，得到人们的信任，从而使之形成习惯性购买。

5. 群体与社会阶层

(1) 参照群体的分类

1）紧密群体。紧密群体是指对消费者行为影响最经常、最直接、最重要的群体。包括父母、兄弟姐妹、亲戚朋友、同学同事、老师、邻居等。

2）归属群体。人们在社会上总是因为职业、信仰或兴趣爱好不同而分别归属于不同的群体，这种共同的行为往往并非硬性规定，而是一种相互影响、约定俗成的倾向。

3）比照群体。指那些与消费者没有直接接触，但对消费者的行为起到示范作用的群体。

（2）社会阶层。社会阶层是指根据人们的经济地位与归属群体来划分的等级，通常收入水平决定着他们的消费水平、消费观念和消费习惯。

决定因素：受教育程度、职业、收入、权力、阶层意识。

6. 交际风格类型

（1）权威者（驾驭型，红色）。

（2）思考者（分析型，蓝色）。

（3）合作者（亲切型，绿色）。

（4）外向型（表现型，黄色）。

7. 整体产品概念

（1）概念。市场营销中的产品，是指人们通过购买所获得的需要和满足。而产品的含义有着更广泛的内容，它包括实体商品、人、地点、组织和创意等。整体产品就是指通过交换能满足消费者某种需求和利益的有形物体和非物质性的无形服务的总和。

产品是企业从事生产经营活动的直接而有效的物质成果。在社会主义市场经济条件下，任何企业的产品首先是一个外界的对象，一个是靠自己的属性来满足人们的某种需要的东西。对于消费者而言，产品必须具有的特性：适用性，可靠性，经济性。

整体产品由三个层次构成：第一层次是产品的核心层，即顾客购买产品所追求的基本效用和利益。产品核心是指产品的使用价值。第二层次是产品的形式层，即产品的实体与外形，如产品的构成材料、外观设计、花色、式样、品牌、商标与包装等。第三层次是产品的延伸层，即指产品实体基本效能以外的附加利益，如送货上门、售后服务、质量保证等。

（2）整体产品概念十大要素

1）产品的效用或服务。这是产品的核心部分。效用指产品能满足买主需要的某种使用价值或功能，多半是指一种物质形态的东西。服务指能满足买主某种需要的劳务。

2）产品品质。主要指产品的物理化学性质、技术经济性能、使用寿命等，是表明产品的质量水平的重要标志。

3）产品式样。主要指产品的原理结构、造型、花色等，是决定产品吸引力强弱的重要因素。

4）产品特色。指产品与同类产品相比所具有的与众不同的特有的优点，它在很大程度上决定着产品竞争能力的强弱。

5）产品包装。包装是产品整体中的重要部分，包装能够强化产品的特征和风格，既具有保护产品的作用，又具有方便顾客、吸引顾客、促进销售的重要作用。

6）产品品牌。不同产品是由品牌加以区别的。用户一般都愿意购买名牌产品，名牌产品还往往容易比其他同等质量的产品卖出更高的价格，某种产品的声誉就表现为某种品牌的声誉。因此，产品品牌是企业的一种无形资产，必须慎重地运用。

7）产品的保证。企业对用户使用本产品要做出保证或承诺，产品一经售出，企业的保证或承诺就应立即生效，这样有利于提高用户对产品的信任感，并有助于在社会上树立企业的良好形象。

8）产品运送。销售产品的企业应当“免费”为用户运送他所购买的产品，特别是一些大型、中型不便用户自己运输的产品，如销售企业能送货上门，用户将感到十分方便而感谢销售企业，使买、卖双方相互关系更加融洽，自然会促进该种产品和其他产品的销售。

9）产品安装。许多产品的安装需要特殊的技术、设备和仪器，生产和销售企业应当义不容辞地承担此项工作。

10）产品维修。企业应对所销售产品的使用全过程的正常运行负责，应当保证维修配件的供应和建立维修点，并定期或不定期巡回修理。这样可大大提高用户对产品的信赖度，并有助于以后重复购买此种产品。

（3）产品分类

1）按产品的特征分类。根据传统惯例，营销人员以产品的各种特征为基础将产品分成不同的类型，如耐用性和有形性产品、消费品、工业品等。

根据产品的耐用性和有形性，将产品分为非耐用品、耐用品和服务。

①非耐用品。非耐用品属于有形产品，消费时，它一般具有一种或一些用途。由于这类产品消费快，购买频率高，合适的营销战略应该是：使消费者能在许多地点购买到这类产品；售价中包含的盈利要低；要大力做广告，以吸引消费者作一番尝试，并促其形成偏好。这类产品有啤酒、肥皂和盐等。

②耐用品。耐用品属于有形产品，通常有许多用途。耐用品一般需要较多地采用人员推销和服务的形式，以获得较高的利润，需要销售者提供较多的担保条件。这类产品有冰箱、机床和服装等。

③服务。服务是无形的、不可分离的、可变的和易消失的。作为结果，它们一般要求更多的质量控制、供应者信用和实用性。如理发和修理。

2）按消费者购买习惯分类。根据消费者购买习惯对消费品进行分类，可以将产品分成方便品、选购品、特殊品和非渴求商品。

①方便品。指顾客经常购买或即刻购买，并几乎不作购买比较和购买努力的商品。方便品可以进一步分成日用品、冲动品和救急品。日用品是指消费者经常购买的产品。冲动品是指消费者没有经过计划或寻找而购买的产品，由于消费者一般不愿专门去选购，这些产品应到处可以购得。救急品是指当消费者的需求十分紧迫时购买的产品。

②选购品。指消费者在选购过程中，对产品的适用性、质量、价格和式样等基本方面要做针对性比较的产品。选购品可划分成同质品和异质品。顾客购买同质品时认为产品质量相似，但价格却明显不同，所以有进行选购的必要。顾客购买异质品时认为产品的特色通常比产品的价格更为重要。对经营异质品的销售者必须备有大量的品种花色，以满足不同的爱好；他们还必须拥有受过良好训练的推销人员，为顾客提供信息和咨询。

③特殊品。指具有独特和品牌标记的产品，对这些产品，有相当多的购买者一般都愿意为此特殊的购买努力。特殊品不涉及购买时对商品的比较问题，购买者仅需花上时间，找到经销该商品的经销商即可。经销商不必考虑销售地点是否方便，但是，他们要让可能的购买者知道购买地点。

④非渴求商品。指消费者未曾听说过一般也不想购买的产品。非渴求商品的特性决定了

对它需要做出诸如广告和人员推销的大量营销努力。一些最复杂的人员推销技巧，就是在推销非渴求商品的竞争中发展起来的。

3）按进入生产过程和相对昂贵分类。根据工业品如何进入生产过程和相对昂贵这两点进行分类，工业品分成材料和部件、资本产品、供应品与服务。

①材料和部件。指完全要转化为制造商所生产的成品的那类产品。它们可分成两类，即原材料及半制成品和部件。原材料本身又可以分成两个主类，即农产品和天然产品。半制成品和部件可以用构成材料与构成部件来加以说明，构成材料通常需要进一步加工；构成部件在不进一步改变其形态的情况下，也完全可以成为最终产品的一部分。

②资本产品。指部分进入产成品中的商品。它们包括两个部分，即装备和附属设备。装备属于主要的购置物，包括建筑物与固定设备，用户通常直接从制造商那里购买此类产品。附属设备包括轻型制造设备和工具以及办公设备，这种设备不会成为最终产品的组成部分，它们在生产过程中仅仅起辅助作用。

③供应品和业务服务。指短寿命的商品和服务，它们促进了最终产品的开发和管理。供应品可以分为两类，即操作用品和维修用品。业务服务包括维修服务和修理服务，维修服务一般由小型单位提供，而修理服务一般由生产该设备的制造商提供。

8. 产品生命周期

产品生命周期是指产品的市场寿命，是指它从投入市场到被市场淘汰的全过程。任何产品在市场上都有一个产生、成长、成熟与衰退的过程。

一般来说，从新产品投入市场开始到从市场上消失为止，大致经历四个阶段：投入期、成长期、成熟期和衰退期。在产品生命周期的不同阶段，产品的品质、售价、销售额、企业盈利和市场状况等均具有不同的特征。这些变化特征正是企业制定市场营销策略的基点，必须切实掌握这些特征。

（1）投入阶段的特征。这一阶段的主要特征是：消费者对产品不太了解，销售量小，单位产品成本较高；广告费用和其他营销费用开支较大；企业利润少，通常亏损现象比较普遍；产品技术、性能不够完善；企业承担的市场风险最大；如果开发研制或市场预测失误，许多新产品就在这一阶段夭折。

（2）成长阶段的特征。这一阶段的主要特征是：消费者对产品已日趋熟悉；销售量迅速增加；由于大批量生产和有可观的利润，大批竞争者纷纷介入，竞争比较激烈；产品的技术、性能逐步完善，单位产品成本下降，利润增加。企业市场策略的核心是提高产品质量，改进服务，大力促销，扩大市场占有率。

（3）成熟阶段的特征。这一阶段的主要特征是：产品销售量虽然仍有增长，但增长率常呈递减趋势；由于生产成本、促销费用下降，且产品总销量不减或略有下降，使企业利润丰厚、稳定，市场上同类产品增多，市场竞争十分激烈；成熟期末，企业利润开始下降。产品成熟期阶段又可细分为三部分：

1）成长成熟期。此时，各销售渠道基本呈饱和状态，但总销售额继续缓慢增长。这是由于有少数新消费者进入该市场，但大部分销售额仍属原有顾客重复购买所致。

2）稳定成熟期。此时，销售量趋于饱和，甚至开始下降，无新的购买者进入市场，原有的消费者开始寻求和购买其他产品或替代产品。

3）滑坡成熟期。销售增长率开始下滑，销售总量迅速下降，原有用户的兴趣开始转向其他产品和替代产品。

（4）衰退阶段的特征。这一阶段的主要特征是：产品销售总量急剧下降，产品出现积压，价格下跌，利润剧减；产品的弱点和不足已经显露，市场上出现了性能更好的替代产品；竞争者相继退出市场。

9. 产品生命周期中的营销策略

（1）投入阶段营销策略。针对投入阶段的特征，一般有四种可供选择的营销策略。

1）快速掠取策略。这一战略是以高价格和高促销费用推出新产品，迅速占领市场。成功地实施这一策略，企业可在短期内获取较高利润，以尽快回收开发投资。实施这一策略须具备的市场条件是：市场上有较大的需求潜力，顾客求新心理强，急于购买新产品，并愿意支付高价；企业面临潜在竞争者的威胁，急需先声夺人尽早树立品牌、威望等。

2）缓慢掠取策略。这一策略是以高价格和低促销费用将新产品推进市场。高价格结合低促销费用，可以获得最大利润率。这种策略的市场条件是：产品确属名优新特品；潜在竞争威胁小；适当高价也可以被接受。

3）快速渗透策略。这一策略是以低价格和高促销费用推出新产品。它常可使产品以最快的速度渗入市场，并为企业带来最大的市场占有率。实施这种策略的市场条件是：该产品的市场容量相当大；消费者对此产品不了解，且对价格反应十分敏感；潜在竞争比较激烈，必须抢在激烈竞争前使产品批量上市。

4）缓慢渗透策略。这一策略是以低价格和低促销费用推出新产品。低价格的目的在于促使市场尽快接受该产品，低促销费用的作用在于降低销售费用，增强竞争力。实施这种策略的市场条件是：市场容量较大；企业已了解到顾客对该项新产品的价格十分敏感；有相当多的潜在竞争者准备加入竞争行列。

（2）成长阶段营销策略。根据用户需求，不断改善产品性能，提高产品质量，大力发展新品种、新款式、增加产品的新用途，开拓新市场；稳定产品质量，精心维护产品声誉，加速扩大生产能力；加强广告宣传等促销活动，树立良好的产品形象；组织好销售工作，保证充分供应，绝不使产品在市场上脱销，严防竞争者的仿制品或替代品乘虚而入；发挥中间商的作用，广泛分销，并注意销售服务，保持原有顾客，争取新顾客；选择适当时机降价，以吸引更多的用户。

（3）成熟阶段营销策略。针对成熟阶段的特征，一般有三种可供选择的营销策略。

1）产品改革策略。此策略又称为产品再推出策略。即指将产品的性能、品质等予以明显的改革，以便保持老用户，吸引新顾客，从而延长成熟期，甚至再次进入投入期（即再次循环）。

2）市场开发策略。此策略即指寻求新用户。市场开发可以通过下述三种方式实现：一是开发产品的新用途，寻找新用户；二是刺激现有老顾客，增加重复购买；三是重新为产品定位，寻求新的买主。

3）营销组合改革策略。此策略是指综合运用定价、渠道、促销等策略来刺激消费者购买，尽量延长产品的成熟期。例如，降价、加强销售服务、开辟多销售渠道、增加销售网点等。采用此种策略的主要缺点是：容易被竞争者模仿而加剧竞争，并可能使销售费用增加而导致利润损失。

（4）衰退阶段营销策略。针对衰退阶段的特征，一般有三种可供选择的营销策略。

1）集中策略。此策略又称为收缩策略，即把企业的资源集中使用在最有利的细分市场、最有效的销售渠道和最易销售的品种、款式上。概言之，缩短战线，以最有利的局部市场赢得尽可能多的利润。

2）持续策略。此策略即继续保持原有的细分市场，沿用过去的营销组合策略，以低价等将销售维持在一定水平上。待到合适时机，便停止该产品的经营，退出市场。

3）撤退策略。此策略大幅度降低销售费用，也降低价格，尽量吸取利润。此种做法会加速产品衰退的进程，因而通常仅作为停产前的过渡策略。

10. 新产品的定义及分类

（1）新产品的定义。市场营销观念中的新产品，是针对企业而言的。也就是说，只要是整体产品概念中任何一部分的创新、改革或改进等，都属于新产品之列。

（2）新产品的分类。新产品可分为四类，即：

全新新产品——是指应用新原理、新结构、新技术、新材料制造的前所未有的产品。

换代新产品——是指在原有产品的制造原理基础上，部分采用新技术、新材料或新元件，使产品性能有显著提高的产品。

改进新产品——是指对企业现有产品在品质、结构、花色品种、材料等方面做出改进的产品。

仿制新产品——是指企业模仿市场上正在销售的产品而生产的产品。

11. 新产品开发

（1）新产品开发的要求

1）要有市场。

2）要有特色。

3）要有开发能力。

4）要有效益。

（2）新产品开发的方式

1）独立研制。

2）技术引进。

3）研制与引进相结合。

4）协作研制。

（3）新产品开发的程序

1）市场调研。

2）构思方案。

3）新产品构思方案的筛选。筛选是指对所有构思方案进行“选优”，即从所有的构思中选出有一定依据的、初步剔除不可行的构思的过程。

在新产品构思筛选过程中必须着重考虑两个因素：即构思的新产品是否符合企业目标；企业实力是否适应生产所构思的新产品。

在筛选过程中，应该特别注意避免两类失误：

- “误取”，即错误评估某一不良构思方案而付诸开发。
- “误舍”，即对好的构思方案在没有认清之前轻率放弃。

4）可行性分析。

5）试制。试制是指经过对新产品构思方案的可行性研究分析后，将所选择的新产品构思方案交送产品研制部门进行产品的样品研制。这一阶段包括新产品方案的设计、试制和样品鉴定三方面的工作。

新产品的设计，一般分样品试制和生产性试制两个阶段。新产品的鉴定，由企业向主管部门申请，通常由国家或地方生产技术部门、标准化部门联合组织。

申请鉴定要具有下列条件：

• 产品经试用后，用户反映良好，经过国家某一级质量检验部门测试，质量合格。
• 有新产品试制总结报告、技术报告、检验机构的测试报告，用户反映的书面材料。
• 制定了产品技术标准。
• 有完整的产品图样、全套工艺操作规程和工装模具等技术资料。
• 符合环境保护和安全卫生要求。
• 有产品成本和经济效果的分析。
• 有产品说明书。

新产品必须经过主管部门组织鉴定委员会做出鉴定结论，颁发鉴定证书后，方可组织批量生产。

6）试销。

7）正式上市。新产品的正式上市，一般由企业的销售部门负责，但也需要企业其他部门的密切配合。在新产品大量上市之前企业还要做出四项决策。

①推出时机。即要为新产品上市选择最佳时机，要综合考虑三方面的情况：一是最好应季上市；二是要考虑企业原有产品所处生命周期中的阶段来确定新产品上市时机；三是必须考虑竞争对手的产品策略，以便捷足先登，抢占制高点，在竞争中保持和争取主动权。

②推出地点。新产品正式上市的地点，应主要结合企业实力和市场条件等因素来确定，市场条件包括运输、市场容量和购买力等。

③目标顾客。在新产品开发前，企业就应明确产品的目标顾客，有针对性地制订营销计划。新产品的目标顾客通常有如下几类：早期试用者，经常使用者，用户中有影响力者，待争取的购买者，潜在消费者等。

④市场营销策略。指针对产品的特点和不同的顾客，做出相应的营销组合。如产品的定价，确定分销渠道，广告与用户调查等。

8）用户调查。

（4）新产品开发方案的评价

1）直接评分法。

2）加权评分法。加权评分法是首先对评价项目给予权数，给出各项的评分，然后计算各项的加权得分的方法。此法与直接评分法的不同之处在于，考虑了各评价项目对产品总体功能的重要程度。

（5）新产品开发战略。新产品开发需要耗费大量的资金和时间，对企业的前途有着深远的影响，因此经营者必须审时度势、深谋远虑，制定企业产品开发战略。

1）补缺战略。此战略就是要回避那些供过于求、供求平衡、供不应求三种情况，把注意力放到努力发现市场供应的空当上去，积极开发国家建设急需的短线缺门产品，以及外贸需要而又供应不足的产品。

2）配角战略。企业如果不能在市场经济系统中就某一类产品的生产经营活动取得主导地位，可以采用甘愿当配角的战略，主动地用企业的技术经济实力为主导企业研究、生产和经营某种产品服务，大力发展主导企业所需的配套产品，或提供必要的服务。

3）创新战略。企业的产品开发必须立足于创新，要不落俗套地走新路子、用新技术，创造出富有特色的新产品。

4）扩散战略。当一种产品开发成功后，该产品的技术、经济、生产能力、销售市场、商标和声誉就成了一种宝贵的资源，企业必须善于充分利用这些资源，扩大经营成果。

5）组合战略。采用这种战略时，并不着力于追求新的发明创造，也不一定要用什么新原理、新结构、新技术，而只是将现有的已经成熟的技术和产品加以重新组合，开发出别具一格的新产品。

12. 汽车产品

（1）汽车产品的使用特点。汽车本身是一种有形商品，但其使用特点又明显不同于一般生产资料和消费资料等有形商品。这种使用上的特殊性体现在以下两个方面：

1）汽车既是一种生产资料，又是一种消费资料。

2）汽车是一种最终商品。从产品的加工程度看，汽车本身属于产成品。无论是作为生产资料使用的汽车，还是作为消费资料使用的汽车，都是最终可以直接使用的产品。在这一意义上，汽车与那些作为原材料、中间产品、生产协作件等形态的生产资料存有差别。

（2）汽车用户的类型。汽车用户有着明显的广泛性。依据各种用户在购买模式或购买行为上的共同性和差异性，汽车用户可以分为这样几种类型：

1）私人消费者，指将汽车作为个人或家庭消费使用，解决私人交通问题的用户，他们构成汽车的私人消费市场。

2）集团消费者，指将汽车作为集团消费性物品使用，维持集团事业运转的集团用户，我国通常称为“机关团体、企事业单位”，他们构成汽车的集团消费市场。

3）运输营运者，指将汽车作为生产资料使用，满足生产、经营需要的组织和个人，他们构成汽车的生产营运者市场。这类用户主要包括具有自备运输机构的各类企业单位、将汽车作为必要设施装备的各种建设型单位、各种专业的汽车运输单位和个人等。

4）其他直接或间接用户，指以上用户以外的各种汽车用户及其代表，主要包括以进一步生产为目的的各种再生产型购买者，以进一步转卖为目的的各种汽车中间商，他们都是间接用户。

13. 汽车产品购买行为分析

（1）个人消费

1）私人汽车消费市场的基本特征

①需求具有伸缩性。

②需求具有多样性。

③需求具有可诱导性。

④需求具有替代性。

⑤需求具有发展性。

⑥需求具有集中性和广泛性。

2）私人汽车消费者的购买行为模式。汽车的个人购买行为可分为理智型、冲动型、习惯型、选价型和情感型等几种。

①理智型。这是指以理智为主做出购买决策的购买行为。

②冲动型。这是指容易受别人诱导和影响而迅速做出购买决策的购买行为。

③习惯型。这是指购买者个人出于对品牌偏好的定向购买行为。

④选价型。这是指对商品价格变化较为敏感的购买行为。

⑤情感型。这里指容易受感情支配做出购买决策的行为。

（2）集团消费。集团组织市场是相对私人消费市场而言的。前者的购买者是各类集团组织，我国老百姓经常称其为“公家”；后者的购买者是广大消费者个人。

1）集团组织市场的购买者类型

①企事业集团消费型购买者。这类购买者包括企业组织和事业单位两大类型。

②政权部门公共需求型购买者。这类购买者包括各种履行国家职能的非营利性组织，指服务于国家和社会，以实现社会整体利益为目标的有关组织。

③运输营运型购买者。这类购买者是指专业从事汽车运输服务的各类组织或个人。

④再生产型（含部分再转卖型）购买者。再生产型购买者包括采购汽车零部件的企业或汽车中间性产品（如汽车的二、三、四类底盘）进行进一步加工、生产制造出整车的汽车生产企业。

⑤装备投资型购买者。这类购买者包括那些将汽车作为装备投资，把汽车用做生产资料的各类组织，主要是各种基本建设单位、农业生产和林业生产单位，其特点是汽车主要限于基本建设工地、农场或者林区范围内使用。

2）集团组织市场的特点

①购买者数目相对较少。

②购买数量一般较大。

③供求双方关系融洽、联系密切。

④购买专业性强。

⑤有些组织购买者的地理位置较为集中。

⑥影响购买决策的人员众多。

⑦购买的行为方式比较特殊。体现在：直接购买，互惠采购，租赁。

⑧需求具有派生性。派生需求又称为引申需求或衍生需求，集团组织购买者为了给自己的服务对象提供合适的产品或服务，可能导致其需要购买合适的汽车产品。这个特点要求汽车厂家的营销人员，不能只关注自己的产品的销售，还必须重视研究集团组织购买者的用途。

⑨短期的需求弹性较小。相对私人汽车消费者而言，集团组织购买者的需求价格弹性小得多，特别是短期内需求受价格变动的影响不大。

⑩需求的波动性较大。根据现代社会生产的供应链管理原理，存在一种“牛鞭效应”或者需求的“加速原理”，即处于供应链下游企业的需求变化，会因为供应链上的企业层层放大或缩小，最终导致供应链上游企业销售的剧烈波动。

3）集团组织购买行为类型。集团组织购买行为模式不同于个人购买行为模式，其复杂程度高得多。从购买活动的类型看，主要包括三种基本类型：

①直接重购。所谓直接重购（Straight Rebuy），是指采购部门根据过去的一贯性需要，

按原有订货目录和供应关系所进行的重复购买。

②修正重购。所谓修正重购（Modified Rebuy），是指用户为取得更好的采购效果而修正采购方案，改变产品规格、型号、价格等条件或改变新的供应商。这种购买类型下的采购行为比直接重购复杂，它要涉及更多的购买决策人员和决策项目。

③新购。所谓新购（New Ask），是指购买者对其所需的产品和服务进行的第一次购买行为。这是所有购买情形中最为复杂的一种，因为它通常要涉及多方面的采购决策。

4）影响集团组织购买行为的主要因素。集团组织购买行为是一种理性行为，所以集团组织购买行为实际上要受到经济和个人双重因素的影响，这里的主要影响因素还可以被进一步区分为以下类型。

①环境因素。集团组织购买行为不可避免地要受到各种环境因素的影响，如经济运行状况、政治环境、社会舆论监督、科技进步等。

②组织因素。组织因素是指购买者内部采购部门自身的目标、政策、程序、结构、制度等方面的设置状况。在现代市场经济中，组织因素的变化大体呈现出以下趋势：采购部门地位上升；采购权力集中；合同长期化；加强采购绩效评估。

③人际因素。集团组织购买行为的人际因素，是指集团组织内部各机构不同的人员之间的关系，其主体是不同地位、不同职权、不同情趣、不同说服力的各类参与者之间的关系。

④个人因素。这里所指的个人因素，主要是指组织购买者中每一个参与购买活动的人员，各自在购买动机、个人经历、喜爱偏好等方面的不同。

5）集团组织的购买方式

①公开招标选购。供应商在投标时应注意以下问题：

• 自己产品的品种、规格是否符合招标单位的要求。非标准化产品的规格不统一，往往成为投标的障碍。

• 能否满足招标单位的特殊要求。许多集团组织在招标中经常提出一些特殊要求，譬如提供较长时间的维修服务、承担维修费用等。

• 中标欲望的强弱。

②议价合约选购。集团组织的采购部门同时和若干供应商就某一采购项目的价格和有关交易条件展开谈判，最后与符合要求的供应商签订合同，达成交易。汽车产品的大宗订单、特殊需求订单一般均采取此种购买方式。

14. 影响汽车产品定价的主要因素

（1）定价目标。企业定价的目标主要有：

1）维持企业生存。由于种种原因造成企业销路不畅、产品滞存、资金占用严重时，维持生存成为企业的首要目标。

2）争取当期利润最大化。即企业以目前利润最大化作为定价目标。采用这种定价目标，必须要求被定价产品市场信誉高，在目标市场上占有优势地位。

3）保持或扩大市场占有率。市场占有率是企业经营状况、产品竞争力的直接反映，企业的产品只有在市场上占有一定份额后才能有较强的市场控制力，享受到更大的规模经济效益，才有可能获得更高的长期利润。

4）抑制或应付竞争。有些企业为了阻止竞争者进入自己的目标市场，或者想打入别人的市场，故意将产品价格定得比竞争对手低。这种定价目标比较适合于目标实现的可能性很大而且实力雄厚的企业。

5）保持最优产品质量。有的企业的经营目标是以高质量的产品占领市场，这就需要实行“优质优价”策略，以高价来保证高质量产品的研究与开发成本以及生产成本。这一定价目标比较适合于市场信誉度高的名牌产品。

6）保持良好的分销渠道。为了保证分销渠道畅通无阻和中间商的利益，企业必须研究价格对中间商的影响，为中间商留出一定的利润空间，从而调动其销售本企业产品的积极性。这一定价目标比较适合那些大部分产品都由中间商销售的企业。

7）保持稳定的价格。价格稳定可以有效地避免不必要的价格竞争。而价格波动太大且较频繁，则容易造成市场紊乱，从而使用户无所适从，损害产品乃至企业在用户心中的形象。

8）达到目标投资利润率。即企业追求获取满意的利润。许多企业都是根据产品的成本水平和预定的目标利润率来确定价格水平的。

（2）汽车产品的成本。产品成本包括制造成本、营销成本、储运成本等。它是价格构成中一项最基本、最主要的因素。一般情况下，成本是企业产品定价的下限，产品价格必须能够补偿产品的实际成本，还要补偿企业为产品承担风险所付出的代价。

产品成本可分为两大类：一是固定成本，二是变动成本。固定成本是指在一定限度内不随产量和销售量的增减而变化，具有相对不变性质的各项成本费用，如固定资产的投资、折旧、房地租以及企业管理经费等。变动成本是指随着产量或销售量的增减而变化的各项费用，如原材料消耗、储运费用、计件工资等。

1）产品品种对成本的影响。单一品种的大量生产，对获得较低的生产成本是非常有利的。但这种生产方式却难以满足市场对多品种的需要，减少了企业的营销机会，导致营销的机会成本增加，最终使得产品的平均成本上升。

另一方面，产品品种过多，虽然提高了企业在市场上的适应能力，减少了企业的营销机会损失；但随着品种的增加，每个品种的产量势必下降，而且零部件的相关性减少，生产设施的通用性也会下降，引起产品生产成本的增加，最终使得产品的平均成本上升。

2）产品质量水平对成本的影响。质量费用是为保证和提高产品质量而支出的一切费用及因未达到质量标准而产生的一切损失费用之和。它主要包括：

①外部质量损失费用，即无偿修理费用、退货和折价费用、用户损失费用。

②质量评价费用，即产品试验、质量检查费用。

③内部质量损失费用，即废品损失、修理费用。

④质量预防费用，即质量、工艺、管理保证和培训费用。

3）产品生命周期对成本的影响。产品生命周期的四个阶段对汽车产品的成本有不同的影响。导入期，由于资金大量投入，生产能力还未完全形成，生产成本很高；成长期，由于生产增长较快，成本开始下降，并在一定阶段达到保本水平；成熟期，成本进一步降低，达到最低点；衰退期，生产趋于下降，成本又上升。

（3）企业的营销组合策略。价格是营销组合中最活跃的因素。在制定价格策略时，不能脱离其他营销组合因素来单独决定，而必须与产品的整体设计、分销和促销策略相匹配，以形成一个协调的营销组合。不同的市场条件下，价格策略在营销组合中所处的地位是不一样的。在完全买方市场条件下，或只有降低价格才能培育市场的条件下（如我国现阶段的家用轿车市场)，价格策略一般应居于营销组合策略的中心地位。如日本本田公司针对发展中国家的出口，就首先研究目标市场所能接受的价格范围，然后再在这个范围内设计档次适当的汽车。而在一般卖方市场或厂商竞争不激烈的市场条件下，企业经营的中心主要是扩大生产能力或开发新品种，此时产品策略一般居于营销组合策略的中心地位，由它决定其他营销组合策略。

(4) 市场类型。根据市场上竞争与垄断的程度不同，市场可分为四种类型：

1) 完全竞争市场。是一种竞争不受任何阻碍和干扰的市场结构。

2) 完全垄断市场。指整个行业的市场完全处于一家厂商所控制的状态。

3) 垄断竞争市场。指既有垄断又有竞争，既不是完全竞争又不是完全垄断的市场结构。

4) 寡头垄断。指少数几家厂商垄断了某一行业的市场，控制了这一行业的供给。大多数汽车市场都是寡头垄断市场，而且厂商们常常生产有差别的汽车产品，称为差别寡头。

寡头垄断市场上，各厂商之间存在着极为密切的关系，存在着相互依存性，表现在：

①在寡头垄断市场上，很难对产量与价格问题做出确切而肯定的答案。

②各寡头由于难以捉摸对手的行为，一般不会轻易变动已确定的价格与产量水平。

③各寡头间更易形成某种形式的联合，但他们之间的利益又是矛盾的，这就决定了联合不能代替或取消竞争。

在寡头垄断市场上的价格决定要区分寡头间是否存在联合。在不存在联合的情况下，价格决定的方法有：

• 价格领先制，行业价格通常由某一寡头率先制定，其余寡头追随其后确定各自的价格。

• 成本加成法，这是寡头垄断市场上最常用的一种方法。即在估算的平均成本的基础上加一个固定百分率的利润。在存在联合的情况下，即各寡头共同确定统一价格且协调行动，有时还会为了维持统一价格对产量实行限制。

(5) 市场供需弹性。市场价格和市场供求状况之间存在着一种双向互动的关系。一方面，市场价格随市场供求关系变化而变化，当商品供过于求时价格下降，供不应求时价格上涨；另一方面，市场价格的变动也能引起供求关系的变动。这些规律对企业价格策略的变动有着极为重要的指导意义，企业变价时必须考虑市场的需求弹性和供给弹性。

1) 需求弹性。分为需求价格弹性和需求交叉弹性。需求价格弹性是指商品的市场需求量随着价格变化而变化的程度，即价格变化率引起的需求量变化率大小。需求交叉弹性，是指相关两种商品中一种商品的价格变动比率，引起的另一种商品的需求量变动比率，即一种商品的需求量变动对另一种商品价格变动的反应程度。

影响需求弹性系数的因素：

①消费者对汽车的需求程度，即汽车对于消费者而言到底是生活必需品还是奢侈品。一般而言，奢侈品比生活必需品需求弹性大。

②替代品或竞争产品的数量和竞争力的强弱。凡替代品或竞争产品少并且竞争力不强的产品，需求弹性就小；反之，弹性就大。

③产品质量和币值的影响。凡用户认为价格变动是产品质量变化或币值升降的必然结果时，需求弹性就小；反之，弹性就大。

2) 供给弹性。供给弹性也可分为供给价格弹性和供给交叉弹性。供给价格弹性指价格变动比率与供给量变动比率之比，即供给量变动对价格变动的反应程度，用供给弹性系数来表示。

影响供给价格弹性的因素：

①产品生产周期的长短。这是影响供给弹性大小的最重要的因素。短期内的供给价格弹性系数要小于长期内的系数。

②生产的难易程度。容易生产的产品的供给价格弹性大，反之较小。

③生产要素的供给弹性。生产要素的供给弹性大，产品的供给价格弹性也大。

④生产所采用的技术类型。采用资本密集型技术生产的产品，生产规模一经确定，就较难变动，从而供给价格弹性也小；有些产品采用劳动密集型技术，生产规模变动较易，从而其供给弹性也大。

15. 汽车产品的基本定价方法

基本定价方法有三种：成本导向定价法、需求导向定价法和竞争导向定价法。

（1）成本导向定价法。成本导向定价法就是以产品的成本为中心的定价方法。

1）成本加成定价法。按产品成本加上一定比例的毛利定出产品的销售价格，这是成本导向定价法的基本形式。

成本导向定价方法反映了基本的价格原理，即只有当产品的平均价格水平高于总成本时，企业才能进行有效的再生产。

①优点：简便、实用；将本求利，一般不大会诱发价格竞争。

②缺点：定价过程脱离市场，“闭门造车”，所定价格要么高于市场可接受价格，面临滞销风险；要么低于市场可接受价格，面临市场抢购和机会损失风险；定价过程使得企业有利可图，企业缺乏技术革新、主动控制和降低成本的动力和压力。

2）目标利润定价法。这是根据企业所要实现的目标利润来定价的一种方法。

影响因素：产品生产周期的长短；生产的难易程度；生产要素的供给弹性；生产所采用的技术类型。采用资本密集型技术生产的产品，生产规模一经确定，就较难变动，从而供给价格弹性也小；有些产品采用劳动密集型技术，生产规模变动较易，从而其供给弹性也大。

（2）需求导向定价法。指企业通过广泛的市场调研，首先对企业的产品确定一个市场可以接受，并使企业获得较大利润，具有一定竞争力的价格作为目标价格的方法。

1）采用需求导向定价法，要做好以下两项关键的工作：

①找到比较准确的顾客感受价值。所谓“顾客感受价值”，是指买方根据自己的经验、标准或观念对产品的认同价值。

②准确预测不同价格下的销售量。运用量本利分析公式，根据预测的各种销量，测算各种价格相应的利润，以最大总利润对应的价格作为产品的定价，相应的需求量作为该种产品的生产量。

2）需求导向定价法的特点

①优点：考虑了市场需求对产品价格的接受程度；对企业有降低成本的压力和动力。

②缺点：定价过程复杂，特别是各种价格下的市场需求量，难以做到准确估计；由于技术等各种因素的限制，不一定总是能将产品成本降到用户的感受价值之下，所以此方法不一定总是具有可行性。

（3）竞争导向定价法。竞争导向定价法是企业依据竞争产品的品质和价格来确定本企业产品价格的一种方法。

1）特点：只要竞争产品的价格不变，即使本企业的产品成本或需求发生变化，价格也不变。

2）具体方法

①随行就市定价法。指按行业近似产品的平均价格定价，是同质产品惯用的定价方法，比较适合产品的成本难以估计、企业打算与竞争者和平共处、对购买者和竞争者的反应难以估计等场合。

②投标定价法。指购买者采取公开的或行业的相关渠道发布采购信息，邀请供应商在规定的时间内投标（该过程叫招标）的方法来确定产品价格。

16. 汽车产品的价格策略

（1）新产品定价策略

1）高价策略。高价策略即为新产品定一个较高的上市价格，以期在短期内获取高额利润，尽快收回投资。

①采用高价策略有下列前提条件：新产品生产能力有限，高价有利于控制市场需求量；新产品成本较高，暂时难以立即降低价格，且索取高价存在好处；新产品较难仿制，竞争性小，需求价格弹性相对不高；高价不会使用户产生牟取暴利的感觉；产品的用途、质量、性能或款式等产品要素，与高价格相符合。

②采用高价策略的利弊。好处是：利用了新产品上市时用户求新、好奇的心理，以及竞争和替代品都很少的有利时机，通过高价在短时间内收回投资；企业获得高额利润后，更能提高企业的竞争实力，进而可有效地抑制竞争者的竞争；为以后的降价留下了利润空间。弊端在于：如果没有特殊的技术、资源等优势，高价格高利润会引来大量竞争对手，使高价格难以维持太久；当新产品尚未在用户心中树立起相应的声誉时，高价格不利于市场开拓，甚至会引起公众的反感。

2）低价策略。低价策略即为新产品定一个较低的上市价格，以期吸引大量用户，赢得较高的市场占有率。

采用低价策略有一定的前提条件：新产品的价格需求弹性高；企业具有规模效应；新产品的潜在需求量大。

3）影响定价的因素。见表Ⅱ—6。

表Ⅱ—6　　影响产品定价的因素

制约因素	高价	低价	制约因素	高价	低价
1. 促销手段	很多	很少	10. 商品用途	多	单一
2. 产品特性	特殊品	便礼品	11. 售后服务	多	少
3. 生产方式	预订	标准化	12. 产品生命周期	短	长
4. 市场规模	小	大	13. 需求价格弹性	小	大
5. 技术变迁性	创新速度快	相对稳定	14. 生产周期	长	短
6. 生产要素	技术密集	劳动密集	15. 商品差异化	大	小
7. 市场占有率	低	高	16. 产品信誉	优良	一般
8. 市场开发程度	导入期	成长期	17. 质量	优	一般
9. 投资回收期	短	长	18. 供给量	小	大

（2）产品组合定价策略。对大型汽车企业来说，其产品并不只有一个品种，而是某些产品的组合，这就需要企业制定一系列的产品价格，使产品组合取得整体的最大利润。这种情况的定价工作一般比较复杂，因为不同的产品，其需求量、成本和竞争程度等情况是不相同的。

1）产品线定价策略。在同一产品线中，各个产品项目是有着非常密切的关系和相似性的，企业可以利用这些相似性来制定同一条产品线中不同产品项目的价格，以提高整条产品线的盈利。

2）选择品及非必需附带产品的定价策略。企业在提供汽车产品的同时，还提供一些与汽车相关的非必需产品，如汽车收录机、暖风装置、车用电话等。一般而言，非必需附带品应另行计价，以让用户感到“合情合理”。非必需附带产品的定价可以适当定高些。

3）必需附带产品定价策略。必需附带产品又称连带产品，指必须与主体产品一同使用的产品，或主体产品在使用过程中必需的产品（如汽车零配件）。一般来说，企业可以把主体产品价格定得低些，而将附带产品的价格定得高些，这种定价策略既有利于提高主、绑产品价格的竞争性，而又不至于过分牺牲企业的利润。

4）产品群定价策略。为了促进产品组合中所有产品项目的销售，企业有时将有相关关系的产品组成一个产品群成套销售。用户有时可能并无意购买整套产品，但企业通过配套销售，使用户感到比单独购买便宜、方便，从而带动了整个产品群中某些不太畅销的产品的销售。使用这一策略时，要注意搭配合理，避免硬性搭配（硬性搭配的销售行为是不合法的）。

（3）心理定价策略

1）声望定价策略。指利用用户仰慕名牌产品或企业声望的心理来定价的策略，往往把价格定得较高。这种方法尤其适用于产品成本、质量不易鉴别的产品。

2）尾数定价策略。指利用用户对数字认识上的某种心理，在价格的尾数上做文章。如，将尾数定为“9”，以满足人们长长久久的心理；将尾数定为“8”，以迎合用户“恭喜发财”的心理等。

（4）地区定价策略

1）统一定价。即对全国各地的客户，实行相同的价格，客户不管去哪家经销商购买，产品的价格都是一样的。执行这种策略，有利于吸引各地的客户，规范市场和规范企业的营销管理。这种定价策略又可以分为两种情况：一种情况是用户自己去经销商处提车，并自负提车后的有关运输费用，或者收取合理的交付费用后，由厂家或经销商负责将商品车交付到用户家里，即非免费送货；另一种情况是厂家或经销商负责免费将商品车交付到用户家里，属免费送货。

2）基点定价。即企业选定某些城市作为基点，在这些基点城市实行统一的价格，客户或经销商在各个基点城市就近提货。

3）分区定价。即将全国市场划分为几个市场销售区，各区之间的价格不一，但在区内实行统一定价。这种定价方法的主要缺点是价格不同的两个相邻区域，处于区域边界的用户对相同的商品，却要付出不同的价款，且容易出现“串货”或商品的“倒卖”现象。

4）产地定价。即按产地的价格销售，经销商或用户负责从产地到目的地的运输，负担相应的运费及相关风险费用。这种定价策略已经不大采用，除非在销售较为旺盛时，部分非合同销售才可能出现这种情况。

（5）折扣定价策略

1）功能折扣，又称贸易折扣。即厂家对功能不同的经销商给予不同折扣的定价策略，以促使他们执行各自的营销功能（推销、储存、服务等）。

2）现金折扣。即给予立即付清货款的客户或经销商的一种折扣。

3）数量折扣。即与客户或经销商的购买批量挂钩的一种折扣策略，批量越大，享受的折扣越大。我国很多汽车企业均采取了这种策略。

4）季节折扣。即与时间有关的折扣，这种折扣多发生在销售淡季。

5）价格折让。当客户或经销商为厂家带来其他价值时，厂家为回报这种价值而给予客户或经销商的一种利益实惠，即折让。

（6）降价与提价策略

1）降价策略

①降价时机的选择

• 产品严重积压，运用各种营销手段（价格策略除外）仍难以打开销路。

• 价格竞争形势严峻，市场占有率下降。

• 企业的产品成本比对手低，但销路不畅，只有通过降价来提高市场占有率。

• 有时，有些实力雄厚的企业为了进一步提高市场占有率，也采用降价策略，一旦达到目的，价格就会上升。

②降价时购买者可能的理解有：该产品可能被淘汰；产品有缺陷；产品已经停产、零配件供应将会有困难；降价还会持续，特别是小幅连续降价时，最易引起购买者持币待购；企业遇到了财务困难。

③间接降价（又作变相降价）。间接降价可以缓解价格竞争，避免误导购买者，促进产品销售，是常用的降价方式。常见的间接降价方式有：

• 增加价外费用支出和服务项目。在欧、美、日等国家，此种方法被大量采用，如：对购买者提供低息贷款；赠送车辆保险；免费送货上门；增加质量保修内容；延长保修期限等。

• 赠送礼品和礼品券。

• 举办产品展销，展销期间价格优惠。如，开展“销售优惠月”活动，优惠月内价格优惠。这种短期的降价活动有很强的促销作用。

• 提高产品质量，改进产品性能，提高产品附加值。方法有：保持原价；维持原价，同时改进质量或增加服务项目；降价；提价，同时推出新品牌，以围攻对手的降价产品；推出更廉价的产品进行反击。

• 给予各种价格折扣。

2）提价策略

①提价时机的选择

• 产品在市场上严重供不应求。

• 通货膨胀使企业的各项成本上升，企业被迫提价以维持利润水平。

②产品提价通常会抑制需求，但有时会使用户将提价理解为：此产品为走俏产品，市场很快会脱销；该产品有新功能或特殊价值；可能还要涨价，迟买不如早买。

③间接提价。企业为了不招致用户的注意和反感，会采用间接提价策略：

• 在签订大宗合同时，规定价格调整条款，即对价格不作最后限价，规定在一定时期内（一般为交货时），可以按当时价格与供求行情对价格进行调整。

• 减少系列产品中利润较少产品的生产，扩大利润较高产品的生产批量。

• 减少某些服务项目，以降低生产和服务成本。

• 开展价值工程研究，以降低生产成本。

17. 汽车产品的定价程序

汽车企业要想确定合理的价格，制定有效的价格策略，必须遵循一定的科学程序。通常，企业的定价过程包括以下八个主要环节：

（1）研究目标市场，确定定价目标。定价前，需要对目标市场进行以下研究：目标市场的需求状况；与产品定价有关的内外部环境；产品在目标市场中的定位情况。

（2）估计产品的销售潜量。产品销售潜量的估算，关系到新产品市场开发和老产品市场拓展的能力。估算方法如下：

1）决定产品预期的各种可能的销售价格，这种预期价格应既能让用户接受，又能为企业带来满意利润。

2）估计不同价格下的供给量与销售量。要对不同价格下的供需量进行认真分析，计算各种售价的平衡点，确定产品的需求曲线。

（3）分析产品成本。分析产品成本，预测成本变化趋势。

（4）分析竞争对手。既要分析现实的竞争对手，又要分析潜在的竞争对手；既将竞争对手的产品价格与本企业产品的价格相比，又要将竞争对手的产品质量、性能、服务水准及信誉与本企业进行对比。

（5）预测市场占有率。在估计了不同价格下的供需量及分析了竞争对手之后，企业就可以初步预测到在不同价格水平下，本企业的产品在市场上所能占到的市场份额。

（6）选择定价方法。企业在明确了自己的定价目标，并分析和研究了产品的供求状况、产品成本及竞争对手的具体情况的基础上，就可以根据自己掌握的这些信息，选择定价方法。

（7）考虑与其他营销组合因素的配合。营销组合包括：

1）产品策略。要考虑到产品线、产品品种、品牌商标等综合产品因素。

2）分销策略。要考虑到不同的分销渠道、不同的中间商的具体情况、具体要求。

3）促销策略。要考虑促销费用对价格的影响，并尽可能地考虑到在具体的营销活动中可能出现的资金要求。

（8）确定产品价格。适当调整产品价格，在不同时期、不同的细分市场上，运用灵活的价格策略和技巧，对基础价格进行适当调整，并及时反馈与价格有关的市场信息，同时对企业的价格体系进行控制。

18. 汽车促销策略

（1）促销与促销组合策略的概念及作用

1）概念。所谓促销是指企业营销部门通过一定的方式，将企业的产品信息及购买途径传递给目标用户，从而激发用户的购买兴趣，强化购买欲望，甚至创造需求，从而促进本企业产品销售的一系列活动。促销的实质是传播与沟通信息，其目的是要促进销售、提高企业的市场占有率及增加企业的收益。为了沟通市场信息，企业可以采取两种方式：一是单向沟通，或者是由“卖方→买方”的沟通，如广告、陈列、说明书、宣传报道等；或者是由“买方→卖方”的沟通，如用户意见书等。二是双向沟通，如上门推销、现场销售等方式，即是买卖双方相互沟通信息和意见的形式。

现代市场营销将各种促销方式归纳为四种基本类型，即广告、人员推销、营业推广和公共关系。这四种方式的运用搭配称为促销组合。促销组合策略就是对这四种促销方式组合搭配和如何运用的决策。

对汽车市场营销而言，促销手段还应包括一种重要的促销方式，即销售技术服务，其核心是质量保修，是营业推广促销手段在机电等高档耐用商品促销上的发展和延伸。

2）促销活动的作用

①提供商业信息。

②突出产品特点，提高竞争能力。

③强化企业的形象，巩固市场地位。

④刺激需求，影响用户的购买倾向，开拓市场。

（2）汽车产品基本促销方式

1）人员推销。即企业通过派出推销人员与可能购买者交谈、介绍和宣传产品，以扩大产品销售的一系列活动。

2）广告。广告是通过报纸、杂志、广播、电视、广告牌等广告传播媒介向目标顾客传递信息。采用广告宣传可以使目标顾客对企业的产品、商标、服务等加强认识，并产生好感。其特点是可以更为广泛地（如推销员到达不了的地方）宣传企业及其商品，传递信息。

3）营业推广。营业推广由一系列短期诱导性、强刺激性的战术促销方式组成。它一般只作为人员推销和广告的补充方式，其刺激性很强，吸引力很大，包括赠送免费样品、赠券、奖券、展览、陈列、折扣、津贴等，它可以鼓励现有顾客大量、重复购买，并争取潜在顾客，它还可鼓励中间商大量销售。

4）公共关系。为了使公众理解企业的经营活动符合公众利益，并有计划地加强与公众的联系，建立和谐的关系，树立企业信誉的一系列活动即属于公共关系。其特点是不以短期促销效果为目标，通过公共关系使公众对企业及其产品产生好感，并树立良好的企业形象。

5）销售技术服务（质量保修）。汽车产品本身在技术、结构和使用方面具有如下特点：

①汽车产品价值高，又是上万个零件组成的复杂机器，不同的汽车产品具有不同的结构形式，也具有不同的汽车性能。

②不同品种的汽车有着不同的使用条件，不同的使用条件对汽车的合理使用有着十分明显的影响。

③汽车在使用过程中需要经常性的维护与调整，维修时又常常需要专用设备（如检测设备），这些工作的专业性很强，而一般用户缺乏汽车的结构知识、使用知识、维修检测技能及相关设备条件。

④买卖交割手续复杂（如办牌照等）等。

（3）促销组合决策。促销组合决策实质上就是对促销预算如何在各种方式之间进行合理分配的决策。企业在作这些决策时，除了要考虑各种方式的特点与效果外，还要考虑以下因素：

1）产品的种类和市场类型。市场比较集中时人员推销的效果最好，营业推广和广告效果次之；反之，市场需求分散时广告的效果较好，营业推广和人员推销则次之。

2）促销的思路。企业促销活动的思路有“推动”与“拉引”之别。所谓“推动”就是以中间商为主要促销对象，将产品推向销售渠道，进而推向用户。“拉引”则是以最终用户为主要促销对象，引起并强化购买者的兴趣和欲望，吸引用户购买。

3）产品生命周期的阶段。当产品处于导入期时，需要进行广泛的宣传，以提高知名度，因而广告的效果最佳，营业推广也有相当作用。当产品处于成长期时，广告和公共关系仍需加强，营业推广则可相对减少。产品进入成熟期时，应增加营业推广，削弱广告，因为此时大多数用户已经了解了产品，在此阶段应大力进行人员推销，以便与竞争对手争夺客户。产品进入衰退期时，某些营业推广措施仍可适当保持，广告则可以停止。

单元训练

一、判断题（下列判断正确的在括号里打“√”，错误的打“×”）

1. 在人数一定的情况下，收入水平很大程度上决定了市场规模和容量的大小。（　　）

2. 公共关系学中的公众等同于日常生活中的群众、人群等概念，没有其特别的特征。（　　）

3. 正确处理好企业内外部的公共关系，对于树立企业的良好形象和信誉，维护企业的生存和发展具有重要的意义。（　　）

4. 由于产品的缺陷造成损害的，受害者只能向生产者要求赔偿。（　　）

5. 在现代商品经济中不能过分夸大价格在竞争中的作用。（　　）

6. 消费者往往是在外部刺激下认识到需要的存在。（　　）

7. 消费者产生的某些需求是本能的，但大部分需求与外界的刺激无关。（　　）

8. 要树立良好的企业形象，首先要搞好产品的质量。（　　）

9. 单一经营战略，就是企业把自己的经营范围限定在某一区域，以使经营方向明确，力量集中，强化竞争能力与优势。（　　）

10. 派生需求又叫引申需求或衍生需求。（　　）

11. 消费者的需求，由其支付能力以及其他客观条件所决定。（　　）

12. 产品投入流通时，引起损害的缺陷尚不存在的，生产者可不承担赔偿责任。（　　）

13. 从长远发展来看，直接购买将是政府购车的最主要方式。（　　）

14. 决策者是指其看法和建议对最终决策有一定影响的人。一般指紧密群体的成员。（　　）

15. 求利购买动机：以追求价格低廉为只要目的，注重汽车的价格变动，而对车型的款式、品牌等不十分挑剔。（　　）

16. 整体产品由三个层次组成，分别是核心层、形式层和延伸层。（　　）

17. 产品品质主要指产品的原理结构、造型、花式等，它是决定产品吸引力强弱的重要因素。（　　）

18. 产品生命周期既是指产品的市场寿命，又是指使用寿命。（　　）

19. 换代新产品是指对企业现有产品在品质、结构、花色品种、材料等方面做出改进的产品。（　　）

20. 汽车既是一种生产资料，又是一种消费资料。（ ）

21. 直接重购是指购买者对其所需的产品和服务进行的第一次购买行为。（ ）

22. 汽车产品的大宗订单、特殊需求订单一般均采取公开招标选购。（ ）

23. 完全垄断市场指整个行业的市场完全处于一家厂商所控制的状态。（ ）

24. 当产品严重积压，运用各种营销手段（价格策略除外）仍难以打开销路时，应采取降价策略。（ ）

25. 营业推广一般只作为人员推销和广告的补充方式，其刺激性很强，吸引力很大。（ ）

二、单项选择题（下列各题的4个选项中，只有1个是正确的，请将其代号填在横线空白处）

1. 在描述产品时，应掌握“特点”与“优点”的概念与运用，其中“特点”是________。

A. 描述本产品的优点与性能

B. 本产品的特征

C. 本产品与安全性能有关的细节

D. 以上全都是

2. 顾客对调高价格可能出现的心理反应是________。

A. 商品质量有问题　　B. 商品式样有所改进

C. 不早买就买不到了　　D. 该品种缺货

3. 汽车营销控制的主要内容有战略控制、年度计划控制和________。

A. 资金控制　　B. 利润控制　　C. 资源控制　　D. 市场控制

4. ________是利用各种仪器、器具和试剂，以物理、化学或生物学的方法检查商品质量特性的方法。

A. 感官检验法　　B. 理化检验法

C. 现代仪器检测法　　D. 实验检测

5. 由商品本身的价格变动而引起的需求量的变动称为________。

A. 价格弹性　　B. 收入弹性　　C. 交叉弹性　　D. 需求弹性

6. 汽车企业在制订战略规划时，必须考虑的因素有________。

A. 企业的能力与约束条件　　B. 汽车工业产业政策

C. 企业发展机会　　D. 以上所有

7. 关于汽车定价下列说法错误的是________。

A. 汽车工业企业根据市场需求自行确定其生产的民用汽车产品价格，但对小轿车暂时实行国家指导性价格

B. 营销单位汽车销售常用公式：汽车销售价＝进货价＋销售利润

C. 销售汽车增值税是车价外另加的税，由买方负担

D. 批发价应比零售价低，应留给批发对象部分利润

8. 关于汽车促销说法错误的是________。

A. 促销是企业通过人员和非人员的方式，沟通企业与消费者之间的信息，引发、刺激消费者的消费欲望和兴趣，使其产生购买行为的活动

B. 促销工作的核心是沟通信息

C. 人员促销主要适用于消费者数量较多、比较集中的情况下进行

D. 促销的目的是引发、刺激消费者产生购买行为

9. 下列不是需求的基本特征的是________。

A. 原始本能性　　B. 可选择性　　C. 可诱导性　　D. 可重复性

10. 马斯洛需求层次论中，最高一级需求是________。

A. 安全需要　　B. 社会需要

C. 尊重需要　　D. 自我实现需要

11. 某食品公司根据原材料肉类需要冷藏的需要，租用了一个冷库，这部分租金属于存货占用成本中的________。

A. 存货空间费用　　B. 资金成本

C. 税金与保险费　　D. 折旧费用

12. 造成因果倒置的广告预算方法是________。

A. 竞争对等法　　B. 目标任务法

C. 量力而行法　　D. 销售百分比法

13. 如果企业的媒体计划人员有：1 万元的广告预算，每千个一般性展露费为 100 元，则广告主可买到的展露数为________万个。

A. 1　　B. 2　　C. 5　　D. 10

14. 下列不属于汽车服务企业特性的是________。

A. 汽车服务企业以盈利为目的

B. 汽车服务企业不具有法人资格

C. 汽车服务企业是实行自主经营、自负盈亏、自我发展、自我约束的独立经济实体

D. 汽车服务企业是从事汽车经营活动的经济组织

15. 在营销活动中，必须十分注意利用________，对于优秀的品牌应发挥其延伸效应，降低成本，打开市场销路。

A. 机遇　　B. 品牌效应　　C. 广告效应　　D. 人际关系

16. 家庭成员、亲戚朋友、同事、邻居等属于________。

A. 首要群体　　B. 次要群体　　C. 向往群体　　D. 厌恶群体

17. 人们对于刺激物的理解是通过________进行的。

A. 知觉　　B. 感觉　　C. 学习　　D. 动机

18. 在________情况下，产业购买者要做出的购买决策最多。

A. 重购　　B. 直接重购　　C. 修正重购　　D. 新购

19. 组织市场包括________。

A. 生产者市场　　B. 中间商市场

C. 非营利组织市场和政府市场　　D. 以上都是

20. 政府采购的目的是________。

A. 盈利　　B. 满足生活需求

C. 维护国家安全和公众利益　　D. 以上都是

21. 延伸产品是指顾客购买某类产品时，附带的各种________。

A. 功能　B. 利益　C. 属性　D. 用途

22. 期望产品，是指购买者在购买产品时，期望得到的与________密切相关的一整套属性和条件。

A. 服务　B. 质量　C. 产品　D. 用途

23. 产品的组成因素有________。

A. 商品　B. 服务

C. 商品、服务、创意　D. 商品、服务

24. 在生产者市场中，购买商品或者劳务的一般是________。

A. 消费者　B. 个人　C. 生产企业　D. 家庭

25. 消费者购买过程中介入程度低、品牌差异大的购买行为属于________。

A. 复杂购买　B. 寻求多样化购买

C. 习惯件购买　D. 化解不协调购买

26. 体育明星、影视明星属于________。

A. 首要群体　B. 次要群体　C. 向往群体　D. 厌恶群体

27. ________是指由于经验引起的个人行为的改变。

A. 知觉　B. 感觉　C. 学习　D. 动机

28. ________是消费者对某品牌优劣程度的总的看法。

A. 产品属性　B. 属性权重　C. 品牌信念　D. 效用函数

29. 有决定买与不买，决定产品规格、购买数量和选择供应商的人员称为________。

A. 影响者　B. 批准者　C. 决策者　D. 采购者

30. 影响生产者购买决策的基础性因素是________。

A. 商品质量　B. 价格　C. 服务　D. 以上都是

31. 认识需要是生产者用户购买决策的________。

A. 终点　B. 中间点　C. 起点　D. 中介点

32. 供应商应把中间商视为顾客的________，而不是销售代理人，所以应帮助他们为顾客做好服务。

A. 采购代理人　B. 储备代理人　C. 供应代理人　D. 以上都不是

33. 每种产品实质上是为满足市场需求而提供的________。

A. 服务或效用　B. 质量　C. 效用　D. 功能

34. 由于供应品的标准化，顾客对它无强烈的品牌追求，因此影响顾客购买的主要因素是价格和________。

A. 服务　B. 质量　C. 效用　D. 功能

35. 产品组合的宽度是指产品组合中所拥有的________的数目。

A. 产品项目　B. 产品线　C. 产品种类　D. 产品品牌

36. 产品生命周期是由________的生命周期决定的。

A. 企业与市场　B. 需要与技术　C. 质量与价格　D. 促销与服务

37. 成长期营销人员的促销策略，其主要目标是在消费者心目中建立________来争取新的顾客。

A. 产品外观　　B. 产品质量　　C. 产品信誉　　D. 品牌偏好

38. 产品概念是指能够用文字、图像、模型等予以清晰表述的已经成型的________，使之在顾客心目中形成一种潜在的产品形象。

A. 物理产品　　B. 化学产品　　C. 产品构思　　D. 产成品

39. 消费者购买决策过程的第一个步骤是________。

A. 发现问题　　B. 信息搜索　　C. 方案评价　　D. 购后评价

40. 动机是驱动人们行动的________。

A. 首要原因　　B. 根本原因　　C. 首要前提　　D. 根本前提

41. 根据动机的表现形式动机分为两类，分别是________。

A. 主要动机、次要动机　　B. 直接动机、间接动机

C. 显性动机、隐形动机　　D. 主观动机、客观动机

42. 一般来说，随着汽车消费阶段的推进，消费者解决问题的方式有三个：解决大量问题、解决有限问题和________。

A. 解决少量问题　　B. 解决个别问题

C. 反应行为定型　　D. 以上都不对

43. 汽车产品的销售服务泛指汽车在________服务的全过程。

A. 售前　　B. 售中

C. 售后　　D. 售前、售中和售后

44. 一般情况下，展厅面积在 100～150 m^2、150～250 m^2、250～300 m^2 时分别陈列展车的台数为________。

A. 3，4～5，6～8，10　　B. 4，5～6，7～9，10

C. 2，3～4，5～7，8　　D. 3，4～5，7～9，10

45. 某服装店售货员把相同的服装以 800 元卖给顾客 A，以 600 元卖给顾客 B，该服装店的定价属于________。

A. 顾客差别定价　　B. 产品形式差别定价

C. 产品部位差别定价　　D. 销售时间差别定价

46. 为鼓励顾客购买更多物品，企业给那些大量购买产品的顾客的一种减价称为________。

A. 功能折扣　　B. 数量折扣　　C. 季节折扣　　D. 现金折扣

47. 企业利用消费者具有仰慕名牌商品或名店声望所产生的某种心理，对质量不易鉴别的商品的定价最适宜用________法。

A. 尾数定价　　B. 招徕定价　　C. 声望定价　　D. 反向定价

48. 企业因竞争对手率先降价而做出跟随竞争对手相应降价的策略主要适用于________市场。

A. 寡头　　B. 差别产品　　C. 完全竞争　　D. 同质产品

49. 在产品系列定价中，企业出售一组产品的价格应________单独购买其中每一产品的费用总和。

A. 高于　　B. 等于　　C. 低于　　D. 不低于

50. 批发商的最主要类型是________。

A. 商业批发商　　B. 经纪人
C. 代理商　　D. 制造商销售办事处

51. 当目标顾客人数众多时，生产者倾向于利用________。
A. 长而宽的渠道　　B. 短渠道
C. 窄渠道　　D. 直接渠道

52. 促销的目的是引发刺激消费者产生________。
A. 购买行为　　B. 购买兴趣　　C. 购买决定　　D. 购买倾向

53. 公共关系是一项________的促销方式。
A. 一次性　　B. 偶然　　C. 短期　　D. 长期

54. 人员推销的缺点主要表现为________。
A. 成本低，顾客量大　　B. 成本高，顾客量大
C. 成本低，顾客有限　　D. 成本高，顾客量小

55. 人员推销活动的主体是________。
A. 推销市场　　B. 推销品　　C. 推销人员　　D. 推销条件

56. 某实力雄厚的大汽车公司兼并了若干小汽车公司，这种增长战略是________。
A. 前向一体化　　B. 后向一体化　　C. 横向一体化　　D. 同心多角化

57. 消费者感官直接接受刺激所获得的直观形象的反应称为________。
A. 学习　　B. 信念　　C. 感觉　　D. 态度

58. 企业产品定价以________为最低界限。
A. 成本　　B. 需求　　C. 市场　　D. 生产

三、多项选择题（下列各题的 4 个选项中，至少有 2 个是正确的，请将其代号填在横线空白处）

1. 一个地方的市场到底怎样，在下结论之前应该做好的工作是________。
A. 顾客需求分析　　B. 准顾客支付能力调查
C. 把产品准备好　　D. 约见顾客

2. 一位顾客在一家大的汽配商店选购某种配件时，提出：你们的价格为什么比某批发市场的同类产品高出一倍多？如果是经验丰富的营业员，应有礼貌地说明价格差异的主要原因是________。
A. 品牌不同　　B. 用料不同　　C. 规格不同　　D. 使用寿命不同

3. 销售人员在客户维系中感情联络常用的方法________。
A. 赠送纪念品　　B. 书信、电话联系
C. 拜访　　D. 定期集中沟通

4. 非价格竞争的内容包括________。
A. 服务竞争　　B. 成本竞争　　C. 广告竞争　　D. 质量竞争

5. 下列属于产业市场的特点的是________。
A. 产业市场交易额大，购买者数量少
B. 产业市场交易额小，购买者数量多
C. 产业市场的需求波动性大
D. 产业市场的需求波动性小

6. 汽车营销控制的主要内容有________。

A. 人员控制　　B. 战略控制　　C. 年度计划控制　　D. 利润控制

7. 汽车营销程序是在现代市场营销观念指导下，实施汽车营销的一整套步骤，主要包括________。

A. 了解顾客　　B. 整车销售　　C. 售后服务　　D. 信息反馈

8. 影响车辆价值量变化的因素，除了市场价格以外，还有________。

A. 机动车辆的实体性贬值　　B. 机动车辆的功能性贬值

C. 机动车辆的对比性贬值　　D. 机动车辆的经济性贬值

9. 企业的产品组合包括________等因素。

A. 广度　　B. 深度　　C. 产品线　　D. 产品项目

10. 影响消费者购买行为的主要因素有________。

A. 文化因素　　B. 社会因素　　C. 个人因素　　D. 心理因素

11. 参照群体的影响力度取决于________。

A. 产品　　B. 品牌　　C. 质量　　D. 信誉

12. 下列属于消费者信息渠道商业来源的是________。

A. 家庭　　B. 邻居　　C. 展览　　D. 推销员

13. 非营利组织的购买方式是________。

A. 公开招标选购　　B. 议价合约选购

C. 日常性采购　　D. 专家购买

14. 下列属于需要层次论的内容的是________。

A. 生理需要　　B. 社会需要　　C. 金钱需要　　D. 自我实现需要

15. 下列属于消费者购买行为类型的有________。

A. 复杂型购买行为　　B. 信誉型购买行为

C. 冲动型购买行为　　D. 习惯性购买行为

16. 下列属于产品生命周期阶段的有________。

A. 投入期　　B. 成长期　　C. 成熟期　　D. 衰退期

17. 企业常用的定价方法有________。

A. 专家意见定价法　　B. 成本导向定价法

C. 竞争导向定价法　　D. 需求导向定价法

18. 商品质量的基本特性有________。

A. 可靠性　　B. 安全性　　C. 适用性　　D. 经济性

19. 企业在产品投入期采取缓慢渗透策略的条件是________。

A. 消费者对价格很敏感　　B. 产品已广为人知

C. 竞争者容易进入　　D. 市场规模小但容量大

20. 消费者的购买行为受________等心理因素的影响。

A. 动机　　B. 学习　　C. 感觉　　D. 信念和态度

21. 新产品要迅速被广大消费者所接受，则必须具有________。

A. 较好的适应性　　B. 产品介绍的明确

C. 可分割性　　D. 复杂性

22. 下列选项中，属于信息来源渠道的是________。

A. 个人来源　B. 商业来源　C. 社会来源　D. 经验来源

23. 参照群体的分类有________。

A. 紧密群体　B. 归属群体　C. 比照群体　D. 社会群体

24. 产品必须具有的特性有________。

A. 耐久性　B. 适用性　C. 可靠性　D. 经济性

25. 根据产品的耐用性和有形性，可将产品分为非耐用品和________。

A. 耐用品　B. 特殊品　C. 服务　D. 选购品

26. 针对产品成熟阶段的特征，一般有三种可供选择的营销策略，分别是________。

A. 产品改革策略　B. 集中策略

C. 市场开发策略　D. 营销组合改革策略

27. 私人汽车消费市场的基本特征有________。

A. 需求具有伸缩性　B. 需求具有多样性

C. 需求具有可诱导性　D. 需求具有可替代性

28. 集团组织市场的特点有________。

A. 购买者数目相对较少　B. 购买者数目相对较多

C. 影响购买决策的人员较少　D. 影响购买决策的人员众多

29. 影响汽车产品定价的主要因素有________。

A. 定价目标　B. 汽车产品成本

C. 市场类型　D. 市场供需弹性

30. 产品的成本包括________。

A. 制造成本　B. 广告成本　C. 营销成本　D. 储运成本

31. 汽车产品的基本定价方法有________。

A. 成本导向定价法　B. 需求导向定价法

C. 竞争导向定价法　D. 新产品定价法

32. 以下选项属于心理定价策略的是________。

A. 附带产品定价策略　B. 声望定价策略

C. 尾数定价策略　D. 折扣定价策略

四、案例分析

【案例 1】

东风雪铁龙公司在“非典”期间，为了刺激车市升温，推出降价促销活动，对旗下中低档的富康系列轿车展开全国范围的促销，率先由 2003 年初的 9.78 万元调整至 8.8 万元促销价。富康系列轿车作为东风雪铁龙旗下主力车型之一，被消费者称为中国两厢车的经典。来自北京亚运村汽车交易市场的销售数据称，2003 年 5 月份“非典”以来，富康系列轿车一直占据市场同级别车型销量排名前三名，销售占有率高达 37%。

问题：

(1) 如何选择促销时间？

(2) 试分析本例中“非典”期间促销成功的原因。

【案例 2】

上海霞飞日用化工厂，是一家民政福利性质的乡镇企业。该厂创建于1985年，原有资产25万元，从一个倒闭的粉条厂厂房开始走上了化妆品生产的道路。开发的第一例产品是“一搽灵”防晒霜，经过多年发展，目前已成为中国最大的日用化工厂之一。

1. 产品策略

霞飞的产品结构极其庞杂，几乎涉及所有化妆品领域。霞飞系列产品以增白为核心功能的中低档护肤类化妆品为主，兼有美容化妆类、洗发护发类、清洁洗涤类化妆品，并生产运动鞋、服装、电器等相关产品，共有20个系列，300余个品目。主流产品中的特效增白粉蜜，曾获得“中国国货精品优质金奖”，产销量居全同同类产品之首，1990年产值为9 000万元，1991年产值达1.52亿元。

2. 渠道策略

霞飞分销渠道的设计存在两个层次。第一个层次，采用选择性分销策略，实行地区总经销制，霞飞只向总经销商提供商品，保证总经销商成为区内唯一霞飞产品供应“源头”；第二个层次，总经销商在经销区域采用普遍性分销策略，最大限度地拓展经销网点。

3. 价格策略

霞飞一贯坚持低价渗透策略，在尽力挖潜，降低产品设计、生产、包装等方面成本的基础上，企业定价仅要求产品能获得一个居行业中低水平的利润率，不要求热销产品的高报酬，以增强产品的市场竞争力，提高产品的市场占有率。

采用成本加成定价法，在核定的批量生产单位产品成本上加上一定的利润加成。加成率一般在13%～14%，最低不低于12%，最高不高于15%。

4. 促销策略

(1) 广告。霞飞决策者将广告视为企业营销成功的两大法宝之一，广告策划历来由厂长亲自决策。

霞飞产品的目标市场是我国广大城乡的中低收入水平的消费者，而电视在这部分消费者日常生活中占有重要地位，对电视媒体的接触频率要远远重于报纸、杂志等媒体。因此，霞飞广告费用的70%用于电视媒体（包括电视片制作费用），在中央和各地方性电视台的黄金时间高频率地反复播出。占第二位的是户外广告，大约年度广告费用的20%，用于制作各种形式的街头和交通要道的霓虹灯、广告牌等。其余10%的广告费用用于广播、杂志和报纸等形式的广告媒体，烘托促销气氛。

(2) 人员推销。霞飞的产品销售任务由销售科全面负责。销售科建制80人，占全厂员工总人数的1/10，是规模最大的一个职能科室，具有相当的独立性。销售业务人员实行合同制，业务员每年与厂方签订为期一年的聘用合同，合同规定一定的销售额指标。销售人员的收入分配制度实行包干制，销售人员无固定月薪，按销售到货款提取0.5%的销售费用。销售业务人员的工作分配实行地区负责制。按行政区划每一省区分配1～3名业务员，承担区内的推销任务。

(3) 公关宣传。霞飞公关宣传活动主要有三类：

1) 召开新闻发布会。1990年为配合霞飞产品进入海外市场，在北京人民大会堂召开了“霞飞走向世界”新闻发布会。会议地点的选择本身就产生了不小的新闻效应。

2) 举办和支持社会公益活动。

3）赞助文艺活动。因为化妆品的主要营销对象是女性消费者，她们对文艺活动有天性的偏好。霞飞在这方面也舍得投资，1991 年 7 月赞助华东地区越剧大奖赛 12 万元，获得了较好的社会效益。

问题：

（1）上海霞飞厂是怎样运用营销组合策略获得成功的？

（2）上海霞飞厂采用了哪些沟通工具？

【案例 3】“世界杯”营销大战

车企们的“世界杯营销”活动可谓五花八门。作为 2010 年南非世界杯的官方赞助商，现代起亚汽车集团围绕世界杯的营销活动全面开花，从“现代最佳年轻球员大评选”、“北京现代 ix35 世界杯主题巡展”、五人制足球进军南非的“东风悦达起亚迷你世界杯”，到现代“购买雅科仕有机会获南非世界杯游”、起亚“我为车名狂，去看世界杯”——CADENZA 中文名线上征集活动及东风悦达起亚 2010 南非世界杯观战团，等等，现代起亚携所属品牌在“世界杯”的营销活动一波又一波。

东风日产别出心裁地举办了“东风日产奇骏逍客‘超级球迷’竞选活动”，在活动中最终胜出的两名“超级球迷”变身为“奇骏球迷观察员”和“逍客球迷观察员”，随同央视媒体的世界杯报道团队前往南非进行实地采访。

东风标致则与腾讯网联手推出了“猜八强赢东风标致 207”的活动，还有的厂家在车型上也打出了“世界杯营销”牌，克莱斯勒便推出了一款指南针世界杯特版车型，瑞麒除请来大牌球星梅西代言外，还将 G5 的 T 系列发动机命名为“梅西发动机”。

简述以上各品牌的成功之处。

五、简答题

在购买决策过程中，影响消费者购买决策的角色有哪些？

单元6 汽车销售

鉴定要点、重点提示

一、鉴定要点

表Ⅱ—7

工作内容	鉴定要点	重要程度
汽车销售主要工作内容、原理与流程	汽车销售主要工作内容	★★
	汽车销售原理	★★★
	汽车销售流程	★★★
销售准备	销售人员的作用	★★★
	对销售人员的要求	★★★
	销售的基础准备	★★
	电话访问前的准备	★★
顾客接待	顾客接待的方法	★★★
寻找潜在客户	寻找潜在客户的途径	★★
	发展潜在顾客的方法	★★
	潜在客户的判定	★
	对潜在顾客的态度	★★★
讲解技巧	汽车销售的洽谈技巧	★★★
	六方位汽车展示	★★★
顾客异议处理	顾客异议分类	★
	顾客异议处理原则	★★★
	顾客异议处理方法	★★★
成交谈判	引导谈判的方法	★★★
	谈判目的与原则	★★★
	商务谈判的一般程序	★★★
	价格谈判	★★★
	谈判策略	★★★
	谈判的技巧	★★★
	销售缔结	★★
交车	交车与付款流程	★★

续表

工作内容	鉴定要点	重要程度
交车	付款方式	★★
	PDI	★★
	新车注册准备事项及办理流程	★★
客户关怀	客户回访	★★
	投诉处理	★★

二、重点提示

1. 汽车销售主要工作内容

（1）售前服务。指销售人员在顾客决定购车前的前期咨询工作。包括：

1）寻找和发现潜在顾客，并进行售前跟进。

2）有选择地走访老顾客，拜访新的潜在顾客，并针对重点顾客定期拜访。

3）认真了解顾客的真实需求，并听取顾客对产品和服务质量的意见。

4）积极为顾客出谋划策，向顾客介绍新产品、新车型和新的销售政策。

（2）售中服务。指销售人员在顾客购买过程中提供的全方位服务。工作内容主要包括：接待和甄别顾客——车辆介绍——产品展示——车辆选购——销售核准——交车。

1）销售人员要热情接待每一位来访的顾客，对产品的技术特点、使用性能、价格构成、一条龙服务、售前售后服务项目以及质量担保和索赔等情况进行介绍。

2）公司要设专门的咨询电话，为不方便上门的顾客提供电话咨询服务。

3）协助客户办理汽车保险、汽车上户等一条龙服务事项。

4）销售人员要根据顾客的需求协助顾客完成试乘试驾服务。

5）在交车前要完成汽车的售前检查（PDI）。

6）交车后销售人员要帮助、提醒客户填写顾客档案卡。

7）销售人员要及时向顾客介绍售后服务的范围和优惠条件，并提供售后服务的联系电话。

（3）售后服务。指销售人员在购买行为完成后所做的服务工作。工作的内容主要包括：

1）销售人员在购车后的第三天和一周内对客户进行售后服务跟踪，了解客户的车辆使用情况。

2）销售人员要定期与客户保持联系，提醒客户对车辆进行必要的维护和保养。

3）为客户提供代办手续、代办保险、索赔等多项服务。

2. 汽车销售原理

（1）展现自我。购物时，顾客更喜欢接近令人愉快的、值得信赖的销售人员，所以要求员工首先表现出诚意和热情，营造能进行友好谈话的气氛。

（2）宣传产品的价值和优势。顾客会对产品带来的优势感兴趣（例如舒适、行驶平稳、经济等），所以应向顾客说明使用所代理品牌的优越性。

（3）宣传本公司。除了说明公司的经营宗旨、客户服务制度和售后服务系统外，重要的是，无论在电话上还是在展示厅内，所有的员工都应和蔼可亲、礼貌待客，即用员工良好的团队表现赢得顾客的信任。“让顾客满意”是员工的基本素质。

(4) 了解客户。在汽车销售过程中，对于一个较大的汽车销售公司来说，所面对的客户归纳起来有两类：一类是直接用户，一般为零售交易；另一类为汽车营销单位，主要是批发交易。汽车营销公司或营销人员，应对客户有所了解，以确保销售工作的正常进行。

对汽车营销单位了解的内容大致有：其经营业务范围，有无汽车特别是轿车的经营权，是否还经营其他项目，是批发还是零售，是代理商还是兼营商；资金情况，包括注册资金、盈亏情况、债务状况、履约守信情况、经营作风、是否处于负债倒闭状态等。

在调研的基础上，对客户要进行分析鉴别。汽车营销单位这样的客户，大概有以下几种情况：经济实力强，知名度高，信用好的较大公司或厂商；经济实力中等，信用度好，但经营水平一般的公司或厂商；中间商，虽经注册，但没有多大经济实力和信用度，只能牵线搭桥，收取佣金；有注册经营执照，但经营不善，缺乏经济实力，信用也不好，属代购代销。

在分析的基础上，对客户要分类建档。

对客户要建档立卡，卡片的内容主要包括客户名称、注册地址、邮政编码、联系电话、法人代表姓名、注册资金、业务范围、经营状况、资信度、往来银行、历年的交易记录等。

3. 汽车销售流程

(1) 整车销售。整车销售包括进货、验车、运输、存储、定价、促销、销售等环节。

1) 进货。进货就是通过一定的渠道获得销售所需的商品汽车。汽车销售也和其他商品销售一样，要减少商品车的中间流通环节。最好是直接从生产厂或生产厂主管的汽车销售公司购得商品车，这是第一手货源，进价较低。

除从生产厂进货外，也可发展横向联系，从各地的汽车销售公司进货，这就是第二手货源，也可能是第三手货源。必须减少商品车的中间流通环节，以便控制商品车的价格。

订货时，产（供）销双方要充分协商，最后签订供货合同。双方应履行合同条款的各项规定。

2) 验车。对供货方所提供的商品车，要进行严格的检查、验收。验收的核心问题是真货还是假货，是新车还是旧车，质量有无问题，防止上当受骗。验车首先要查对车号、发动机号与文件上的号是否一致，并要注意底盘及发动机的出厂日期。若按合同规定是进口机，则应验证是否属实，要注意以国产机冒充进口机。还可通过查验“VIN 车辆认别代号编码”来辨真伪。

汽车验收除对车辆及其发动机等进行查验外，还要检查各种装置、附件是否齐全，外观是否完好无损，操纵系统运转是否正常，灯光照明及各指示灯是否完好，电瓶是否失效，各连接软管和塑料件是否老化。另外，还应核对合格证、说明书、维修卡等文档材料。

若从第二手货源或第三手货源进货，还应逐车验收，因为有可能只看到一辆新车，实际上在一批车中混有旧车。

3) 运输。最常用的方法是委托生产厂订铁路运输的车皮，并帮助发货；也有委托当地储运公司把商品车提出后，由储运公司订车皮、发货，此法时间可短些，但运费高些。

此外，还有由生产厂派司机或自雇司机通过公路长途运送。此法速度快，但费用更高，一般只在订购的车辆较少，路程较短，铁路运输不易解决，情况又较紧急时采用。

在我国无论采用哪种方式运输都要求上保险，以防在运送途中出现问题，造成不必要的损失。特别是公路运输，很容易发生碰撞事故，上了保险后，保险公司可赔付部分损失。

4) 存储。储存时，要做好维护保养工作，避免风吹、日晒和雨淋。定期检查电瓶，防止失效；若保存期较长，则对某些部件还要作防锈养护；冬天要注意放水防冻。

自己无储运仓库，则要租借储运库储存，事先要订好储存合同，预先约法三章，防止以旧换新，以假乱真，或运用商品车跑运输赚钱，或搞其他运输工作。

5）定价。1994 年 2 月 19 日发布的汽车工业产业政策第 49 条规定：汽车工业企业根据市场需求自行确定其生产的民用汽车产品价格，但对小轿车暂时实行国家指导性价格。在实行国家指导性价格时，国家计委规定对国产小轿车定价的具体办法为：

实际出厂价＝（准出厂价＋消费税）×（1±10%浮动幅度）

我国国产轿车有的在出厂价中已包含了消费税，则不再加消费税；有的合资企业规定出厂价中不包含消费税，则需另加消费税。

而汽车销售价，则包含了实际出厂价和按出厂价计算的经营管理费：

汽车销售价＝实际出厂价＋（1＋x%管理费率）

一般销售单位的汽车销售价常用下式来表示：

汽车销售价＝进货价＋商品流通费＋销售利润

商品车的流通费用包括前述的营销费用、管理费用和财务费用。销售利润根据市场情况有很大波动，畅销时偏高，滞销时较低。销售单位向用户报价时还应包括 17%的增值税，即上述汽车销售价需另加 17%的增值税费。

消费税是按汽车销售收入的百分比缴税，由生产厂直接向税务部门缴税，并包含在实际出厂价中。消费税一般按不同的车型和不同的发动机排量来征收。轿车、越野车、小型客车不同的发动机排量，按不同的百分比来征收。轿车发动机排量在 2 000 mL 以上，按 8%的销售额征收；100～2 000 mL 按 5%的销售额征收。小型客车发动机排量为 2 000 mL 以上按 5%的销售额征收等。具体征收的比率，按各地有关规定执行。

用户购买轿车时，还应向车辆落籍地的交通征管部门交纳车辆购置费（购其他车辆也一样），此项费用从 2001 年 1 月 1 日起改为车辆购置税。此外，用户还需交纳一些其他费用。

6）促销与广告。商品车投放市场时，要适时采取一些促销措施，一般通过报纸、电视台、广播电台和广告牌（板）做广告宣传，吸引顾客。

7）销售。汽车销售有批发交易和零售交易两种。零售交易多为个人购车，要凭个人居民身份证，并要作一些项目的登记，以便联系。零售交易也有单位购车的，要凭单位介绍信，并留下作凭证。单位购车一般使用汇票（外地），本市可使用支票。用支票一般都要交银行查验，并在划拨车款后才能提车，以防支票有假或为废票。

批发交易，客户必须要有汽车营销许可证，应查验客户的营业执照，签订好合同，在合同中明确交易的车型、数量、价格、交货期、交货方式、付款方式等有关内容。这里要坚守一条；收款后方可交车，以避免不轨行为和“三角债”。

(2) 售后服务。汽车除价位较高外，还是一种高技术性产品，一般人较难全面了解和掌握。所以，售后服务就成了汽车销售过程中的一个重要环节。其实售后服务包括提车开始后的一系列服务，以及汽车在使用中的维修服务等。

客户在汽车使用过程中还会出现这样那样的问题或故障，销售部门还有维修服务的任务。通常各大汽车销售公司在大、中城市或地区都建有特约维修部（厂、站）。这些特约维修部都是当地技术水平较高的汽车维修厂。此外，销售公司还应有一支技术水平高、思想作风好的技术服务队伍。

维修服务不仅要在质量保证期内做好服务，而且还应在质量保证期外做好维修工作。当客户需要时，迅速到达服务现场，为客户解决问题。主动走访客户，跟踪服务。

销售公司还应开展技术培训，对用户驾驶技术和维修人员的技术进行培训，以提高有关人员的使用、维修技术水平。

（3）备品配件供应。备品配件供应是搞好售后服务的物质基础。首先，应保证汽车保质期内的零部件供应。其次，应保证修理用件。生产厂对零部件的生产量，要超出整车生产量的 20%，以满足各维修部及配件商店的供应。配件定价要合理，按物价部门的规定定价，不得在配件供应紧张时涨价，借机捞一把，从客户身上获取不义之财。

（4）信息反馈。汽车销售公司的工作人员，整天与客户打交道，了解情况较多，对汽车投放市场后的质量、性能、客户满意程度都了如指掌。搜集这些信息并及时反馈给汽车生产企业产品设计部门、质量管理部门、工艺部门以及企业的决策层，对提高产品质量、开发新产品、提高市场占有率都是有重要意义的。

销售流程：寻求探寻阶段→传递核心信息阶段→处理异议阶段→售后评价阶段。

4. 销售准备

（1）销售人员的作用。销售人员一般可以起到以下作用：

1）代表公司形象。销售人员的每个行为都关系到公司的声誉，因此作为公司的代表，行为举止应当得体。

2）创造需求。销售人员不仅仅是找到需要轿车的人，还要使那些对轿车没有真正兴趣的人确信拥有轿车的好处（快捷，方便，充满乐趣和优越感），从而激发其购买需求。

3）市场研究。了解基本市场区域内用户的需求，市场竞争对手动向等，可以更好地开展销售活动。同时，为开发更好的产品，根据市场的需求和用户的需要进行产品改进也不容忽视。

4）获得利润。销售人员的目标是赢得利润，而销售是实现这一目标的途径，必须卖出大量的产品才能获得更高的利润。

（2）对销售人员的要求。对销售人员的要求一般是着装整齐、态度可亲、专业知识丰富和专业销售技巧高明等。

成功销售人员应具备百折不挠、坚韧不拔、坚强自信、仁爱忠厚、真诚豁达的精神。

（3）销售的基础准备

1）树立以客户为中心的销售理念，全面关注顾客的购买行为，当好顾客的购车顾问。

2）树立全面的汽车产品意识，为顾客提供全方位的汽车服务产品。

3）树立全程服务的意识，加强与各种顾客的沟通，成为顾客永远的朋友。

4）熟悉各项业务流程，提供专业化服务。

（4）电话访问前的准备。电话销售前销售人员要准备：电话记录本、红/蓝两色笔（方便做重要记录）、铅笔、便笺纸和事先准备的沟通要点。

5. 顾客接待

（1）展厅接待：泛指接待来到展厅的顾客。销售人员通过热情主动的欢迎，了解顾客的来意，展开各种服务。

（2）电话咨询：泛指接待通过电话渠道进行业务咨询的顾客。销售人员通过热情解答，吸引顾客来店咨询，从而实现销售目的。

(3) 邀约客户接待：泛指接待通过各种促销活动邀约来的顾客。

6. 寻找潜在客户的途径

从销售人员认识的人中发掘，借助专业人士的帮助，借助企业提供的名单，展开商业联系，结识汽车销售界的同行，从用车客户中寻找，注意协调各部门员工的关系，利用店头活动，户外展示会，利用媒体广告寄发传单或网络营销，老客户介绍，服务人员介绍，扩大人际关系网。

7. 发展潜在顾客的方法

(1) 促使顾客参观展示厅

1) 促使顾客参观展示厅的方法

①散发宣传资料。在经销商的市场区域内，确保传单在展览会举办前发出去。若没有举办展览会的计划，也至少每月散发一次传单。

②询问（首次拜访顾客）。收集潜在顾客的信息并上门拜访或电话交谈，尽可能地促使他们参观展示厅。

③发送邮寄材料。在举办各种活动前（如展览会），按照发展顾客的名单发送邮寄材料，特别是一些名人，应努力促使他们来展示厅参观。在发了几次邮寄材料后，再行打电话或拜访顾客以收集更多的信息。

④举办展示会或其他活动。在举办活动前打电话给顾客（电话促销），确定要接待潜在顾客的人数。积极举办室外展示会（展示厅外面的展示会）。

2) 潜在顾客的行为、性情特征与对策

①潜在顾客到来之前，应确保有停车位；应保持展示厅室内和室外清洁（清洁窗玻璃、桌子和洗手间），将产品目录等资料摆放整齐，清扫展示厅；检查陈列或展示的轿车，为顾客的参观或是试驾做好准备；整理维修区，使维修区的机械设备干净、整齐；练习接待用语。

②潜在顾客来到展示厅前，应热情迎接。迎接的目的，第一是表达对他来展示厅的感谢之意；第二是让潜在顾客轻松地在展示厅逗留较长时间，慢慢地看车（举办促销活动时除外）；第三是充分利用这段时间尽可能多地搜集潜在顾客的基本信息（与潜在顾客一起填写“首次接洽卡”，介绍产品并了解顾客的需要，鼓励其尝试驾驶）。

根据顾客对车的需求，把销售要点压缩至最重要的一到两点，并在试驾驶前宣传这些性能。试驾时与顾客同行，让他想象拥有后的感觉。试驾后，强调试驾前宣传的那些销售要点，向顾客说：“它真的很棒，是不是?”

③在潜在顾客参观展示厅后，销售人员应在顾客参观展示厅的当天或第二天，去顾客家中拜访或打电话给他们，对潜在可能性做出准确、客观的判断，而不是凭感情和一时猜测做出决定。

3) 发现潜在顾客的地方。发现潜在顾客的地方一般有保险公司、注册机构、贸易展销会、租赁公司、贸易团体名录、商会名录、朋友或亲戚处等。

4) 需保存的潜在顾客的相关资料

①个人资料。有姓名、地址、电话号码、职业、职务、年收入、住房类型、家庭规模、业余爱好等。

②现有车的相关情况。现有车辆、车型、购买日期、行驶里程、安装的附件，以往轿车

更新情况，购自哪家销售店，使用频率（工作日和周末使用），每月平均行驶里程，对现有轿车的满意度，其他家庭成员用车等。

③购车相关情况。增添购车的计划，心中常设想的车型、款式、颜色，决定购车的大体样式等。

（2）发展顾客。以下方法可用于发展潜在顾客并建立潜在顾客资料库。

1）散发宣传品。可在存在潜在顾客的特定地点散发，建议实施率为每月一次，应在展览会或重大活动前一天完成。

2）直接邮寄。可按发展顾客的名单邮寄材料，特别是本地区的知名人士（具有影响力的人物），可寄出重大活动（如展览会、维修优惠服务月等）的通知单。

3）上门推销。销售人员应调查本地区居民，了解潜在顾客的居住和工作地点。可在本地定期进行，从竞争对手、其他高档商品零售商等处获取信息，应和这些潜在顾客加强联系。

4）电话促销。开始谈话前应做清晰、明确、简短的自我介绍，谈话的重点是促成约会。

5）团体促销。经常对团体顾客进行拜访，可以增进友谊，并建立长期的业务关系。

6）办展览会和其他活动。最好选定有特殊意义的时间举办，如节假日。预先确定通知的顾客人数，举办场所最好在展示厅以外，除依靠直接邮寄通知外，可在活动前一天电话通知。

7）顾客推荐以进一步洽谈。顾客推荐促销是销售活动中最重要的因素之一，顾客推荐材料一般由销售店经理管理与控制。

（3）拜访顾客。经常性地拜访顾客可以建立良好的人际关系，推销自己，提供信息（邀请参观展览、所经营的产品的介绍、公司介绍、新产品介绍和其他有关信息），发现与潜在顾客共同感兴趣的话题，然后将其引入销售的话题，还可以进一步收集顾客的信息（现有车辆、车款、车型、家庭组成、雇主、购买决定者、购买行为动机等），发现顾客的需求。通常人们期望在第三次拜访时，可以签订销售合同。

8. 潜在客户的判定

（1）准确判定顾客购买欲望：对汽车的关心程度、对购车的关心程度、是否能符合顾客的各项需求、对产品是否信赖、对销售企业是否有良好印象。

（2）判定潜在顾客的原则："MAN"。M：Money，代表金钱；A：Authority，代表购买决定权；N：Need，代表需求。

9. 对潜在顾客的态度

（1）最有潜力的A类顾客。销售负责人应了解销售人员与其销售谈判的进展；邮寄光临展厅的感谢信并在感谢信上加亲笔书写的附言，或电话感谢光临展厅；增加拜访次数（拜访间隔不能超过5天）。

（2）潜在的B类顾客。月度性拜访3个月，每月联系的目的是为了提高其"潜力"程度，促使顾客再次光临展厅。如果该顾客未能转变为最有潜力的A类顾客，则按照对待潜在的C类顾客的方式进行以后的联系。

（3）潜在的C类顾客。每月度拜访一次，可以采用电话、邮寄材料和邀请顾客光临展厅的方式。

10. 汽车销售的洽谈技巧

洽谈是借助营销人员和客户之间的信息交流来完成的。而这种信息传递与接受，则需要通过双方之间的听、问、答、说等基本方法及其技巧的运用。

（1）倾听技巧。专心致志地倾听，有鉴别地倾听，不因反驳而结束倾听，倾听时要有积极的回应。

（2）提问技巧

1）提问的类型：开放式询问，封闭式提问。

2）常用的提问技巧与方式：求索式问句，证明式问句，选择式问句，引导式问句。

3）答辩：简明扼要，意在澄清事实；避免与客户正面争论；讲究否定艺术；保持冷静。

4）说服：寻找共同点，耐心细致，开具“保票”，把握时机、循序渐进，严禁压服。

（3）语言技巧。用数字，讲故事，富兰克林法，引证，赞美，对比。

11. 六方位汽车展示

六方位绕车法：左前方→车侧方→车后方→车内部→驾驶侧→正前方。

（1）左前方——品牌、尺寸、造型。主要介绍点：

1）前车灯特性。

2）前挡风玻璃。

3）接近角。

4）品牌特征。

5）车身高度。

6）通风散热装置。

7）雨刷设备。

8）保险杠设计。

（2）车侧方——安全性。主要介绍点：

1）汽车进入特性。

2）侧面的安全性。

3）侧面玻璃提供的视野情况。

（3）车后部——空间。主要介绍点：

1）后门开启的方便性。

2）存放物体的容积大小。

3）汽车的扰流板（尾翼）。

4）离去角。

5）后排坐椅的易拆性。

6）后视窗的雨刷。

7）备胎的位置设计。

8）尾灯的设计。

（4）车内部——舒适度、便捷性。主要介绍点：

1）内部空间。

2）扶手箱。

3）后排坐椅材料。

4）头枕。

5）门护板。

6）安全带等。

（5）驾驶侧——操控性。主要介绍点：

1）坐椅的多方向调控。

2）转向盘的调控。

3）视野。

4）腿部空间的感觉。

5）气囊以及安全带。

6）制动系统。

7）操作方便性，音响、空调等。

8）车门的控制等。

（6）正前方——发动机、技术、性能。主要介绍点：

1）首先是发动机的布局。

2）添加机油等液体的容器。

3）发动机悬挂避震设计。

4）节油的方式。

5）环保设计，排气的环节。

6）散热设备的设计与摆放。

12. 顾客处异议理

（1）顾客异议分类：货源异议、购买时间异议、财力异议、权力异议、价格异议。

（2）顾客异议处理原则：事先做好准备的原则；保持冷静、避免争论的原则；留有余地的原则；以诚相待的原则；及时处理的原则。

（3）顾客异议处理方法：反驳处理法；回避处理法；利用处理法；“同意和补偿”处理法；询问处理法；忽视处理法；反复法。

13. 成交谈判

（1）引导成交的方法：直接要求法、暗示成交法、坦诚促进法、假设成交法、选择成交法、小点成交法、保证成交法、利益总结成交法、前提条件法、弱势技巧法、“抬轿子”成交法。

（2）谈判目的与原则。谈判不是打仗，是维持关系或建立合作构架的一种方式，谈判是寻求“双赢”的结果，即达到双方都满意的目的。在谈判达成共识后，交易双方应签署具有法律约束力的协议或合同。

谈判要在平等互利、协商一致、谋求合作、互谅互让的原则下进行友好协商。当然谈判的目标是获取利益，但绝不是意味着损害别人的利益。

（3）商务谈判的一般程序：询价→报价→还价→认同→签约。

1）询价是买方对需要采购的产品，向卖方询问有关交易的条件，主要是询问该产品的交易价格。

2）报价是卖方在买方询价后，向买方报的可成交的价格条件。买方向卖方索要报价，一般应是书面报价才有效力，电传、电报、信函报价均可以。卖方报价一般均有时限的规定，在书面报价上均有提示和说明。超过期限，需要重新询价和报价。

3）还价是买方接到卖方的报价后，认为报价不甚合理，与卖方商洽，提出建议和意见，请对方考虑，或直接开出自己认为比较合理的且能接受的价格。

4）认同是买、卖双方不仅在价格上有了共识，还有一些其他交易条件也需双方认可。在所有提出的交易条件都得到双方认同以后，方可签约。

5）签约是将交易双方所认同的条件、承诺以书面合同的形式表述清楚，其中还有违约的处罚条款等内容。双方的交易活动必须按合同的规定进行。若在执行合同的过程中碰上非人力所能抗拒的情况，如战争、地震及其他灾害，不能履行合同条款所规定的内容，双方可协商解决。

（4）价格谈判

1）价格谈判的原则

①强调价值，弱化价格。

②把产品与其经济使用寿命相结合。

③创造建议性降价。

2）价格协商的方法：独特利益法、价格分体法、总体计算法、补偿法、顺延法。

（5）谈判策略

1）谈判前的准备。商务谈判前要做好充分的准备，尽可能摸清对方情况，事先要全面考虑，做到“知己知彼”，不打无准备的仗。要敢于提出自己的要求，并且要给自己准备一个可妥协的空间，心中要有防御底线。对对方提出的进货时间、渠道、价格、质量、市场行情、竞争对手的货源、价格情况都应做到心中有数。

事先最好准备一个谈判方案，计划好谈判的日期、地点、参加人员，明确谈判的目的、要求，筹划好谈判的内容。

2）掌握谈判策略。谈判要讲究科学，当然也要讲究艺术。

谈判要留有余地，在谈判中要有弹性，能伸能缩，能进能退，留有周旋的空间；让步不能一步到位，要逐步让，要互让互谅；复杂的大笔交易不要急于达成协议，要找突破口，要从容不迫，以让为进，在小问题上先让步；要冷静、沉着，善于察言观色；让对方把话说完，耐心聆听，仔细思考，找出矛盾，抓住问题，步步紧逼，直到对方做出让步，达成协议成交。“退”是手段，“进”是目的。这就是所谓的“制定决策时慢条斯理，执行决策时雷厉风行”的谈判策略。

谈判开始时，要准确表达自己的交易条件，可以口头表达，也可用备忘录等书面文字表达，作为谈判的起点，达到先声夺人的目的。在谈判的过程中要注意利用可用的筹码。

谈判中还要使用各种不同的手段，声东击西，当交易谈不下来时，表示可从别的公司买到同样的车，价钱还较便宜些，以便迫使对方成交。

谈判中要注意软硬兼施，在谈判人员中，主谈人一般表现为“通情达理”，扮演“唱红脸”的角色，但也要有人扮演“唱白脸”的角色，在谈判极为困难时，铁嘴铜牙，寸步不让，表示要结束谈判，不再耗费时间，发出最后通牒，一唱一和，互相配合，达到谈判的目的。

最后要注意，谈判中要进退自如，要有“埋伏”，重要的谈判双方领导出面谈些原则，具体细节由双方助手去谈。有些国际性谈判，要注意“见人只说三分话，不可全抛一片心”，“兵不厌诈”，要注意维护国家利益、公司利益，做到互惠互利。

（6）谈判的技巧

1）首先主谈人不能有太强的自我和太强的英雄感，但要树立谈判的信心，心理状态要占上风，要表现出很好的合作意识，树立一个美好的自我形象。

2）另外，在思想上对谈判的结果要有正确的认识，谈判不可能有“赢者全赢，输者全输”的结果，要有一种妥协的素养。

3）有时候可能同时和几个对手谈判，在谈判中要注意差别，可利用对手之间的矛盾，互相制约，取得平衡，从而选择一个较优的条件成交。在谈判过程中，该拍板时就应果断拍板，以免错过时机。

4）在谈判中，报价是很重要的一个环节。报价过高会失去竞争力，过低则无利可图。要给自己留下一个妥协的空间，留有余地，但底线一定要守住。对方对产品持有异议时，不要争辩，仔细聆听对方的意见，这说明对方真正对产品感兴趣，且仔细研究过。这时，可缓和地进行说明，介绍情况，做好工作，不要凭口齿伶俐，辩赢对方，显示自己强者的地位。这样逞一时之快，就有可能失去客户，失去朋友。

5）最后，在整个谈判过程中要讲文明礼貌。参加谈判的人员要严格遵守时间，显示出严格守纪、一丝不苟的作风，仪容大方，热情好客，不骄不躁，不卑不亢。特别是在对外商的谈判中，谈判场所要选择适当，衣着要整洁，接送车辆的规格要符合谈判人的身份，谈判人员的级别要对等适当。

（7）销售缔结。销售缔结的禁忌事项：忌好高骛远，忌奢望一次成交，忌急功近利，忌错失良机，忌准顾客轻易解约。

14. 交车

（1）交车与付款流程

1）交车环节。要做好通知交车日期、检查车辆、确认必要的文件和安排付款等工作。

2）付款环节。可以提前支付或交车时付款，根据已签订的销售合同接收现金或支票。

3）交车环节。无论是在展厅交车，还是送货上门交车，都要求做到将销售主管或客户联系人介绍给客户，请客户检查车辆和附件，说明正确的操作和驾驶方法（参阅用户手册），介绍服务项目（检查、维修和保养等），填写交车检查表。

4）其他工作。如为了保持客户资源，需要建立客户档案，进行客户回访，调查客户满意度等。

（2）收款方式：现金支付、存折转账支付、银行卡支付、支票支付、承兑汇票支付、分期付款。

（3）PDI。PDI是新车送交客户之前进行的一种检查。PDI是交车体系的一部分，包括一系列在新车交货前需要完成的工作，目的是在新车投入正常使用前及时发现问题，并按新车出厂标准进行修复。

（4）新车注册准备事项及办理流程。没有注册的机动车辆向公安车辆管理机关申请号牌和行驶证的登记。

1）准备事项

①领取和填写《机动车登记表》一式三份，经单位、自检组盖章，填写自检组代码，私车还需填写车主居民身份证号码并带车主居民身份证复印件一份。

②提供车辆合法来历证明。车辆销售发票（须经工商行政管理机关验证盖章）、车辆合

格证（或货物进口证明书及商检证，或没收证明书）。

③在当地财产保险公司参加第三者责任法定保险。

④在当地车辆购置附加费办公室办理“缴费凭证”或“免缴凭证”。

注：三资企业、私营企业、私人自用车辆、小型特种车均不需“控购证明”。

2）办理程序。车辆检验→登记审核→核发号牌→固封号牌→车辆照相→核发行驶证。

①车主持登记表、车辆发票、合格证到车辆管理所办理“市内移动证”，车辆到车辆管理所机动车安全技术检测站进行安全技术检验（对部分国产车型不再进行安全性能检测，仅确认车辆型号、车身颜色、车架号码、发动机号码），领取车辆检测记录单。

②车主持上述资料到车辆管理所办理登记审核手续并交费后，领取机动车行驶证《待办凭证》，凭《待办凭证》领取新号牌，将车开到车辆管理所“车辆装牌、照相处”接受安装、固封号牌和车辆照相，15 天内凭《待办凭证》到车辆管理所领取行驶证。

15. 客户关怀

客户回访是汽车经销企业十分重要的一项工作，是保持客户资源，提升企业竞争力的一项重要工作，客户回访的质量好坏直接关系到客户资源的稳定。

（1）销售人员回访的主要任务

1）核实交易事项。

2）消除客户可能产生的失落情绪。

3）减少可能产生的顾客投诉。

4）提供咨询服务。

5）搜集客户情报，建立忠诚客户群。

（2）回访客户的方法。包括电话回访，信函回访，登门回访，电子邮件回访。

（3）处理投诉的原则

1）先处理心情，再处理事情。

2）不回避。

3）第一时间处理。

4）找出原因，控制局面，防止节外生枝、事态扩大。

5）必要时请上级领导参与，运用团队的力量解决问题。

6）在解决过程中，不作过度的承诺，寻求共识，争取“双赢”。

（4）处理投诉的技巧。包括表示歉意；让顾客放松；不争辩；换时、换地、换人；转移话题。

单元训练

一、判断题（下列判断正确的在括号里打“√”，错误的打“×”）

1. 尊重客户就是指任何事都听客户的。（ ）

2. 推销观念是以消费者为中心的市场观念。（ ）

3. 与客户见面的头几分钟内是非常重要的，所以只要开始接触时对顾客态度好就可以了。（ ）

4. 广告中涉及专利产品或者专利方法的，可以不标明专利号和专利种类。（ ）

5. 作为一名业务接待员，只要外貌、形象好就可以了。 （ ）

6. 在接待客户时，为了表示亲近，与客户靠得越近越好。 （ ）

7. 消费者购买消费品是为了获取某种使用价值，以满足生活上某种消费需要，并不是为了转卖或盈利。 （ ）

8. 企业内部良好的工作环境是培植企业精神的基础，也是保持企业精神的重要因素。 （ ）

9. 推销员应向顾客全面地介绍产品，帮助顾客了解企业及产品的生产背景，进而接受企业的产品。 （ ）

10. 汽车的定价方法有汽车成本导向定价法、汽车需求导向定价法、汽车竞争导向定价法。 （ ）

11. 汽车销售是了解客户的需求并且满足这些需求，并希望达到“双赢”的结果。 （ ）

12. 对于汽车销售人员而言，其销售工作可大致分为售前、售中和售后三个阶段。 （ ）

13. 车辆交付顾客以后，就意味着销售工作的完成。 （ ）

14. 搜集汽车市场营销信息的方法有咨询员工法、专门收集法、购买信息法。 （ ）

15. 商务的基本原则是：互惠原则，平等原则，信用原则，相容原则，发展原则。 （ ）

16. 顾问式销售模式在开始阶段时间、精力花费大，到后面成交就水到渠成，难度减小。 （ ）

17. 二手车销售定价的目标是指企业通过制定价格水平，凭借价格调整的效用来达到预期目的。 （ ）

18. 汽车产地定价法在国际贸易中称为“离岸价格”。 （ ）

19. 权利促销的策略主要表现在利用威信效应、营造权利网络、重视平等对话和良好社会表现四个方面。 （ ）

20. 车辆采购就是通过一定渠道采购销售所需的商品汽车。 （ ）

21. 商品车的流动费包括营销费用、管理费用、财务费用。 （ ）

22. 在整车销售、售后服务、配件供应、信息反馈的过程中，售后服务是最重要的，是中心内容。 （ ）

23. 汽车销售只是汽车整体销售的一个小部分。 （ ）

二、单项选择题（下列各题的4个选项中，只有1个是正确的，请将其代号填在横线空白处）

1. 在接待客户过程中，________对你及客户都非常重要。

A. 你介绍产品的时候 B. 客户购买产品的时候

C. 客户询问产品的时候 D. 你与客户第一次见面的时候

2. ________的运用必须以市场为前提，它是借助于参照物的市场成交价或变现价运作的。

A. 清算价格法 B. 重置成本法

C. 收益现值法 D. 现行市价法

3. 与客户交谈时，有两种提问的形式，属于封闭式的是________。

A. 您喜欢黑色还是灰色？　　B. 有什么我可以帮忙的？

C. 您的意思是……？　　D. 您认为是什么出了故障？

4. 以下对言谈的描述正确的是________。

A. 言谈是表达自己想法的途径，与他人无关

B. 与客户交谈，言谈可以没有禁忌，想说什么就说什么

C. 言谈是建立和客户良好关系的重要途径

D. 以上都不对

5. ________服务是业务接待中最基本的服务手段。

A. 礼貌　　B. 合理　　C. 网络　　D. 微笑

6. 目前在我国，使用频率最高的一种商务谈判方法是________。

A. 电话洽谈　　B. 信函磋商　　C. 当面洽谈　　D. 电报洽谈

7. 走私车、没收车、非法改装车、已经报废的车进入流通领域，成交双方签订的合同属于________合同。

A. 有效　　B. 无效　　C. 不确定　　D. 非法

8. 向顾客介绍产品时要注意________。

A. 价格的优势　　B. 可以夸大产品的功能

C. 重点介绍购买产品给顾客带来的利益　　D. 揣摩顾客的心理

9. ________属于接近顾客的方法。

A. 通过展示商品法　　B. 利益接近法

C. 让顾客观看产品的获奖证书　　D. 提供商品产销内部信息

10. 在幽默语使用中，借用某个话题作为引导，制造气氛而形成幽默的语言形式称为________。

A. 拟人法　　B. 巧借话题　　C. 曲解词语　　D. 反语

11. 一日，李女士在使用某厂生产的汽车时，汽车方向机失控，发生交通事故后死亡。后据检测专家测定是由于转向卡死造成方向机失控。本案中，可以________为依据判定生产者承担责任。

A. 产品存在的缺陷　　B. 产品买卖合同约定

C. 产品默示担保条件　　D. 产品明示担保条件

12. 对于电话语言的描述，正确的是________。

A. 接听电话时，微笑会使声音更动听，更容易被客户接受

B. 接听电话时，客户看不见你，所以不用微笑服务

C. 接听电话时，可以不考虑语法

D. 接听电话时，为更好地与客户交流，可使用庸俗语言

13. 关于服务过程中的异议，下列的描述不正确的是________。

A. 在服务过程中，客户对你的服务与解释不赞同、提出质疑

B. 对于你的服务与解释，客户表示拒绝

C. 缺乏事实依据的拒绝不属于异议

D. 异议包括真实的异议和虚假的异议

14. 下列不属于三明治报价法的特征的是________。

A. 总结出最能激发出顾客热情的针对顾客的益处

B. 准确和清楚地报出价格

C. 强调超过顾客期望值的针对顾客的益处

D. 与其他产品进行价格比较

15. 口头服务语言运用得好坏将直接影响到企业的形象。在营销实践中，灵活用语、热情用语和下列________是服务语言艺术最基本的表现。

A. 标准用语　　B. 委婉用语　　C. 礼貌用语　　D. 沉默用语

16. 关于产品售后服务下列说法正确的是________。

A. 通过服务，使用户用好汽车产品，并创造最好的放益，这才能证明售后服务工作的成功

B. 售后服务的成功只能用客户的汽车订单来证明

C. 售后服务应具备两大功能：对外能安抚用户，为用户解除后顾之忧；对内可以准确、及时地反馈产品的使用信息、质量信息以及各种重要的社会信息

D. 以上所有

17. 推销洽谈的技巧有________。

A. 会谈的问候技巧、询问的技巧　　B. 推荐的技巧、示范的技巧

C. 回答顾客问题的技巧　　D. 以上所有

18. 汽车的销售环节包括________。

A. 整车销售、销售服务

B. 整车销售、销售服务、备件供应

C. 整车销售、销售服务、备件供应、维修服务

D. 整车销售、销售服务、备件供应、维修服务、信息反馈

19. 关于进货说法错误的是________。

A. 进货是指解决货源以获得营销所需的商品车

B. 可以从汽车销售公司进货，这是第二手货源，进货价比第一手货源稍稍低些

C. 商品车进货可从生产厂或生产厂主管的汽车销售公司解决，这是第一手货源

D. 在市场经济条件下，只要有资金便可以进货，但国内的实际情况常常是紧俏货源并不能随便得到，要事先建立关系，成为汽车的销售网点之一

20. 关于验收说法错误的是________。

A. 验收是指从汽车供货方提货的过程中，实行严格检查，确认合乎要求后收下商品车的整个过程

B. 新车的验收一般包括“三看一开”四个步骤

C. 验收的核心问题是查看车辆是真货还是假货，是新车还是旧车，防止上当受骗

D. 要选派熟悉汽车、有经验的工作人员参加验收工作

21. 常用的运输方式是________。

A. 委托汽车制造厂发货

B. 委托当地储运公司发货

C. 由汽车制造厂派司机或自雇司机通过公路长途运送

D. 以上所有

22. 关于汽车存储说法正确的是________。

A. 存储是指商品车运回销售公司所在地后储存起来

B. 公司有储运库则自存，无储运库存则委托储运库代存

C. 储存时，必须做好维护保养工作，避免日晒雨淋；电瓶应定期充电，防止失效

D. 以上所有

23. 促销的作用是________。

A. 突出汽车产品的特点，提高竞争能力

B. 强化汽车企业的形象，巩固市场地位

C. 刺激需求，影响用户的购买倾向，开拓市场

D. 以上所有

24. 关于说服客户的策略，下列说法错误的是________。

A. 在说服过程中应注意认真听取并分析客户的意见，找出问题的关键点和客户的真实目的，做出针对性的反应

B. 常用的说服方法有提示说服法和演示说服法两种

C. 产品说服法就是通过产品的文字、图片、影视、音响、证明等资料去引导客户做出购买决策

D. 要做到事实充分、证据有力、态度诚恳、不卑不亢，切忌同客户发生冲突

25. 商务谈判的特点有________。

A. 商务谈判参加者各自代表所在的企业

B. 商务谈判一般遵循的方针为谋求合作，双方各有所得

C. 谈判中的目标是取得本方的利益，但绝不是意味着必须损害别人的利益

D. 以上均有

26. 商务谈判的一般程序是________。

A. 询价、还价、报价和认同签约　　B. 询价、报价、还价和认同签约

C. 询价、报价、认同签约和还价　　D. 以上均错

27. 商务谈判的技巧有________。

A. 树立谈判信心，择优成交

B. 把握决策时间和火候、报价艺术和条件

C. 处理好“异议”

D. 以上所有

28. 对不愿接受访问的对象最适宜采用的调查方式是________。

A. 电话访问　　B. 邮寄问卷　　C. 人员访问　　D. 上门调查

29. 接洽客户，要让客户在第一时间就感受到他是________的客人。

A. 尊贵　　B. 被重视　　C. 热情　　D. 受欢迎

30. 以下不属于汽车产品售后服务工作内容的是________。

A. 生产制造客户所需的汽车产品

B. 建立客户档案，踊跃服务并反馈客户信息

C. 满足用户的备品供应

D. 汽车产品的质量保证

31. 任何产品的销售价格必须高于成本费用，才能以________来抵偿生产成本和经营费用，否则无法经营。

A. 原材料消耗　B. 销售收入　C. 促销费用　D. 管理费用

32. 企业把创新产品的价格定得较低，以吸引大量顾客，提高市场占有率，这种定价策略叫做________。

A. 撇脂定价　B. 渗透定价　C. 目标定价　D. 加成定价

33. 在市场竞争条件下买主只能是价格的接受者，而不是价格的决定者，这种竞争情况叫做________。

A. 垄断竞争　B. 寡头竞争　C. 完全竞争　D. 纯粹垄断

34. 下列市场中属于不可扩张市场的是________。

A. 服装市场　B. 食盐市场　C. 化妆品市场　D. 汽车市场

35. 下列属于顾客接待的是________。

A. 展厅接待　B. 电话咨询　C. 邀约客户接待　D. 以上都是

36. 展厅接待人员行礼的角度可依次分为三种，其中“欢迎光临”的行礼角度是________。

A. 15°　B. 30°　C. 45°　D. 60°

37. 销售人员发掘潜在客户一般有三种通用方式，其中，重视成交客户、通过与现有客户的沟通获得新的客户的方法是________。

A. 连锁销售法　B. 资料分析法　C. 一般性方法　D. 循环法

38. “MAN”原则中“M”指的是________。

A. Money（金钱）　B. Many（多数）　C. Much（多数）　D. Man（人）

39. 在六方位绕车法中，在①的位置，销售人员应立于车前方________左右进行介绍。

A. 15°　B. 25°　C. 35°　D. 45°

40. 在顾客各种异议中，顾客自以为没钱购买产品的一种异议为________。

A. 权力异议　B. 产品异议　C. 财力异议　D. 价格异议

41. 下列不是价格谈判原则的是________。

A. 强调价值，弱化价格　B. 把产品与其经济使用寿命相结合

C. 创造建议性降价　D. 强调价格，弱化价值

三、多项选择题（下列各题的4个选项中，至少有2个是正确的，请将其代号填在横线空白处）

1. 使用现金折扣时应明确的问题是________。

A. 折扣率的大小　B. 折扣的顾客范围

C. 折扣期限长短　D. 付清全部货款的期限

2. 推销员处理价格问题的原则有________。

A. 科学定价原则　B. 先价值后价格原则

C. 坚持向顾客证明的原则　D. 坚持相对价格原则

3. 与客户沟通时应具备________的技巧。

A. 用提问的方式去明白对方　B. 将自己代入客户的身份

C. 对客户做出反应　　　　　　　　　　　D. 适当地迎合你的客户

4. 处理愤怒客户的技巧有________。

A. 让客户发泄　　　　　　　　　　　　B. 避免陷入负面评价

C. 回避客户的问题　　　　　　　　　　D. 双方协商解决问题

5. 汽车销售售后的工作有________。

A. 交车 72 h 内，与顾客联系，确认信息和询问感受

B. 帮助顾客解决有关使用方面的问题

C. 提醒顾客进行维修保养

D. 与顾客保持联系，并请顾客推荐他人来看车、买车

6. 汽车服务营销理念要解决三个关键性的问题是________。

A. 明确坚持服务理念的目的和意义　　　B. 明确服务的标准问题

C. 明确服务的质量问题　　　　　　　　D. 框定服务理念的主要内容

7. 作为一名汽车销售顾问在准备工作中需要做的工作是________。

A. 对市场情况了解

B. 对公司情况了解

C. 对产品情况了解

D. 个人必须具备基本的汽车理论知识、一定的营销理论知识

8. 在接待顾客时，作为一名汽车销售顾问应该注意________。

A. 礼节　　　　　　　　　　　　　　　B. 交流方式

C. 调整自己的言行举止　　　　　　　　D. 作一个良好的概述

9. 汽车销售员在进行报价时，常用的方法是________。

A. 三明治报价法　　　　　　　　　　　B. 价格最小化法

C. 价格比较法　　　　　　　　　　　　D. 将价格转化为投资额

10. 在汽车销售顾问接待顾客时，要做到________。

A. 穿着得体，肢体语言得体　　　　　　B. 注意和顾客保持安全距离

C. 不要询问顾客的隐私问题　　　　　　D. 要学会作概述

11. 按谈判双方接触的方式，谈判可划分为________谈判。

A. 主场　　　　B. 客场　　　　C. 口头　　　　D. 书面

12. 促销组合是________等手段的综合运用。

A. 广告　　　　B. 人员推销　　C. 公关　　　　D. 产品开发

13. 谈判要求讲究________必须兼顾，才能掌握谈判的全貌。

A. 科学　　　　B. 艺术　　　　C. 寸步不让　　D. 通情达理

14. 属于汽车销售人员职责的是________。

A. 收集信息　　B. 沟通关系　　C. 销售商品　　D. 提供服务

15. 汽车贷款是指银行向申请购买汽车、工程车辆的借款人发放的人民币贷款，实行________的原则。

A. 部分自筹　　B. 有效担保　　C. 专款专用　　D. 按期偿还

16. 二手车销售的步骤大致有________、售后追踪等。

A. 接待顾客询问和面谈　　　　　　　　B. 推荐产品并演示

C. 客服部之行及检查步骤　　　　　　　　D. 签约交货

17. 汽车工业是典型的规模经济型、________型产业，具有投入大、产出大的特点。

A. 技术密集　　B. 资金密集　　C. 劳动密集　　D. 生产密集

18. 流动资金管理效率指标可以通过________的比率来分析。

A. 全部流动资金周转率　　　　　　　　B. 资金利润率

C. 总利润率　　　　　　　　　　　　　D. 全部资产

19. 企业常用的定价方法有________。

A. 专家意见定价法　　　　　　　　　　B. 成本导向定价法

C. 竞争导向定价法　　　　　　　　　　D. 需求导向定价法

20. 广告的基本目标有________。

A. 以说服为目标　　　　　　　　　　　B. 以提醒为目标

C. 以通知为目标　　　　　　　　　　　D. 以节省费用为目标

21. 具有________的商品是适合直复营销的。

A. 特色性　　B. 稀缺性　　C. 隐私性　　D. 时代性

22. 下列商品中，适宜选择短渠道分销的有________。

A. 鲜活商品　　B. 建筑材料　　C. 机器设备　　D. 日用百货

四、案例分析

【案例 1】

南方某汽车公司为旗下一款越野车寻找品牌价值认同时，考虑到汽车是一种价值相对昂贵的产品，其表现品牌应具有综合性，因而策划过程中策划者放弃了差异化诉求策略，转向从“高品质”与“技术来源”寻求突破。“三菱技术”在世界轻型越野车工业史中是最为完善与先进者之一，而该车技术正是沿袭这种技术，在中国造就了高品质的轻型越野车。事实上，在国内几家屈指可数的越野车生产企业中，该车无论是从技术上还是从品质上都遥遥领先。最终，该车品牌的技术内容被确定为“世界一流技术”，“中国越野之王”被确定为品牌的理想内容。

问题：

（1）什么是品牌？

（2）建立品牌的优势有哪些？

【案例 2】

日本三菱公司在全世界享有盛誉，但“三菱”品牌的手机在市场上反应平平，根本无法与诺基亚、摩托罗拉等品牌抗衡。随着无线通信技术的飞速发展，我国使用手机的人越来越多，本以中年人为主的手机市场向两头延伸，一头向中老年人发展，另一头向年轻人发展。三菱公司敏锐地发现，一些青年，特别是女青年崇尚个性，希望拥有符合女性审美特点的女性专用手机。于是，三菱公司顺藤摸瓜，深入调研，从一般手机市场细分出女青年手机市场，并决定占领这一目标市场，专门为女青年设计了“三菱小菲”手机，以银色、银灰色的外壳改变了过去黑、蓝、灰的经典手机颜色，那修长的机身，圆润的弯角处处体现了女性的柔美。“三菱小菲”刚投入市场就立刻赢得了女青年的喜爱，成为当时女青年的首选机型，取得了可观的销售量，提高了三菱的市场占有率。接着，三菱公司又对该机型进行改进，向市场推出了“三菱小菲＋”，适应了女青年喜欢发短消息的需求，使产品进一步提高了销售量。之后，其他公司也相继推出了适合女青年使用的手机，于是女性手机市场正式确立。试分析：

(1) 三菱公司是以什么标准细分市场的？为什么？

(2) 三菱公司以什么为目标市场？采用什么目标市场策略？

(3) 三菱公司是怎样进行市场定位的？

五、简答题

洽谈中要想获得良好的听的效果，应该掌握的倾听技巧有哪些？

第三部分 模拟试卷

汽车营销师（四级）理论知识考核模拟试卷一

一、单项选择题（每题 1 分，共 60 分）

1. 市场营销的实质是以________为中心进行的管理。

A. 企业需求　　B. 消费者需求　　C. 政府需求　　D. 市场需要

2. 下列物品属于三大消费品之一的是________。

A. 汽车　　B. 食物　　C. 服饰　　D. 家电

3. ________是商务代理中一种最普通、最常见的形式。

A. 销售代理　　B. 独家代理　　C. 分代理　　D. 地区代理

4. 营销在企业中最理想的地位是________。

A. 营销作为一个比较重要的功能

B. 营销作为主要功能

C. 顾客作为核心功能

D. 顾客作为核心功能和营销作为整体功能

5. 在社会市场营销观念中所强调的利益应是________。

A. 企业利益　　B. 消费者利益

C. 社会利益　　D. 企业、消费者与社会的整体利益

6. 初次见面者，握手的时间一般控制在________ s 以内。

A. 2　　B. 3　　C. 4　　D. 5

7. 称呼的原则是________。

A. 尊重他人　　B. 区分年龄　　C. 区分性别　　D. 区分场合

8. 汽车销售人员需养成________拿话筒的习惯。

A. 左手　　B. 右手　　C. 单手　　D. 双手

9. 客人来访时，汽车营销人员首先要________。

A. 目视对方　　B. 询问姓名　　C. 马上起立　　D. 握手

10. 汽车销售人员与不太熟悉顾客的谈话距离是________。

A. 私人距离　　B. 交际距离　　C. 礼仪距离　　D. 公共距离

11. 汽车行业进入营销阶段，是汽车工业的________变革。

A. 第一次　　B. 第二次　　C. 第三次　　D. 第四次

12. 全世界汽车保有量已超过________亿辆。

A. 5　　B. 6　　C. 7　　D. 8

13. 中国汽车行业桑塔纳、富康、捷达三足鼎立的时代，处于________。

A. 计划时代　　B. 批发时代

C. “井喷”时代　　D. 理性增长时代

14. 国外轿车分类中德系的C级车，相当于我国的________。

A. 小型轿车　　B. 中档轿车　　C. 中高档轿车　　D. 豪华轿车

15. 国外汽车编码中，车辆说明部分的英文缩写是________。

A. WMI　　B. VDS　　C. VIS　　D. VDT

16. 汽车运输效率的高低在很大程度上取决于汽车的________。

A. 动力性　　B. 操纵性　　C. 通过性　　D. 平顺性

17. 汽车产品的技术参数有________。

A. 车身尺寸　　B. 动力性　　C. 制动性能　　D. 平顺性

18. 汽车的经济性指标主要是由________来表示。

A. 耗油量　　B. 动力性　　C. 省油量　　D. 性价比

19. 汽车的维护分为定期维护和________。

A. 日常维护　　B. 二级维护　　C. 走合维护　　D. 非定期维护

20. 有时为了修理钣金件或零件，需要拆卸与之相邻的未损坏零件，修好后再重新将零件装复的作业称为________。

A. 拆检　　B. 调整　　C. 修理　　D. 更换

21. 世界汽车制造业中最大的跨国公司是________。

A. 丰田公司　　B. 大众公司　　C. 通用公司　　D. 雷诺—日产公司

22. 确定汽车外形需要考虑三个因素，即机械工程学、人体工程学和________。

A. 运动学　　B. 地面力学　　C. 仿生学　　D. 空气动力学

23. 世界汽车诞生日是________。

A. 1883年1月29日　　B. 1886年1月29日

C. 1883年7月10日　　D. 1886年7月10日

24. 车辆识别编码代号第二部分由________个字码组成。

A. 5　　B. 7　　C. 8　　D. 6

25. 大型客车是车辆长度大于________ m的客车。

A. 10　　B. 12　　C. 15　　D. 9

26. 在四冲程汽油机的工作循环中，对外做功的行程是________。

A. 进气行程　　B. 压缩行程　　C. 做功行程　　D. 排气行程

27. 汽车在行驶中，其驱动力总是________附着力。

A. 小于或等于　　B. 等于　　C. 大于或等于　　D. 小于

28. 车轮滑移率一般在________时，其纵向附着系数最大。

A. 10%～20%　　B. 15%～20%　　C. 100%　　D. 80%

29. 增大汽车轮距，降低汽车重心高度，可提高汽车的________稳定性。

A. 纵向　　B. 横向　　C. 全车　　D. 转向

30. 弹性轮胎的侧偏角与轮胎的侧偏刚度________。

A. 成正比　　B. 成反比　　C. 无关　　D. 不成比例

31. 汽车市场常见的细分方法有________。

A. 按汽车产品类型的传统划分标准、按购买者的经济成分

B. 按汽车产品的性能特点、完整性、使用的燃料、自然气候

C. 按地理位置、产业、保有量的变化、新旧程度

D. 以上都是

32. 下列属于不正当竞争行为的是________。

A. 季节性降价　　B. 因转产、歇业降价销售产品

C. 假冒他人的注册商标　　D. 店庆降价

33. 常用的市场调查方法有观察法、访问法和________。

A. 预测法　　B. 实验法　　C. 统计法　　D. 定量分析法

34. 市场预测分为宏观预测与________。

A. 微观预测　　B. 简单预测　　C. 复杂预测　　D. 总体预测

35. ________属于市场需求调研。

A. 市场潜在需求调研　　B. 商品的生命周期调研

C. 竞争对手的目标和性质调研　　D. 产品包装调研

36. ________是选择目标市场营销策略应考虑的因素之一。

A. 消费水平的高低　　B. 购买力的强弱

C. 产品的同质性　　D. 竞争者的实力

37. 无差异性目标市场策略主要适用于________的情况。

A. 企业实力较弱　　B. 产品性质相似

C. 市场竞争者多　　D. 产品性质差异

38. 生产婴幼儿食品的企业将其食品投向老年人市场，是通过________寻找市场营销机会的方法。

A. 产品开发　　B. 市场开发　　C. 市场渗透　　D. 市场重新选择

39. 生产家用电器的企业与轿车制造厂是________。

A. 一般竞争者　　B. 行业竞争者　　C. 品牌竞争者　　D. 市场竞争者

40. ________是影响奢侈品、汽车、旅游等商品销售的主要因素。

A. 消费者收入　　B. 可支配的个人收入

C. 存款　　D. 服务质量

41. 在描述产品时，应掌握“特点”与“优点”的概念与运用，其中“特点”是________。

A. 描述本产品的优点与性能　　B. 本产品的特征

C. 本产品与安全性能有关的细节　　D. 以上全都是

42. 顾客对调高价格可能出现的心理反应是________。

A. 商品质量有问题　　B. 商品式样有所改进

C. 不早买就买不到了　　D. 该品种缺货

43. 汽车营销控制的主要内容有战略控制、年度计划控制和________。

A. 资金控制　　B. 利润控制　　C. 资源控制　　D. 市场控制

44. ________是利用各种仪器、器具和试剂，以物理、化学或生物学的方法检验商品品质

量特性的方法。

A. 感官检验法　　B. 理化检验法

C. 现代仪器检测法　　D. 实验检测

45. 由商品本身的价格变动而引起的需求量的变动称为________。

A. 价格弹性　　B. 收入弹性　　C. 交叉弹性　　D. 需求弹性

46. 汽车企业在制定战略规划时，必须考虑的因素有________。

A. 企业的能力与约束条件　　B. 汽车工业产业政策

C. 企业发展机会　　D. 以上所有

47. 关于汽车定价下列说法错误的是________。

A. 汽车工业企业根据市场需求自行确定其生产的民用汽车产品价格，但对小轿车暂时实行国家指导性价格

B. 营销单位汽车销售常用公式：汽车销售价＝进货价＋销售利润

C. 销售汽车增值税是车价外另加的税，由用户负担

D. 批发价应比零售价低，应留给批发对象部分利润

48. 关于汽车促销说法错误的是________。

A. 促销是企业通过人员和非人员的方式，沟通企业与消费者之间的信息，引发、刺激消费者的消费欲望和兴趣，使其产生购买行为的活动

B. 促销工作的核心是沟通信息

C. 人员促销主要适用于消费者数量较多、比较集中的情况

D. 促销的目的是引发、刺激消费者产生购买行为

49. 网络营销的概念是________。

A. 网上调研

B. 网上调研＋网络促销

C. 网上调研＋网络促销＋网络销售

D. 网上调研＋网络促销＋网络销售＋网络沟通的整个商务活动过程

50. 关于汽车企业网络营销策略，下列说法正确的是________。

A. 汽车企业在网络营销策略的选择上，要立足于处理好与每一个顾客的关系，提高顾客的忠诚度，确保销售持续增长

B. 慎选网络服务提供商

C. 宣传网址，注重网站结构

D. 以上所有

51. 在接待客户的过程中，________对你及客户都非常重要。

A. 你介绍产品的时候　　B. 客户购买产品的时候

C. 客户询问产品的时候　　D. 你与客户第一次见面的时候

52. ________的运用必须以市场为前提，它是借助于参照物的市场成交价或变现价运作的。

A. 清算价格法　　B. 重置成本法

C. 收益现值法　　D. 现行市价法

53. 与客户交谈时，有两种提问的形式，属于封闭式的是________。

A. 您喜欢黑色还是灰色？　　B. 有什么我可以帮忙的？

C. 您的意思是……？　　D. 您认为是什么出了故障？

54. 以下对言谈的描述正确的是________。

A. 言谈是表达自己想法的途径，与他人无关

B. 与客户交谈，言谈可以没有禁忌，想说什么就说什么

C. 言谈是建立和客户良好关系的重要途径

D. 以上都不对

55. ________服务是业务接待中最基本的服务手段。

A. 礼貌　　B. 合理　　C. 网络　　D. 微笑

56. 目前在我国，使用频率最高的一种商务谈判方法是________。

A. 电话洽谈　　B. 信函磋商　　C. 当面洽谈　　D. 电报洽谈

57. 走私车、没收车、非法改装车、已经报废的车进入流通领域，成交双方签订的合同属于________。

A. 有效合同　　B. 无效合同　　C. 不确定　　D. 非法合同

58. 向顾客介绍产品时要注意________。

A. 价格的优势　　B. 可以夸大产品的功能

C. 重点介绍购买产品给顾客带来的利益　　D. 揣摩顾客的心理

59. ________属于接近顾客的方法。

A. 展示商品法　　B. 利益接近法

C. 让顾客观看产品的获奖证书　　D. 提供商品产销内部信息

60. 在幽默语使用中，借用某个话题作为引导，制造气氛而形成幽默的语言形式称为________。

A. 拟人法　　B. 巧借话题　　C. 曲解词语　　D. 反语

二、多项选择题（每题 1 分，共 20 分）

1. 分析营销环境的根本目的是________。

A. 扩大销售　　B. 对抗竞争

C. 寻求营销机会　　D. 避免环境威胁

2. 汽车销售人员的着装要注意区分________。

A. 公众场合　　B. 休闲场合　　C. 社交场合　　D. 着装基本原则

3. 我国大型汽车集团有________。

A. 一汽集团　　B. 上汽集团　　C. 东风集团　　D. 长安集团

4. 国产汽车新标准分类，将汽车分为________。

A. 轿车　　B. 商务车　　C. 商用车　　D. 乘用车

5. 柴油发动机的组成包括________。

A. 点火系　　B. 冷却系　　C. 润滑系　　D. 起动系

6. 市场细分的方法有________。

A. 按地理环境细分　　B. 选择性细分

C. 按人口社会因素细分　　D. 按购买行为和心理因素细分

7. 市场细分的原则有________。

A. 可衡量性　　B. 可进入性　　C. 有效性　　D. 稳定性

8. 当企业生产经营的是________产品时，宜采用短渠道分销。

A. 单价高　　B. 耐久性强　　C. 技术性强　　D. 市场集中

9. 具有________的商品是适合直复营销的。

A. 特色性　　B. 稀缺性　　C. 隐私性　　D. 时代性

10. 商品质量的基本特性有________。

A. 可靠性　　B. 安全性　　C. 适用性　　D. 经济性

11. 一个地方的市场到底怎样，在下结论之前应该做好的工作是________。

A. 顾客需求分析　　B. 准顾客支付能力调查

C. 把产品准备好　　D. 约见顾客

12. 一位顾客在一家大的汽配商店选购某种配件时，提出：你们的价格为什么比某批发市场的同类产品高出一倍多？经验丰富的营业员应有礼貌地说明价格差异的主要原因是________。

A. 品牌不同　　B. 用料不同　　C. 规格不同　　D. 使用寿命不同

13. 消费者的信息主要有________等几个方面的来源。

A. 商业　　B. 间接　　C. 个人　　D. 大众

14. 非价格竞争的内容包括________。

A. 服务竞争　　B. 成本竞争　　C. 广告竞争　　D. 质量竞争

15. 下列属于产业市场的特点的是________。

A. 产业市场交易额大，购买者数量少

B. 产业市场交易额小，购买者数量多

C. 产业市场的需求波动性大

D. 产业市场的需求波动性小

16. 使用现金折扣时应明确的问题是________。

A. 折扣率的大小　　B. 给予折扣的顾客范围

C. 折扣期限长短　　D. 付清全部货款的期限

17. 推销员处理价格问题的原则有________。

A. 科学定价原则　　B. 先价值后价格原则

C. 坚持向顾客证明的原则　　D. 坚持相对价格原则

18. 与客户沟通时应具备________的技巧。

A. 用提问的方式去明白对方　　B. 将自己代入客户的身份

C. 对客户做出反应　　D. 适当地迎合你的客户

19. 处理愤怒客户的技巧有________。

A. 让客户发泄　　B. 避免陷入负面评价

C. 回避客户的问题　　D. 双方协商解决问题

20. 商务谈判的技巧有________。

A. 树立谈判信心，择优成交

B. 准确把握决策时间和火候、报价艺术和条件

C. 处理好“异议”

D. 以顾客为主，顾客说了算

三、判断题（每题0.5分，共20分）

1. 现代市场营销观念与传统营销观念的出发点和中心不同。（ ）

2. 代理商的最主要特点是其无固定的营业场所。（ ）

3. 营销推广是消费品营销活动中最主要的促销手段。（ ）

4. 礼仪是人类文明和社会进步的重要标志，也是现代人必备的基本素质。（ ）

5. 汽车营销职业对个人仪容的首要要求是仪容美。（ ）

6. 仪容通常是指人的外观、容貌。（ ）

7. 汽车的平顺性是指汽车在行驶中对路面不平的减震程度。（ ）

8. 耗油量参数是指汽车行驶百英里消耗的燃油量。（ ）

9. 汽车电子化的程度被看做衡量现代汽车水平的重要标志。（ ）

10. 走合期行车必须遵守的主要规定包括减载、限速、正确驾驶等。（ ）

11. 市场细分也就是市场分类，即企业通过对不同商品进行分类，以满足不同需要的活动。（ ）

12. 产品组合的深度是指企业所拥有的各条产品线及其所包含的产品项目的总和。（ ）

13. 在良好的竞争环境中，企业将会按照公平合理、优胜劣汰的竞争原则采取各种决策和行为。（ ）

14. 企业生产的商品品种多样、齐全，无疑将大大提高企业的知名度和竞争能力。（ ）

15. 促销就是促进销售的简称。（ ）

16. 信息渠道是指接收方对信息的理解。（ ）

17. 产品质量法中的产品也包括建筑工程产品、军工产品。（ ）

18. 企业的服务有两种含义，一种是无形产品及劳务，另一种是企业配合销售有形商品而提供的服务。（ ）

19. 商标设计要求构思新颖，美观大方，能给消费者留下美好的印象和深刻的记忆。（ ）

20. 国家性的指标包括国民生产总值、国内生产总值、国民收入等指标。（ ）

21. 在人数一定的情况下，收入水平很大程度上决定了市场规模和容量的大小。（ ）

22. 公共关系学中的公众等同于日常生活中的群众、人群等概念，没有其特别的特征。（ ）

23. 正确处理好企业内外部的公共关系，对于树立企业的良好形象和信誉，维护企业的生存和发展具有重要的意义。（ ）

24. 由于产品的缺陷造成损害的，受害者只能向生产者要求赔偿。（ ）

25. 在现代商品经济中不能过分夸大价格在竞争中的作用。（ ）

26. 消费者往往是在外部刺激下认识到需要的存在。（ ）

27. 消费者产生的某些需求是本能的，但大部分需求与外界的刺激无关。（ ）

28. 要树立良好的企业形象，首先要搞好产品的质量。（ ）

29. 单一经营战略，就是企业把自己的经营范围限定在某一区域，以使经营方向明确，

力量集中，强化竞争能力与优势。 （ ）

30. 派生需求又叫引申需求或衍生需求。 （ ）

31. 尊重客户就是指任何事都听客户的。 （ ）

32. 推销观念是以消费者为中心的市场观念。 （ ）

33. 与客户见面的头几分钟内是非常重要的，所以只要开始接触时对顾客态度好就可以了。 （ ）

34. 广告中涉及专利产品或者专利方法的，可以不标明专利号和专利种类。 （ ）

35. 作为一名业务接待员，只要外貌、形象好就可以了。 （ ）

36. 在接待客户时，为了表示亲近，与客户靠得越近越好。 （ ）

37. 消费者购买消费品是为了获取某种使用价值，以满足生活上某种消费需要，并不是为了转卖或盈利。 （ ）

38. 企业内部良好的工作环境是培植企业精神的基础，也是弘扬企业精神的重要因素。 （ ）

39. 为使顾客了解企业知识，推销员应向顾客全面地介绍产品，这样有助于顾客了解企业及产品的生产背景，进而接受企业的产品。 （ ）

40. 汽车的定价方法有汽车成本导向定价法、汽车需求导向定价法、汽车竞争导向定价法。 （ ）

汽车营销师（四级）专业能力考核模拟试卷一

第一部分　案例分析

姓名＿＿＿＿＿＿　准考证号＿＿＿＿＿＿＿＿＿＿＿＿＿＿＿　成绩＿＿＿＿＿＿

考生答题注意事项

1. 考试时间：60 分钟。
2. 严禁带走和撕毁试卷，违者从严处理。
3. 总分为 40 分。

【题目一】（20 分）

案例：阿吉在和一个需要购车的顾客会面前查阅了客户档案，注意到这名顾客一向很注重价格，正好阿吉所在公司有这位具有经济头脑的顾客所想要的轿车，然而顾客却对他的产品不感兴趣。于是阿吉问他："难道您已找到了更便宜的轿车？"顾客回答："我想要的汽车必须能省油，就像我原来的那辆一模一样。你的汽车虽然价格合适，但油耗量比我原来的那辆车多。"阿吉点头表示同意，然后又介绍了本公司一款更好的汽车。顾客又说："质量和性能还可以，但价格太高。"阿吉听后耐心地介绍了同类汽车产品的市场情况，指出自己的汽车价格与同质汽车价格相比还是较低的。顾客摇了摇头。于是，阿吉留下了联系电话和有关材料，请顾客过一段时间再答复。最后阿吉做成了这笔生意。

问题：

1. 在推销过程中，顾客提出了哪些异议？阿吉是怎样处理的？
2. 结合自身谈谈感想。

【题目二】（10 分）轿车降价后是否按保险金额赔偿？

案例：张某 2001 年 8 月购买了一辆桑塔纳轿车，市场价格为 13 万元，并以此向保险公司投保了车损险，期限为 5 年。2002 年 5 月，张某在高速公路上驾车，因跟车过近，不慎撞上前面的一辆集装箱车，造成桑塔纳全车报废，张某当场死亡。公安交通管理部门鉴定张某负主要责任。张某的继承人向保险公司索赔。保险公司认定事故属保险责任，但双方在具体赔偿金额上未达成协议。原因在于桑塔纳轿车价格由 2001 年的 13 万元降至 11.8 万元。张某的继承人要求按车损险保险金额 13 万元赔偿，保险公司则坚持按调整后的价值 11.8 万元计算赔偿。

问题：

1. 应如何赔偿？依据是什么？
2. 计算出应该赔偿的金额是多少。

【题目三】（10 分）**简答：咨询服务应注意的事项有哪些？**

第二部分 实 车 操 作

考核时间：20 分钟；分值：60 分；作为否决项

一、演示接待的仪表礼仪（包括与客户打招呼、自我介绍、递交名片等内容）。（10 分）

二、整车介绍。观察样车，利用六方位绕车法向顾客介绍该车。（20 分）

三、现场回答价格异议的处理方法。（20 分）

四、现场模拟咨询服务。（10 分）

汽车营销师（四级）理论知识考核模拟试卷二

一、单项选择题（每题 1 分，共 60 分）

1. 汽车营销活动包括三个方面的内容，分别是商流、物流和________。

A. 信息流　　B. 资金流　　C. 人流　　D. 数据流

2. 汽车营销控制的主要内容有战略控制、年度计划控制和________。

A. 资金控制　　B. 利润控制　　C. 资源控制　　D. 库存控制

3. 市场营销的核心是________。

A. 生产　　B. 分配　　C. 交换　　D. 促销

4. 由于汽车保险合同是一种非要式合同，只要保险人和投保人就________达成一致，合同就生效。

A. 保险价格　　B. 赔偿额　　C. 保险条款　　D. 保险费率

5. ________是合同订立应遵循的原则。

A. 尊重原则　　B. 适应原则　　C. 约束原则　　D. 遵纪守法

6. 爱岗敬业的具体要求是________。

A. 树立职业理想、强化职业责任　　B. 强化职业责任、抓住择业机遇

C. 提高技术水平　　D. 抓住择业机遇

7. 在市场经济条件下，职业道德具有________的社会功能。

A. 鼓励人们自由选择职业　　B. 遏制牟利最大化

C. 促进人们的行为规范化　　D. 最大限度地克服人们受利益驱动

8. 二手车收购评估的方法是在二手车鉴定评估的基础上充分考虑市场的________关系，对评估价格进行快速变现的特殊处理。

A. 人际　　B. 供求　　C. 价格　　D. 商品

9. 根据有关规定，车主必须购买的险种为________。

A. 车辆损失险　　B. 第三者责任险

C. 车上人员责任险　　D. 无过错责任险

10. 保险单缮制完毕后，制单人不应将________一起送复核人员复核。

A. 交费单　　B. 保险单　　C. 投保单　　D. 附表

11. 人们进入交际状态实施的第一个礼节是________。

A. 应邀礼节　　B. 见面礼节　　C. 宴会礼节　　D. 馈赠礼节

12. 偶尔点头表明你正在倾听，但持续不断的点头就表明你有不耐烦的情绪，这属于________。

A. 表达适宜　　B. 倾听过度　　C. 表达过度　　D. 表达不充分

13. 汽车销售人员必须在训练中达到提高个人仪态与________的目的。

A. 风度　　B. 姿势　　C. 站姿　　D. 坐姿

14. 客人来访时，汽车营销人员首先要________。
A. 目视对方　B. 询问姓名　C. 马上起立　D. 握手
15. 汽车销售人员与不太熟悉顾客的谈话距离是________。
A. 私人距离　B. 交际距离　C. 礼仪距离　D. 公共距离
16. 世界汽车制造业中最大的跨国公司是________。
A. 丰田公司　B. 大众公司　C. 通用公司　D. 雷诺—日产公司
17. 确定汽车外形需要考虑三个因素，即机械工程学、人体工程学和________。
A. 运动学　B. 地面力学　C. 仿生学　D. 空气动力学
18. 在四冲程汽油机的工作循环中，对外做功的行程是________。
A. 进气行程　B. 压缩行程　C. 做功行程　D. 排气行程
19. 增大汽车轮距，降低汽车重心高度，可提高汽车的________稳定性。
A. 纵向　B. 横向　C. 全车　D. 转向
20. 目前柴油机的燃料消耗率比汽油机平均低________。
A. 10%～25%　B. 20%～45%　C. 30%～55%　D. 45%～55%
21. 变速器自锁装置的作用是________。
A. 防止跳挡　B. 防止同时挂上两个挡
C. 防止挂入倒挡　D. 防止乱挡
22. 在________年内生产任何车辆的识别代号不得相同。
A. 50　B. 20　C. 30　D. 40
23. 若主销后倾角过大会造成________。
A. 转向轻便　B. 转向沉重　C. 转向跑偏　D. 转向不稳
24. 蓄电池正常使用一段时间后电解液亏损时应添加________。
A. 硫酸　B. 蒸馏水
C. 自来水　D. 同等密度电解液
25. 前轮前束与________配合不当时，将会造成前轮“摆头”。
A. 主销内倾角　B. 主销后倾角　C. 前轮外倾角　D. 后轮外倾角
26. 在非独立悬架中大多数采用________弹簧作为弹性元件。
A. 螺旋　B. 钢板　C. 空气　D. 油气
27. 汽车的结构可分为________四大部分。
A. 动力装置、底盘、车身及其附件和电气设备
B. 发动机、变速器、底盘和车身
C. 发动机、底盘、车架和车身
D. 行驶系、传动系、转向系和制动系
28. 关于汽车的公害，下列说法错误的是________。
A. 汽车排气对大气有污染
B. 噪声对环境有危害
C. 汽车电气设备对无线电通信及电视广播等有电波干扰
D. 在所有的危害中，噪声公害对人们的生活环境影响最大
29. 关于车用燃油下列说法不正确的是________。

A. 汽车的标号是根据辛烷值高低来定

B. 柴油的标号是根据十六烷值高低来定

C. 十六烷值低的柴油，易引起柴油机工作粗暴

D. 辛烷值高的汽油抗爆性能好

30. 发动机的有效转矩与曲轴角速度的乘积称为________。

A. 指示功率　　B. 有效功率　　C. 最大转矩　　D. 最大功率

31. 雷克萨斯轿车是________顶级轿车。

A. 日本日产汽车公司　　B. 德国大众汽车公司

C. 美国通用汽车公司　　D. 日本丰田汽车公司

32. 汽车耗油量最少的行驶速度是________。

A. 低速　　B. 中速　　C. 全速　　D. 超速

33. 四冲程六缸发动机中，各同名凸轮之间的相对位置夹角应当是________。

A. 120°　　B. 90°　　C. 60°　　D. 45°

34. 汽车行业进入营销阶段，是汽车工业的________变革。

A. 第一次　　B. 第二次　　C. 第三次　　D. 第四次

35. 国外轿车中德系的C级车，相当于我国的________。

A. 小型轿车　　B. 中档轿车　　C. 中高档轿车　　D. 豪华轿车

36. ________是汽车产品的技术参数。

A. 车身尺寸　　B. 动力性　　C. 制动性能　　D. 平顺性

37. 汽车的经济性指标主要由________来表示。

A. 耗油量　　B. 动力性　　C. 省油量　　D. 性价比

38. 汽车的维护分为定期维护和________。

A. 日常维护　　B. 二级维护　　C. 走合维护　　D. 非定期维护

39. 汽车市场常见的细分方法有________。

A. 按汽车产品类型的传统划分标准、按购买者的经济成分

B. 按汽车产品的性能特点、完整性、使用的燃料、自然气候

C. 按地理位置、产业、保有量的变化、新旧程度

D. 以上都是

40. 拟订调查计划属于汽车市场调查步骤的________。

A. 调查准备阶段　　B. 调查实施阶段

C. 分析总结阶段　　D. 确定调查问题阶段

41. 询问法主要可按以下几种方式进行：个人询问法、邮寄询问法、电话询问法和________。

A. 实际痕迹测量法　　B. 亲身经历法

C. 行为记录法　　D. 混合调查法

42. 汽车营销控制的主要内容有战略控制、年度计划控制和________。

A. 资金控制　　B. 利润控制　　C. 资源控制　　D. 市场控制

43. 汽车企业在制定战略规划时，必须考虑的因素有________。

A. 企业的能力与约束条件　　B. 汽车工业产业政策

C. 企业发展机会　　D. 以上所有

44. 下列不属于汽车服务企业特性的是________。

A. 汽车服务企业以盈利为目的

B. 汽车服务企业不具有法人资格

C. 汽车服务企业是实行自主经营、自负盈亏、自我发展、自我约束的独立经济实体

D. 汽车服务企业是从事汽车经营活动的经济组织

45. 组织市场包括________。

A. 生产者市场　　B. 中间商市场

C. 非营利组织市场和政府市场　　D. 以上都是

46. 消费者在购买过程中介入程度低、品牌差异大的购买行为属于________。

A. 复杂购买　　B. 寻求多样化购买

C. 习惯件购买　　D. 化解不协调购买

47. 影响生产者购买决策的基础性因素是________。

A. 商品质量　　B. 价格　　C. 服务　　D. 以上都是

48. 产品生命周期是由________的生命周期决定的。

A. 企业与市场　　B. 需要与技术　　C. 质量与价格　　D. 促销与服务

49. 动机是驱动人们行动的________。

A. 首要原因　　B. 根本原因　　C. 首要前提　　D. 根本前提

50. 一般来说，随着汽车消费阶段的推进，消费者解决问题的方式有三个：解决大量问题、解决有限问题和________。

A. 解决少量问题　　B. 解决个别问题

C. 反应行为定型　　D. 以上都不对

51. 人员推销活动的主体是________。

A. 推销市场　　B. 推销品　　C. 推销人员　　D. 推销条件

52. ________的运用必须以市场为前提，它是借助于参照物的市场成交价或变现价运作的。

A. 清算价格法　　B. 重置成本法　　C. 收益现值法　　D. 现行市价法

53. ________服务是业务接待中最基本的服务手段。

A. 礼貌　　B. 合理　　C. 网络　　D. 微笑

54. 目前在我国，使用频率最高的一种商务谈判方法是________。

A. 电话洽谈　　B. 信函磋商　　C. 当面洽谈　　D. 电报洽谈

55. 走私车、没收车、非法改装车、已经报废的车进入流通领域，成交双方签订的合同属于________合同。

A. 有效　　B. 无效　　C. 不确定　　D. 非法

56. 在服务过程中，对异议的描述不正确的是________。

A. 在服务过程中，客户对你的服务与解释不赞同、提出质疑

B. 对于你的服务与解释，客户表示拒绝

C. 缺乏事实依据的拒绝不属于异议

D. 异议包括真实的异议和虚假的异议

57. 口头服务语言运用得好坏将直接影响到企业的形象。在营销实践中，灵活用语、热情用语和________是服务语言艺术最基本的表现。

A. 标准用语　　B. 委婉用语　　C. 礼貌用语　　D. 沉默用语

58. 汽车的销售环节包括________。

A. 整车销售、销售服务

B. 整车销售、销售服务、备件供应

C. 整车销售、销售服务、备件供应、维修服务

D. 整车销售、销售服务、备件供应、维修服务、信息反馈

59. 以下不属于汽车产品售后服务工作内容的是________。

A. 生产制造客户所需的汽车产品

B. 建立客户档案，踊跃服务并反馈客户信息

C. 满足用户的备品供应

D. 汽车产品的质量保证

60. 在顾客各种异议中，顾客自以为没钱购买产品的一种异议为________。

A. 权力异议　　B. 产品异议　　C. 财力异议　　D. 价格异议

二、多项选择题（每题 1 分，共 20 分）

1. 市场的构成要素有________。

A. 人口　　B. 购买力　　C. 购买欲望　　D. 购买需求

2. 一般二手车交易应该检查的证件和凭证包括________。

A. 购车发票复印件　　B. 车辆购置附加税

C. 车辆保险　　D. 车船使用税

3. 当事人订立合同，有以下________等形式。

A. 书面形式　　B. 口头形式　　C. 其他形式　　D. 以上都不对

4. 职业道德的特征是________。

A. 范围上的有限性　　B. 内容上的稳定性和连续性

C. 形式上的多样性　　D. 职业道德的随意性

5. 我国汽车损失险的保险标的是指汽车、________、拖拉机、各种专用机械车、特种车。

A. 电车　　B. 电瓶车　　C. 摩托车　　D. 自行车

6. 在首次与客户会面时，接待员应牢记________。

A. 自我介绍时应面带笑容

B. 只要与个别顾客打招呼

C. 细心聆听客户的要求

D. 轻易对客户做出承诺，以获得订单

7. 汽车销售人员在拨打顾客电话时应注意________。

A. 仔细接听　　B. 阿谀奉承　　C. 语言文明　　D. 态度文明

8. 从安全的角度考虑，汽车的色彩最好选择________。

A. 黄色　　B. 红色　　C. 白色　　D. 蓝色

9. 汽车外形的演变就是________三者协调发展的过程。

A. 道路规划学　　B. 机械工程学　　C. 人体工程学　　D. 空气动力学

10. 汽车噪声主要来源于________。

A. 发动机　　B. 传动系　　C. 轮胎　　D. 喇叭声

11. 影响最佳点火提前角的因素是________。

A. 转速　　B. 负荷　　C. 压缩比　　D. 火花塞间隙

12. 汽油的主要性能有________。

A. 抗压性　　B. 抗爆性　　C. 蒸发性　　D. 黏度

13. 汽车产品的配置包括________。

A. 视野配置　　B. 灯光配置　　C. 外观配置　　D. 内饰配置

14. 市场营销信息系统包括________。

A. 内部报告系统　　B. 外部报告系统

C. 市场营销情报系统　　D. 市场营销研究系统

15. 汽车营销控制的主要内容有________。

A. 人员控制　　B. 战略控制　　C. 年度计划控制　　D. 利润控制

16. 影响汽车产品定价的主要因素有________。

A. 定价目标　　B. 汽车产品成本　　C. 市场类型　　D. 市场供需弹性

17. 以下选项属于心理定价策略的是________。

A. 附带产品定价策略　　B. 声望定价策略

C. 尾数定价策略　　D. 折扣定价策略

18. 与客户沟通时应具备________的技巧。

A. 用提问的方式去明白对方　　B. 将自己代入客户的身份

C. 对客户做出反应　　D. 适当地迎合你的客户

19. 汽车销售售后的工作有________。

A. 交车 72 h 内，与顾客联系，确认信息和询问感受

B. 帮助顾客解决有关使用方面的问题

C. 提醒顾客进行维修保养

D. 与顾客保持联系，并请顾客推荐他人来看车、买车

20. 汽车销售员在进行报价时，常用的方法是________。

A. 三明治报价法　　B. 价格最小化法

C. 价格比较法　　D. 将价格转化为投资额

三、判断题（每题 0.5 分，共 20 分）

1. 汽车营销应制定出营销目标，选定目标市场，确定市场营销组合策略，并予以实施。（　　）

2. 现今汽车保险中必须要投保交强险。（　　）

3. 所谓职业道德，是指在一定职业活动中所应遵循的、具有自身事业特征的道德准则和规范。（　　）

4. 保险车辆损失赔偿及施救费用分别以不超过保险金额为限。（　　）

5. 汽车营销职业对个人仪容的首要要求是仪容美。（　　）

6. 汽车销售人员说话的语速可以时快时慢。 ( )

7. 汽车销售人员在与顾客会谈过程中，不能接打电话。 ( )

8. 专用汽车分类代号是识别专用汽车的结构类别和用途的代号。 ( )

9. 一般汽车的前轮轮胎气压比后轮低。 ( )

10. 汽车 VIN 编码第十位英文字母表示生产年代。 ( )

11. 减震器在汽车行驶中变热是不正常的。 ( )

12. 评价汽车动力性的指标有动力因素、比功率、经济车速、加速性能和最大爬坡度。 ( )

13. 汽车的驱动力必须大于地面与轮胎附着力，汽车才能正常行驶。 ( )

14. 汽车的燃油经济性通常用百公里燃油消耗率来表示。 ( )

15. 汽车满载时的总质量称为汽车的最大总质量。 ( )

16. 汽车驱动力的大小主要取决于发动机输出功率的大小。 ( )

17. 发动机的燃油消耗率越小，经济性越好。 ( )

18. 为便于查验，轿车 VIN 车辆识别代号编码应位于仪表板下。 ( )

19. 汽车正常行驶过程中所受到的滚动阻力，主要是由于车轮滚动时轮胎与路面的变形产生的，其数值的大小与汽车总质量、轮胎结构和气压以及路面的性质有关。 ( )

20. VIN 车辆识别代号编码由一组英文和阿拉伯数字组成，共 16 位。 ( )

21. 市场定位战略的选择有竞争性定位、拾遗补缺定位、突出特色定位。 ( )

22. 汽车市场环境调查是汽车市场调查的主要内容之一。 ( )

23. 消费者产生的某些需求是本能的，但大部分需求与外界的刺激无关。 ( )

24. 汽车既是一种生产资料，又是一种消费资料。 ( )

25. 汽车产品的大宗订单、特殊需求订单一般均采取公开招标选购。 ( )

26. 完全垄断市场指整个行业的市场完全处于一家厂商所控制的状态。 ( )

27. 营业推广一般只作为人员推销和广告的补充方式，其刺激性很强，吸引力很大。 ( )

28. 正确处理好企业内外部的公共关系，对于树立企业的良好形象和信誉，维护企业的生存和发展具有重要的意义。 ( )

29. 从长远发展来看，直接采购将是政府购车的最主要方式。 ( )

30. 推销观念是以消费者为中心的市场观念。 ( )

31. 作为一名业务接待员，只要外貌、形象好就可以了。 ( )

32. 消费者购买消费品是为了获取某种使用价值，以满足生活上某种消费需要，并不是为了转卖或盈利。 ( )

33. 推销员应向顾客全面地介绍产品，帮助顾客了解企业及产品的生产背景，进而接受企业的产品。 ( )

34. 汽车的定价方法有汽车成本导向定价法、汽车需求导向定价法、汽车竞争导向定价法。 ( )

35. 对于汽车销售人员而言，其销售工作可大致分为售前、售中和售后三个阶段。 ( )

36. 车辆交付顾客以后，就意味着销售工作的完成。 ( )

37. 搜集汽车市场营销信息的方法有咨询员工法、专门收集法、购买信息法。 (　　)

38. 汽车产地定价法在国际贸易中称为“离岸价格”。 (　　)

39. 车辆采购就是通过一定渠道采购销售所需的商品汽车。 (　　)

40. 汽车销售只是汽车整体销售的一个小部分。 (　　)

汽车营销师（四级）专业能力考核模拟试卷二

第一部分　案例分析

姓名＿＿＿＿＿　准考证号＿＿＿＿＿＿＿＿＿＿＿＿　成绩＿＿＿＿

考生答题注意事项

1. 考试时间：60 分钟。
2. 严禁带走和撕毁试卷，违者从严处理。
3. 总分为 40 分。

【题目一】（20 分）

案例 1：在对购买 90 天内同品牌汽车每百辆车出现缺陷数的统计中，一开始奔驰品牌缺陷数最少，很快日本的凌志、无限就成为最佳，美国车也通过努力赶到前面。但是奔驰在人们心目中依旧是第一品牌汽车，2001、2002 两年的品牌价值均在 210 亿美元以上。

案例 2：20 世纪 80 年代末，日产公司在美国市场推出豪华轿车“无限”（Infinity）。在电视广告中见不到靓丽的车型，代之以反复呈现的大自然、原野、雷雨、大海和森林，广告词则为：所谓的豪华是指一种多彩的自然感觉，所谓的美是指一种密切的个人关系。这种在视觉、听觉上表现的豪华和美丽观念给许多消费者留下了深刻的印象，这正符合他们的信念。Infinity 轿车从此屡屡列在美国各品牌轿车年销售量的榜首或前几名。

问题：

1. 说明以上案例中消费行为的类型，并说出通常的消费者购买模式还有哪些。
2. 请说出典型的汽车消费者的购买决策过程。

【题目二】（10 分）推车造成第三者伤害可否赔偿？

案例：保险车辆发生故障，不能行驶，被保险人下车后，将车推到路边时不慎发生碰撞第三者的事故。经交通队处理判定保险车辆负全责。根据车险条款中有关第三者损失赔偿的规定，“保险车辆在使用过程中……”，条款未阐明使用的具体情况，那么保险人是否应该承担第三者责任险的赔偿责任？

【题目三】（10 分）简答：获取市场信息的程序有哪些？

第二部分　实车操作

考核时间：20 分钟；分值：60 分；作为否决项

一、演示接待的仪表礼仪（包括与客户打招呼、自我介绍、递交名片等内容）。（10 分）

二、整车介绍。观察样车，利用六方位绕车法向顾客介绍该车。（20 分）

三、现场回答与客户的谈判技巧。（20 分）

四、阐述走合期的注意事项。（10 分）

汽车营销师（四级）理论知识考核模拟试卷三

一、判断题（每题 1 分，共 40 分）

1. 营销调研的目标是了解人的需要，并想办法满足他。（ ）

2. 需求和欲望是市场营销活动的起点。（ ）

3. 人口是决定市场大小的基本因素。（ ）

4. 汽车营销的起点是生产过程。（ ）

5. 坚持不懈的决心是汽车营销人员应具备的最基本的素质。（ ）

6. 汽车营销人员应具备的"三无意识"是指避免工作中做无理性、无用功、无定性的事情。（ ）

7. 仪容美具体有三层含义：仪容自然美、仪容修饰美和仪容内在美。（ ）

8. 借用他人的化妆品化妆，既不卫生也不礼貌。（ ）

9. 招手时，可以向上级和长辈招手。（ ）

10. 男士着装的"三色原则"是指全身颜色尽量限制在三种以内。（ ）

11. 前往陌生单位进行工作联系，属于合适的介绍自己的时机。（ ）

12. 汽车营销人员在走廊处为客人引路时，应该比客人要快些。（ ）

13. 汽车诞生的日期是 1886 年 1 月 29 日。（ ）

14. 四冲程发动机凸轮轴与曲轴转速之比为 2∶1。（ ）

15. 侧滑是指制动时汽车自动向左或向右偏驶。（ ）

16. 汽车发动机的汽缸排列形式主要有直列、V 型、水平对置。（ ）

17. 加速时间越短，汽车的加速性就越好，整车的动力性就越高。（ ）

18. 配气机构是控制发动机进气和排气的装置。（ ）

19. 发动机冷却水温度一般在 85～95℃。（ ）

20. 影响汽车操纵稳定性的因素有轮胎的气压和弹性、悬挂装置的刚度以及汽车重心的位置。（ ）

21. 全球经济一体化趋势伴随着科技日新月异的步伐而加快，任何汽车企业都直接或间接地受到国际市场的影响。（ ）

22. 汽车文案调研资料的类型包括汽车企业各部门所记录的外部资料和各种渠道所收集的内部资料。（ ）

23. 某汽车售后部门拟引进某新型汽车燃油系统清洁护理用品，但不了解效果如何，这时可采用事前事后对比法进行调研。（ ）

24. 某汽车企业的知名度在做市场调查时，根据调查者的经验预先在选定的街上，任意找寻过往车辆，询问驾驶员对某汽车公司的认识程度和印象，然后对结果进行统计分析，这种方式属于典型抽样。（ ）

25. 完成汽车市场调研时，解决问题应该放在营销调研的最后一个环节，营销决策人员

根据调查结果为营销提供依据。 ( )

26. 使用询问法的邮寄调查法进行汽车市场调研，缺乏针对性，问卷的回收率高，需要的时间也长。 ( )

27. 汽车市场调查时，只要抽样程序正确，即使样本不足总体的1%，也同样能得到可靠的调查结果，而且成本在可接受的范围内。 ( )

28. 消费者的个性影响着消费需求和对市场营销因素的反应。 ( )

29. 在价格不变的条件下，一个产品有更多的性能会吸引更多的顾客购买。 ( )

30. 效用要求指消费者对该品牌其中一种属性的效用功能应当达到何种水准的要求。 ( )

31. 美国心理学家奥尔德佛认为，人同时存在三种需要，即存在的需要、安全的需要和成长的需要。 ( )

32. 就汽车这种高档的消费品而言，人们在选择消费时的从众心态表现得不明显。 ( )

33. 相关群体对消费行为的影响表现为三个方面：一是规范性，二是仿效性，三是一致性。 ( )

34. 针对消费者的购买行为过程可以将汽车销售分为五个阶段。 ( )

35. 顾客接待是指汽车销售人员对通过各种渠道造访公司的顾客进行接待。 ( )

36. 销售顾客基数就是所谓的人际关系。 ( )

37. 购车三要素中需求是指顾客对汽车产品、服务方面有需求。 ( )

38. 汽车销售中，FBI介绍原则也可以称为“寓教于售”的销售原则。 ( )

39. 证明式问句法通过提出一系列问题，让客户不断给予肯定的回答，从而诱导客户做出决定。 ( )

40. 在汽车产品销售过程中，示范刺激作为一种视觉刺激，比其他知觉具有明显的印象效果。 ( )

二、单项选择题（每题1分，共40分）

1. 宏观营销考虑的是从制造商到顾客的用于满足需求的________和服务流。

A. 资金流　　B. 商品流　　C. 信息流　　D. 数据流

2. 需求是指人们有能力购买并愿意购买某个具体产品的________。

A. 需要　　B. 价值　　C. 交易　　D. 欲望

3. 汽车营销的目的是企业通过商品流和________来为顾客提供全过程服务。

A. 信息流　　B. 资金流　　C. 服务流　　D. 市场

4. 汽车营销的起点是________。

A. 生产过程　　B. 顾客的需要　　C. 顾客满意　　D. 全过程服务

5. ________是仪容美的最高境界。

A. 仪容自然美　　B. 仪容修饰美　　C. 仪容内在美　　D. 仪容外在美

6. 正确的站姿不包括________。

A. 目视前方　　B. 挺胸直腰

C. 双腿并拢直立　　D. 双手叉在腰间

7. 大方、端庄的蹲姿不应包括________。

A. 一脚在前，一脚在后　　B. 前脚全着地
C. 小腿倾斜于地面　　D. 后脚跟提起

8. 在男性销售人员着装的基本原则中，不应包括________。
A. 每天刮干净胡须　　B. 头发梳理整齐
C. 服装整齐、清洁　　D. 穿着便服或休闲服

9. 在男士着装的要求中，对鞋袜的基本要求不正确的描述是________。
A. 鞋面干净亮泽　　B. 鞋底不宜钉鞋掌
C. 袜子无破痕、异味　　D. 穿尼龙丝袜

10. 下列关于自我介绍时的仪态的说法正确的是________。
A. 将右手放在自己的左胸上　　B. 将左手放在自己的右胸上
C. 用手指着自己说话　　D. 用手指着对方说话

11. 在作介绍时，________的做法是错误的。
A. 介绍人应起立，行至被介绍人之间
B. 在介绍一方时，应微笑着用自己的视线把另一方的注意力引导过来
C. 手姿是手指并拢，掌心向上，胳膊略向外伸，指向被介绍者
D. 用手指去对被介绍者指指点点

12. 在说话的基本礼仪中，措词不得体的是________。
A. 让客人等候时使用“对不起，请问……”，态度要温和且礼貌
B. 无论客人等候时间长还是短，均应向客人表示歉意：“让您久等了”
C. 需要打断客人谈话时，使用“不好意思，打扰一下……”，要注意语气和缓，音量要重
D. 客人告辞或平安离开时，使用“再见”或“非常感谢”

13. 受话人在接听电话时，应努力使自己的所作所为合乎礼仪，以下注意事项错误的是________。
A. 拿起话筒，首先向发话人问好
B. 仔细接听，态度热情、亲切，谦恭友好
C. 通话时，接话方一般可先提出终止通话要求
D. 若对方是长途电话，别让对方再打过来

14. 车辆识别代号编码是由字母和阿拉伯数字组成的，共有________位。
A. 16　　B. 17　　C. 18　　D. 19

15. 柴油机发动机主要由燃料供给系、________、冷却系、起动系组成。
A. 点火系　　B. 制动系　　C. 润滑系　　D. 转向系

16. 根据________不同，发动机又可以分为水冷式和风冷式发动机。
A. 进气状态　　B. 冲程数　　C. 着火方式　　D. 冷却方式

17. 四冲程柴油发动机在进气行程中，进入汽缸的是________。
A. 可燃混合气　　B. 氧气　　C. 纯空气　　D. 纯燃料

18. 转向轮的定位参数是________。
A. 主销后倾、主销内倾，前轮外倾和前轮前束
B. 主销后倾、主销内倾，前轮内倾和前轮前束

C. 主销外倾、主销后倾，前轮内倾和前轮前束

D. 主销外倾、主销后倾，前轮外倾和前轮前束

19. 汽车的行车安全取决于汽车的________。

A. 动力性　　B. 燃油经济性　　C. 稳定性　　D. 制动性

20. ________是指车体前部突出点向前轮引的切线与地面间的夹角。

A. 接近角　　B. 离去角　　C. 转向角　　D. 前轮前束

21. 百公里耗油量【升/百公里】是汽车经济性的________。

A. 油耗指标　　B. 定额指标　　C. 定性指标　　D. 车型指标

22. 下面不属于影响汽车价格变化因素的有________。

A. 替代产品的价格　　B. 国际市场同类型车的价格信息

C. 市场需求量的变化　　D. 定价策略

23. 汽车市场调查可以确认潜在顾客，提高工作效率，这要求企业的营销人员区别潜在顾客。对顾客收集的资料中不包括________。

A. 顾客的详细资料　　B. 顾客享受汽车服务的频次

C. 顾客享受汽车服务的金额　　D. 顾客的生活习惯

24. 汽车市场调查按照调查目的进行分类可以分为探索性调查、描述性调查、因果分析调查和________。

A. 实验性调查　　B. 计算性调查　　C. 预测性调查　　D. 总体调查

25. 某汽车公司欲调查某型号的汽车如降价 10%能否使销售额上升 10%，这种调查属于________。

A. 探索性调查　　B. 描述性调查　　C. 因果分析调查　　D. 预测性调查

26. 下面属于汽车调查的第二手资料的是________。

A. 小组访谈资料　　B. 人工访问的资料

C. 公司销售资料　　D. 对比试验

27. 进行汽车文案调研要注意控制调查费用，使用第二手资料的目的就是省时省钱，费用过高了就失去了调查的意义，这是指________。

A. 系统性原则　　B. 实效性原则　　C. 相关性原则　　D. 经济性原则

28. 以下属于汽车文案调查的外部资料的是________。

A. 汽车销售公司的人事档案　　B. 汽车销售公司的合同信息

C. 从汽车行业协会获得的资料　　D. 汽车销售公司的回访记录

29. 曾有一段时间中国很多人以为三厢车才气派，这一看法往往会影响他们的购买行为，对此的调查属于实地调研第一手资料中的________。

A. 事实　　B. 所知信息　　C. 意见　　D. 打算

30. 汽车实地调研的询问法可以分为定性访谈和________。

A. 个人访谈　　B. 定量访谈　　C. 电话调查　　D. 小组讨论

31. ________是购买活动的起点。

A. 消费动机　　B. 需要　　C. 外在刺激　　D. 触发诱因

32. ________在人格诸领域中最后形成，反映社会的各项准则，由理想、道德、良心等组成。

A. 本我　　　　B. 超我　　　　C. 自我　　　　D. 含我

33. 在消费者的信息来源中，来自广告、推销员、经销商、包装等的信息属于________。

A. 个人来源　　　　B. 商业来源　　　　C. 公共来源　　　　D. 经验来源

34. 下列不属于心理因素的是________。

A. 知觉　　　　B. 生活方式　　　　C. 动机　　　　D. 学习

35. 人们之所以对同一刺激物产生不同的知觉，是因为人们要经历三种知觉过程，即选择性注意、选择性曲解和________。

A. 选择性记忆　　　　B. 选择性专业化

C. 选择分销　　　　D. 选择定位

36. ________的专业职能是根据顾客的需求解决问题。

A. 售后服务人员　　　　B. 销售经理

C. 销售人员　　　　D. 维修人员

37. ________一般用来确认和暗示。

A. 求索式询问　　　　B. 半开放式询问

C. 证明式询问　　　　D. 闭锁式询问

38. ________就是向客户说明买该汽车产品能够得到的好处，也向客户说明不买该产品所蒙受的各种损失，让客户自己权衡利弊，做出选择。

A. 用数字　　　　B. 引证　　　　C. 对比　　　　D. 富兰克林法

39. 以下几种汽车销售技巧中，________是洽谈技巧。

A. 富兰克林法　　　　B. 举例子　　　　C. 开放式询问　　　　D. 赞美

40. 在六方位介绍法中，在①的位置，汽车销售人员立于车前方________左右进行介绍。

A. 15°　　　　B. 25°　　　　C. 35°　　　　D. 45°

三、多项选择题（每题 1 分，共 20 分）

1. 从美国营销大师菲利普·科特勒的话来定义营销，营销含义主要包括________。

A. 营销是买卖双方实现互利的交换行为的过程

B. 营销的核心是达成交易，是由双方间的价值交换所构成的行为

C. 营销是系统性的管理过程

D. 营销涉及企业或个人调查、生产、销售、服务的全过程

E. 营销关注的是顾客和他们服务的组织

2. 顾客享用产品和服务中所付出的成本有________。

A. 货币成本　　　　B. 时间成本　　　　C. 劳力成本　　　　D. 心理成本

E. 行为成本

3. 营销既是组织所进行的一系列活动，又是一个社会过程，存在________两个层次。

A. 微观　　　　B. 主体　　　　C. 个体　　　　D. 宏观

E. 细节

4. 以下________属于汽车营销人员应有的工作意识。

A. 目的意识　　　　B. 成本意识　　　　C. 5W3H 意识　　　　D. VSOP 意识

E. 服务意识

5. 在拾取低处物体时，正确的蹲姿应该是________。

A. 一脚在前，一脚在后　　B. 双脚平行并拢

C. 两腿向下蹲　　D. 后脚全着地

E. 小腿基本垂直于地面

6. 下列关于对男性销售人员领带的基本要求正确的是________。

A. 领带紧贴领口　　B. 不歪不皱

C. 要华丽耀眼　　D. 质地、款式等与其他服饰要匹配

E. 要符合自己的年龄、身份和企业要求

7. 发话人在通话时要态度文明，具体要求包括________。

A. 对受话人不厉声呵斥、粗暴无礼

B. 对领导要低三下四、阿谀奉承

C. 若找的人不在，要客气地请代接者帮助叫一下或过后再打

D. 在通话过程中，若电话因故中断，要主动再次拨打，稍作解释

E. 挂断电话时，应双手轻放

8. 汽车营销人员在走廊处为客户引路时，处理方式不当的是________。

A. 应走在客人左前方 4、5 步处

B. 应走在客人右前方 2、3 步处

C. 引路人走在走廊的左侧，让客人走在路中央

D. 要比客人的步伐快些

E. 引路时要注意客人，适当做些介绍

9. 人与人展开交际时，应保持一定的距离。下列距离的划分正确的是________。

A. 私人距离：小于 0.5 m

B. 常规（交际）距离：约 0.5～1.0 m

C. 礼仪距离：1～3.5 m

D. 公共距离：3 m 以上，陌生人的距离

E. 公共距离：2 m 以上，陌生人的距离

10. 制动跑偏的原因是________。

A. 左、右车轮制动器制动力不相等

B. 制动时左、右车轮的转速不相等

C. 制动时车速较快

D. 前轮丧失了转向能力

E. 制动系悬挂导向杆与转向系拉杆在运动学上的不协调

11. 汽车行驶系由________等组成。

A. 车轮　　B. 车身　　C. 车桥　　D. 车架

E. 悬架

12. 万向传动装置安装在________。

A. 变速器与离合器之间　　B. 变速器与驱动桥之间

C. 变速器与分动器之间　　D. 主减速器与差速器之间

E. 转向驱动桥中的主减速器与转向驱动轮之间

13. 汽车营销信息的主要特征包括________。

A. 汽车营销信息多来源、多渠道、多信息层次

B. 汽车营销信息具有双向流动性

C. 汽车营销信息具有时效性、活跃性

D. 汽车营销信息具有不可处理性

E. 汽车营销信息具有普遍性和可感知性

14. 汽车市场调查是一项用于收集企业信息所需各类资料的工具，它是采取科学的方法把________用信息的纽带联系起来。

A. 消费者　B. 客户　C. 公众　D. 汽车生产企业

E. 售后服务商

15. 汽车文案调研的资料选用原则有________。

A. 系统性原则　B. 相关性原则

C. 时效性原则　D. 经济性原则

E. 随机性的原则

16. 下面属于汽车文案调研时的行业组织的是________。

A. 汽车维修协会　B.《中国汽车报》

C. 汽车工业协会　D. 汽车工程协会

E.《中国汽车维护》

17. 汽车实地调查的定性访谈可以分为________。

A. 个人访谈　B. 电话调查

C. 神秘顾客拜访　D. 小组讨论

E. 日记调查

18. 个人因素指消费者的________等因素对购买行为的影响。

A. 经济条件　B. 生理　C. 个性　D. 社会地位

E. 生活方式

19. 消费者知觉经历如下________几个过程。

A. 选择性注意　B. 选择性曲解

C. 选择性记忆　D. 选择性淘汰

E. 选择性认识

20. 作为一名优秀的汽车营销人员，只领会简单的洽谈技巧还远远不够，还必须掌握语言技巧，常用的语言技巧包括________。

A. 用数字　B. 富兰克林法　C. 赞美　D. 说服

E. 对比

汽车营销师（四级）专业能力考核模拟试卷三

第一部分 案例分析

姓名＿＿＿＿＿　　准考证号＿＿＿＿＿＿＿＿＿　　成绩＿＿＿＿

考生答题注意事项
1. 考试时间：60 分钟。
2. 严禁带走和撕毁试卷，违者从严处理。
3. 总分为 40 分。

【题目一】案例分析（20 分）

丰田汽车公司进入美国汽车市场的营销策略：

20 世纪 60 年代初，日本丰田汽车公司在准备进入美国汽车市场时遇到很大困难。丰田公司进行了细致的市场调研，制定了周密的营销策略，推出了具有特色的产品，经历了艰苦的奋斗，最终取得了很大的成功。

1. 丰田公司通过对美国汽车市场调研掌握了以下主要信息：

(1) 消费者的偏爱与需求。美国人喜欢大型、豪华的汽车，许多美国人将汽车作为地位、身份的象征。更多的消费者崇尚实用和时尚，要求轿车内部空间大，装饰漂亮，乘坐舒适，操纵性能好，容易驾驶而且平稳，经济性好，耗油量低，可靠耐用，维修工作少，简单方便，价格适中等。

(2) 市场环境。政府与消费者均意识到交通拥挤和环境污染问题，指责舆论甚强。他们对国外进口车型没有歧视，但对日本车很瞧不起，亦即日本当时没有良好的国际品牌车型。

(3) 竞争对手状况。美国本土三大汽车公司实力雄厚、品牌深入人心，都具有强大的生产能力，上万个营销点遍布全美。欧洲销美车辆从小型车到豪华车均有，市场占有率不足 10%。德国大众汽车公司已先期进入美国市场，在美东部和中部已有所发展，并建立有维修、服务系统。

进口车主要填补了美国小型车需求的空缺，但由于没有根据美国消费者的偏爱和期望提供所需车型和配置，因而均不大受欢迎。

(4) 消费市场需求状况。1960 年美国年产轿车 670 万辆，进口近 50 万辆，消费了全球 50%以上的轿车。日本当年生产轿车 16.5 万辆，由于消费市场小，难以扩产。

2. 丰田公司对美国汽车市场调研的分析结果为：

(1) 美国汽车公司竞相生产大型汽车，其发动机排量在 3.5～7.5 L 之间，3 L 排量以下的中小型轿车基本缺空，主要依赖从欧洲进口，其数量不足10%，具有巨大的空缺需求。

(2) 美国汽车市场上的本土车耗油量约为每百公里13～20 L，评价甚差，受到很大的舆论压力。车身长大，转弯半径大多在6.5 m，对日渐小型化的美国家庭而言已经不受宠爱。

(3) 美国具有巨大的轿车消费市场，只有进入该市场才能使丰田公司有充分的发展。

(4) 当时进入美国汽车市场的进口车，均没有完全按照美国消费者的需求制造，影响了在市场上的销售，因而应专门开发美国人欢迎的车型来投放美国市场。

(5) 在美国市场上应更好地做好服务工作，以此来树立丰田品牌。

3. 丰田公司将已开发的皇冠车型改进：

(1) 将排量增加到2.2～2.8 L，并将耗油量控制在每百公里7～10 L范围内，亦即只有美国车的一半左右。

(2) 将车身长度增加到4.5 m左右，比美式车短1 m，宽度加宽到1.7 m，比美式车窄0.3 m。使内部空间和美式车相接近，保持了十分宽敞、舒适的环境。转弯半径控制在5.5 m以内，以使操纵简便。

(3) 将价格定位在2 000美元，相当于美式车价格的2/3，服务完全按美式习惯，只是更加周到、更加尊重消费者的意愿。

请结合案例和所学的知识回答问题：

1. 依据案例中给出的信息，分析丰田公司是如何树立丰田品牌的。(5分)

2. 分析丰田公司在美国营销工作的成功之处。(15分)

【题目二】论述题（20分）

1. 某公司的品牌汽车销量很好，售后质量保修工作繁忙，为确保工作顺利进行，请介绍规范的质量保修流程。(10分)

2. 服务质量如何评价？(10分)

第二部分　实车操作

考核时间：30分钟；分值：60分；作为否决项

一、考核内容：个人仪表礼仪、整车介绍、价格异议处理和咨询服务。

二、考核方式：模拟操作，现场回答问题，在规定时间内独立完成。

三、考核要求：

1. 着装规范，谈吐大方。

2. 正确进行汽车六方位展示。

3. 对照汽车讲解其结构特点和性能指标。

4. 认真回答价格异议、消费信贷、投保等问题。

汽车营销师（国家职业资格四级）实车操作评分记录表

题号	试题	配分	考核标准	扣分	得分
1	仪表礼仪	10分	仪表及着装（0～3分）		
			谈吐及修养（0～4分）		
			接待技巧（0～3分）		
2	整车介绍	20分	六方位内容介绍（0～10分）		
			发动机结构特点介绍（0～5分）		
			汽车使用性能介绍（0～5分）		
3	价格异议处理	20分	语言表达能力（0～5分）		
			处理方法技巧（0～10分）		
			销售洽谈技巧（0～5分）		
4	咨询服务	10分	汽车消费信贷服务（0～5分）		
			汽车投保服务（0～5分）		
合　计					

考评员：　　　年　月　日　　　　　　核分人：　　　年　月　日

汽车营销师（四级）理论知识考核模拟试卷四

一、判断题（每题 1 分，共 40 分）

1. 有效的营销意味着在合适的时间、合适的地点，传递给消费者需要的商品或信息。（　）

2. 顾客价值是指顾客对从拥有或使用某产品中所获得的利益的理解，与为获得该产品所付出的成本的理解之差。（　）

3. 如果产品的价值超过期望值，购买者就会感到不满意。（　）

4. 市场＝人口＋购买欲望＋购买力。（　）

5. 汽车产品包括实体产品和服务两个方面，服务伴随着产品的始终。（　）

6. 对行动目的的认知，就是目的意识。（　）

7. 营销的核心是达成交易，是由双方间的信息交换所构成的行为。（　）

8. 汽车销售人员可以对头发进行染发。（　）

9. 坐下后不可双腿拉开呈“八”字形，也不可将脚伸得很远。（　）

10. 展厅接待人员欢迎顾客的行礼角度以 15°最为恰当。（　）

11. 在女士着装的要求中，套裙可以配便鞋。（　）

12. 受到为他人作介绍的邀请是属于合适的介绍自己的时机。（　）

13. 接受名片后，可以当场在对方名片上写备忘事情。（　）

14. 汽车营销人员在进行第二次电话沟通的时间以在 7 天之内为宜。（　）

15. 发动机是将机械能转化为热能的装置。（　）

16. 底盘由传动系、行驶系、转向系和制动系四大部分组成。（　）

17. 六缸发动机的发火次序是：1—5—3—6—2—4。（　）

18. 驱动桥一般是由主减速器、差速器、传动轴和桥壳组成的。（　）

19. 转向系主要由转向操纵系统和转向传动系统两大部分组成。（　）

20. 变速器中锁止机构有自锁、互锁和倒挡锁。（　）

21. 汽车的最高车速越大，动力性越好。（　）

22. 制动跑偏是指制动时汽车的某一轴或两轴发生横向移动。（　）

23. 制动跑偏、侧滑、前轮失去转向能力三者是没有直接关系的。（　）

24. 汽车通过性的评价值有接近角、离去角、最小离地间隙等。（　）

25. 汽车文案调研的资料选用原则包括系统性原则、实效性原则、相关性原则、经济性原则。（　）

26. 个人访谈、电话调查和小组讨论都属于汽车调研时询问法的定量访谈。（　）

27. 在汽车实地调研中，调查者问顾客：您决定购买汽车前主要考虑哪些问题？这种调查方式属于询问法。（　）

28. 某汽车公司选定两套广告方案，但不知哪一套更好，可采用事前事后对比法进行调

研得出结果。 （ ）

29. 汽车问卷调查中，调查对象单位数＝研究对象单位数/问卷回收率。 （ ）

30. 汽车市场调查有委托专业调查机构调查和企业自行调查，前者对调查的项目更为熟悉。 （ ）

31. 消费者通常会买那些与否定群体有关的产品。 （ ）

32. 顾客的信念并不决定企业和产品在顾客心目中的形象，也不决定他的购买行为。 （ ）

33. 效用要求指消费者对该品牌其中一种属性的效用功能应当达到何种水准的要求。 （ ）

34. 奢侈品的目标市场是社会意识强的消费者。 （ ）

35. 影响消费者购买行为的发起者是指提出购买意向的人，一般包括使用者、消息灵通人士、已购车的朋友等。 （ ）

36. 汽车销售流程中的处理异议阶段有订立合同、验车与交车、协助办理相关手续，完善顾客档案。 （ ）

37. 汽车销售计划一般以上月销售情况、潜在顾客意向、市场情况综合等因素由计划员制订，并报销售经理审定后执行。 （ ）

38. 寻找潜在顾客是实现汽车销售的首要环节。 （ ）

39. 汽车销售人员要对顾客进行分级，以购买概率或数量作为标准将顾客分为A、B、C、D四类。 （ ）

40. 汽车销售人员对购买汽车产品能够给顾客带来利益的理解与阐述间接影响他们最终的购买决策倾向。 （ ）

二、单项选择题（每题1分，共40分）

1. ________以顾客为中心，通过了解顾客的需要，为生产活动提供导向，并解决顾客的需要。

A. 营销　B. 生产　C. 交易　D. 服务

2. 宏观营销考虑的是从制造商到顾客的用于满足需求的________和服务流。

A. 资金流　B. 商品流　C. 信息流　D. 数据流

3. 顾客在享用产品和服务中可获得的利益有功能利益、社会利益、个人利益和________。

A. 集体利益　B. 经济利益　C. 经验利益　D. 金钱利益

4. 顾客是否满意取决于购买者所理解的某产品的价值与其________进行的比较。

A. 所支付的能力　B. 期望值　C. 潜在价值　D. 消费水平

5. ________是联系生产和消费的纽带。

A. 制造商　B. 供应商　C. 经销商　D. 市场

6. 休闲场合的适宜服装不包括________。

A. 牛仔服　B. 沙滩服　C. 运动装　D. 制服

7. 下列不属于自我介绍的时机的是________。

A. 前往陌生单位，进行工作联系时

B. 有求于人，而对方对自己不甚了解，或一无所知时

C. 在出差、旅行途中，与他人临时接触时

D. 受到为他人作介绍的邀请时

8. 关于握手的注意事项正确的是________。

A. 可以戴着手套或墨镜握手　　B. 掌心向下

C. 用左手握手　　D. 手要洁净和干燥

9. 下列关于介绍他人时的要点，不正确的是________。

A. 作介绍时，介绍人应起立，行至被介绍人之间

B. 陈述的时间宜长不宜短

C. 作为被介绍者，应该表现出结识对方的热情

D. 介绍完毕，被介绍的双方应该互相以礼貌语言向对方问候或微笑点头致意

10. 关于介绍他人顺序的说法，正确的是________。

A. 先把长辈介绍给晚辈　　B. 把地位高者介绍给地位低者

C. 把客人介绍给主人　　D. 把团体介绍给个人

11. 向远距离的人打招呼时，正确的是________。

A. 伸出左手　　B. 左胳膊伸直高举

C. 掌心朝着对方，大力摆动　　D. 不可向上级和长辈招手

12. 男士着装的三大禁忌中不包括________。

A. 不拆商标　　B. 全身颜色尽量限制在三种以内

C. 正式场合夹克打领带　　D. 袜子颜色、质地和衣服不统一

13. 中档轿车的发动机排量是________。

A. 1～1.5 L　　B. 1.5～2.0 L　　C. 1.8～3.0 L　　D. 大于 3 L

14. 活塞用来封闭汽缸，并与________和汽缸壁共同构成燃烧室。

A. 汽缸盖　　B. 活塞环　　C. 连杆盖　　D. 活塞顶部

15. 发动机一个工作循环的顺序是________。

A. 进气→压缩→排气→做功　　B. 进气→做功→压缩→排气

C. 进气→压缩→做功→排气　　D. 进气→做功→排气→压缩

16. ________不是活塞连杆组的组成部分。

A. 活塞环　　B. 连杆轴颈　　C. 连杆轴瓦　　D. 连杆盖

17. 转向轮的定位参数是________。

A. 主销后倾、主销内倾，前轮外倾和前轮前束

B. 主销后倾、主销内倾，前轮内倾和前轮前束

C. 主销外倾、主销后倾，前轮内倾和前轮前束

D. 主销外倾、主销后倾，前轮外倾和前轮前束

18. 汽车悬架的组成是________。

A. 弹性元件、车桥、减震器和导向装置

B. 弹性元件、车轮、减震器和导向装置

C. 弹性元件、减震器、导向装置和横向稳定杆

D. 弹性元件、减震器、导向装置和轮胎

19. 可以改变传动比，扩大驱动轮转矩和转速的变化范围的结构是________。

A. 离合器　　B. 变速器　　C. 主减速器　　D. 差速去

20. 以市场为核心的营销信息是千变万化的，当前的社会是个信息极大丰富的社会，汽车信息生成的速度快、数量多、时效短，这是指汽车信息具有________。

A. 时效性和活跃性　　B. 可处理性

C. 可感知性　　D. 可处理性和有效性

21. 汽车营销信息有来自国家、企业等方面的信息源，有反馈到国家、企业、消费者各环节的反馈信息，这说明汽车营销信息具有________。

A. 时效性　　B. 双向流动性　　C. 可感知性　　D. 可处理性

22. 汽车服务的业务额和车型及售后服务的总体价格有关，因此，进行汽车市场调查可以为汽车服务________。

A. 制定价格　　B. 确定潜在客户　　C. 评估市场　　D. 提高利润率

23. ________属于市场需求调研。

A. 汽车市场潜在需求调研　　B. 汽车生命周期调研

C. 竞争对手的目标调研　　D. 某地区拥有的汽车总量

24. 某汽车企业调查有关某车型的市场潜力、顾客态度和偏好等方面的问题，将调查的内容如实地记录并描述，调查问卷中所要回答的问题主要是"是什么"，这种调查属于________。

A. 探索性调查　　B. 描述性调查

C. 因果分析调查　　D. 预测性调查

25. 汽车企业设立专门的信息管理部门，系统地收集各个渠道的信息，下列信息来源属于内部信息源的是________。

A. 媒体的相关信息　　B. 顾客意见反馈

C. 竞争对手情况　　D. 各业务部门的营销活动信息

26. 汽车调查中把获取第一手资料的方法称为________。

A. 实地调研　　B. 文案调研　　C. 对比试验　　D. 小范围实验

27. 某种相关群体的有影响力的人物称为________。

A. 意见领袖　　B. 道德领袖　　C. 精神领袖　　D. 经济领导者

28. ________指存在于人体内驱使人们产生行为的内在刺激力，即内在需要。

A. 刺激物　　B. 诱因　　C. 反应　　D. 驱使力

29. 家庭成员对人们的购买行为影响较大，家庭成员属于________。

A. 基本群体　　B. 间接群体　　C. 向往群体　　D. 次要群体

30. 同类产品不同品牌之间差异小，消费者购买行为就________。

A. 简单　　B. 复杂　　C. 一般　　D. 困难

31. 一般来说，消费者经由________获得的信息最多。

A. 公共来源　　B. 个人来源　　C. 经验来源　　D. 商业来源

32. 下列影响消费者购买行为的因素中________不属于社会因素。

A. 参照群体　　B. 社会角色　　C. 社会阶层　　D. 家庭

33. 将20支装的香烟盒改为30支装的创新方式是________。

A. 连续创新　　B. 非连续创新　　C. 阶段性创新　　D. 动态连续创新

34. 旬计划为月计划的调整和补充，一般变动范围为上下浮动不超过月计划的________。

A. 5% B. 10% C. 15% D. 25%

35. 展厅接待人员采用“欢迎光临”的行礼角度一般为________。

A. 25° B. 30° C. 45° D. 60°

36. 销售人员发掘潜在客户一般有三种通用方式，其中，重视成交客户，通过与现有客户的沟通获得新的客户的方法是________。

A. 连锁销售法 B. 资料分析法 C. 一般性方法 D. 循环法

37. 所有有关顾客采购过程中与金额、货币付款周期及交接车时间有关的问题，称为________方面的问题。

A. 商业 B. 商品 C. 商务 D. 利益

38. ________一般用来确认和暗示。

A. 求索式询问 B. 半开放式询问 C. 证明式询问 D. 闭锁式询问

39. 下列汽车销售技巧中不是语言技巧的________。

A. 用数字 B. 讲故事 C. 提问技巧 D. 对比

40. 顾客异议的内容和形式多种多样，就顾客异议的形式看，包括________。

A. 口头异议 B. 行为异议 C. 表情异议 D. 以上都是

三、多项选择题（每题1分，共20分）

1. 汽车产品涵盖了众多类型产品的消费特征，以下________属于汽车产品的消费特征。

A. 消费品 B. 耐用品 C. 奢侈品 D. 工业用品

E. 民用品

2. 要达到汽车营销工作的成功，应注意________方面素质的锻炼和提高。

A. 积极向上的心态 B. 谦卑的态度

C. 坚持不懈的决心 D. 掌握总结与分析的工作方法

E. 了解全面的产品知识

3. 宏观营销考虑的是从制造商到顾客的用于满足需求的________。

A. 信息流 B. 商品流 C. 资金流 D. 服务流

E. 人员流

4. 对倒三角形脸进行化妆时应注意________。

A. 胭脂应涂在颧骨最突出处，从后向下、向外揉开

B. 用较深色调粉底涂在过宽的额头两侧

C. 用较浅的粉底涂抹在两腮及下巴处

D. 宜用稍亮些的唇膏来加强柔和感

E. 眉毛应顺着眼部的轮廓修成自然的眉形

5. 在社交场合的适宜穿着的服装一般是________。

A. 礼服 B. 时装 C. 民族服装 D. 牛仔服

E. 沙滩装

6. 下列选项属于介绍他人时机的是________。

A. 本人的接待对象遇见不相识的人士，而对方又跟自己打招呼时

B. 在办公室或其他社交场合，接待彼此不相识的客人或来访者时

C. 与家人、亲朋外出时，路遇家人、亲朋不相识的客人时

D. 打算推荐某人加入某一方面的交际圈时

E. 在出差、旅行途中，与他人临时接触时

7. 关于名片交换顺序的说法正确的是________。

A. 地位低的人先向地位高的人递名片

B. 地位高的人先向地位低的人递名片

C. 男性先向女性递名片

D. 女性先向男性递名片

E. 当面对许多人时，应先将名片递给职务较高或年龄较大者

8. 汽车可以按________进行分类。

A. 用途　　B. 动力装置　　C. 道路特征　　D. 行驶机构特征

E. 发动机位置

9. 发动机的主要性能指标有________。

A. 动力性能指标　　B. 稳定性能指标

C. 经济性能指标　　D. 运转性能指标

E. 操纵性能指标

10. 承载式车身的优点有________。

A. 汽车重心低　　B. 装配简单

C. 高速行驶时稳定性好　　D. 车厢内噪声低

E. 操纵性好

11. 汽车噪声主要包括________。

A. 底盘噪声　　B. 发动机噪声　　C. 传动系噪声　　D. 轮胎噪声

E. 车身噪声

12. 与汽车企业营销相关的信息主要包括________。

A. 汽车产品供求及其变化信息

B. 汽车产品的价格及其变化信息

C. 汽车行业市场竞争情况及其发展趋势信息

D. 技术进步及新产品开发信息

E. 国际市场变化及信息

13. 下面属于信息资料来源的第二手资料的是________。

A. 观察得来的资料　　B. 公司文件记录的资料

C. 公司内部报告　　D. 公司成本资料

E. 小组访谈得来的资料

14. 以下属于汽车文案调研的网络信息资料来源的是________。

A. 淘宝网　　B. 中国汽车网

C. 搜狐—汽车频道　　D. 网易—汽车频道

E.《中国汽车维护》

15. 汽车实地调研的询问法可以分为________。

A. 个人访谈　　B. 定量访谈　　C. 定性访谈　　D. 邮寄调查

E. 神秘顾客拜访

16. 随着汽车消费阶段的推进，消费者解决问题的方式有________。

A. 解决大量问题　　B. 解决有限问题

C. 解决少量问题　　D. 反应行为定型

E. 反应行为不定型

17. 根据商品的耐用程度和使用频率可将消费品分为________。

A. 耐用品消费　　B. 易耗品消费

C. 日常用品消费　　D. 选购商品消费

E. 寻购商品消费

18. 根据接待途径和目的的不同，顾客接待大致可分为________。

A. 展厅接待　　B. 电话咨询　　C. 邀约客户接待　　D. 网络接待

E. 其他接待

19. 寻找潜在顾客的途径有________方式。

A. 服务人员介绍　　B. 利用媒体广告

C. 利用店头活动　　D. 举行户外展示会

E. 借助企业提供的名单

20. FBI 产品介绍原则中，B 是________。

A. 特色　　B. 利益　　C. 卖点　　D. 冲击

E. 好处

汽车营销师（四级）专业能力考核模拟试卷四

第一部分 案例分析

姓名＿＿＿＿＿＿ 准考证号＿＿＿＿＿＿＿＿＿＿＿＿ 成绩＿＿＿＿＿

考生答题注意事项

1. 考试时间：60 分钟。
2. 严禁带走和撕毁试卷，违者从严处理。
3. 总分为 40 分。

【题目一】案例分析（1）（20 分）

案例 1：在对购买 90 天内同品牌汽车每百辆车出现缺陷数的统计中，一开始奔驰品牌缺陷数最少，很快日本的凌志、无限就成为最佳，美国车通过努力也迎头赶上。但是奔驰在人们心目中依旧是第一品牌汽车，2001、2002 两年的品牌价值均在 210 亿美元以上。

案例 2：20 世纪 80 年代末，日产公司在美国市场推出豪华轿车“无限”（Infinity）。在电视广告中见不到靓丽的车型，代之以反复呈现的大自然、原野、雷雨、大海和森林，广告词则为：所谓的豪华是指一种多彩的自然感觉，所谓的美是指一种密切的个人关系。这种在视觉、听觉上表现的豪华和美丽观念给许多消费者留下了深刻的印象，这正符合他们的信念。Infinity 轿车从此屡屡列在美国各品牌轿车年销售量的榜首或前几名。

问题：

1. 说明以上案例中消费行为的类型，并说出通常的消费者购买模式还有哪些。
2. 请说出典型的汽车消费者的购买决策过程。

【题目二】案例分析（2）（10 分）

张某 2008 年 12 月购买了一辆帕萨特领驭 1.8T 自动尊品型轿车，市场价格为 25 万元，并以此向保险公司投保了车损险，期限为 5 年。2010 年 12 月，张某在高速公路上驾车，因跟车过近，不慎撞上前面的一辆集装箱车，造成帕萨特全车报废，张某当场死亡。公安交通管理部门鉴定张某负主要责任。张某的继承人向保险公司索赔。保险公司认定事故属保险责任，但双方在具体赔偿金额上未达成协议。原因在于帕萨特领驭 1.8T 轿车价格由 2008 年的 25 万元降至 21.58 万元，张某家属要求按车损险保险金额 25 万元赔偿，保险公司则坚持按调整后价值 21.58 万元计算赔偿。

试分析：应如何赔偿？依据是什么？并计算出应该赔偿的金额是多少。

【题目三】论述题（10 分）

汽车企业的定价方法有哪些？何谓汽车成本加成定价法？有何优点？

第二部分　实车操作

考核时间：30 分钟；分值：60 分；作为否决项

一、考核内容：个人仪表礼仪、整车介绍、价格异议处理和咨询服务。

二、考核方式：模拟操作，现场回答问题，在规定时间内独立完成。

三、考核要求：

1. 着装规范，谈吐大方。
2. 正确进行汽车六方位展示。
3. 对照汽车讲解其结构特点和性能指标。
4. 认真回答价格异议、消费信贷、投保等问题。

汽车营销师（国家职业资格四级）实车操作评分记录表

题号	试题	配分	考核标准	扣分	得分
1	仪表礼仪	10 分	仪表及着装（0～3 分）		
			谈吐及修养（0～4 分）		
			接待技巧（0～3 分）		
2	整车介绍	20 分	六方位内容介绍（0～10 分）		
			发动机结构特点介绍（0～5 分）		
			汽车使用性能介绍（0～5 分）		
3	价格异议处理	20 分	语言表达能力（0～5 分）		
			处理方法技巧（0～10 分）		
			销售洽谈技巧（0～5 分）		
4	咨询服务	10 分	汽车消费信贷服务（0～5 分）		
			汽车投保服务（0～5 分）		
合　计					

考评员：　　　　年　　月　　日　　　　　　　　　　核分人：　　　　年　　月　　日

第四部分　参考答案及说明

单元1　汽车营销人员从业基础

一、判断

1.√　传统营销观念以企业为中心，现代营销观念以顾客为中心，以社会长远利益为中心。

2.×　代理商是指接受委托，从事产品销售业务，但是对产品没有所有权的中间商。其可以有固定的营业场所，最主要的特点是对产品没有所有权。

3.×　营销推广是消费品营销活动中的促销手段之一，不是主要促销手段。

4.√　宏观市场环境指人口环境、自然环境、经济环境、科技环境、政策法律环境以及社会文化环境，一般来说，企业对宏观环境因素只能适应，不能改变。

5.√　消费者的感知过程是一个有选择的心理过程。

6.√

7.√

8.×　中国汽车市场高速增长的态势不可能会一直持续地增长下去。

9.√

10.√

11.√

12.√　需求和欲望最终会导致交易、交换的产生，是市场营销的源头。

13.√　现行市价法是最直接、最简单的一种评估方法。

14.√

15.√　现行的国家相关法律规定汽车保险必须要缴纳交强险，即车损险和第三者责任险。

16.√

17.√　理赔人员应该严格遵守职业道德，才能做好本职工作。

18.√

19.√

20.√

21.√

22.×　我国的消费者权益保护法所称的消费者是指为满足生活需要使用或接受服务的公民个人。

23.√

24.√

25.× 产品质量法中的产品不包括军工产品。

26.√ 保险、汽车按揭一般使用最小化报价法。

27.√ 职业道德的特点是具有使用范围的有限性、发展的历史继承性、较强的纪律性，最显著的特点是其行业性。

28.√

29.√

二、单项选择题

1.B 从本质上说，市场营销是一种以顾客需求和欲望为导向的观念，是消费者主权在企业市场营销中的体现。

2.A 汽车、住房、旅游属于发达国家三大消费品。

3.A 销售代理是商务代理中一种最普通、最常见的形式。

4.A 不同的广告媒体有不同程度的传达性、吸引性和适应性，具有不同的特性。因此，在选择时除了了解各媒体的主要优缺点后，还应考虑产品的种类及广告对象。

5.C

6.C 企业具有雄厚的经济实力做依托，在价格竞争中会占有很大的优势。

7.A 商流、物流和信息流是汽车营销活动的三个方面。

8.C 在市场经济条件下，商家之间的竞争是必然的，在竞争过程中，有的企业做强、做大，有的企业萎缩、破产。

9.A 营销环境既能为企业提供机遇，也能造成威胁，按照环境因素对企业营销活动的作用方式的不同，营销环境包括微观环境和宏观环境。

10.B

11.C

12.C 营销活动是连接生产者和消费者的重要环节，顾客作为核心功能是营销在公司中最理想的地位。

13.D 社会市场营销观念中要求企业在制定市场营销策略时，要统筹兼顾企业利益、消费者利益和社会利益，保证企业能长期可持续发展。

14.A 人口是决定市场大小的基本因素，一般来说，人口多，市场规模就大。

15.A

16.B

17.A 营销管理是建立在消费者需求的基础上的，以消费者需求为中心进行的管理是市场营销管理的实质。

18.C

19.C 营销的核心是达成交易，是由双方间的价值交换所构成的行为。

20.D

21.B

22.C 非要式同签订程序简单，只要当事人双方依法就合同的主要条款协商一致，合同即告成立。因此只要保险人和投保人就合同条款达成一致，汽车保险合同就生效。

23.A 按照国家相关法律规定，对于不足一年时间即将报废的车辆，一律不办过户转籍手续。

24. D

25. B　技术鉴定是二手车鉴定评估的基础。

26. A　按相关交通法规规定，机动车驾驶人驾车时拨打、接听手持电话的，处警告或者五十元罚款。

27. B　按相关交通法规规定，路口转弯车辆妨碍被放行车辆、行人通行的，处警告或者一百元罚款。

28. C　按相关交通法规规定，车辆发生故障或者事故后难以移动时，未按规定使用灯光并设置警告标志的，处警告或者两百元罚款。

29. A　市场营销管理的任务是使得营销活动的几个职能之间协调、沟通，并各自充分发挥作用，完成市场营销的过程。

30. B　重振市场营销是电影院的主要营销任务，使得更多的消费者去电影院看电影，提高需求。

31. A

32. A　企业市场营销的目的，在于了解消费者的需要，按照消费者的需要来设计和生产适销对路的产品，从而使这些产品可以轻而易举地销售出去。

33. C　在美国，推销观念产生产生于 20 世纪 30 年代，当时由于资本主义世界经济大萧条，产品供过于求，企业担心的不是生产问题，而是销售问题。

34. C　从本质上看，市场营销观念是一种以顾客需求和欲望为导向的观念，是消费者主权论在企业营销管理中的体现。

35. A

36. C

37. D　企业作为社会的经济细胞，其营销活动不可避免地要受到企业内外部各种因素的影响，所以企业营销活动要主动地去适应环境。

38. B　当事人具有相应的民事权利能力和民事行为能力是订立合同的前提，否则所订立的合同无效，不受法律保护。

39. C　按照国家相关法律规定，当事人依法可以委托代理人订立合同。

40. D

41. C

42. C　合同订立应遵循平等自愿、协商一致、合法原则，受到法律的保护和约束。

43. A　爱岗敬业的具体要求是树立职业理想，强化职业责任，提高职业技能。

44. B　道德对人起作用是建立在自我的内在道德信念、良心和外在社会舆论基础上的，最终通过人的内心信念和良心起作用。

45. D　把同事看做客户，真诚、用心地对待，有利于业务开展得更加顺利。

46. D

47. C

48. D　合同签订后，只要双方协商同意，合同的条款可以更改。

49. C　合同发生纠纷时，除了通过人民法院裁决，还可以通过双方协商、仲裁等途径解决。

50. B　法律是由国家权力机关制定，道德对人起作用是建立在自我的内在道德信念、良心和外在社会舆论基础上的，最终通过人的内心信念和良心起作用。

51. D　任何法律都有特定的适用范围，道德却是无时不在，无时不有的。

52. D　以德治国与依法治国两者相辅相成、相互促进，两者结合能够更好地治理国家。

53. D　重置成本法按品牌的现实重新开发制造成本，减去其各项损耗价值来确定品牌价值的方法。重置成本法是汽车评估中一种常用的方法，适用于继续使用的汽车评估。

54. B

55. A　保险代理人是汽车保险中介人的主体形式之一。

56. C　保险合同是一种经济合同。

57. C

58. D　职业道德是指从事一定职业的人们在职业活动中应当遵循的职业行为道德规范、行为规范和风俗习惯的总和，可以从一个侧面反映人的整体道德素质。

59. D　职业活动对人的素质、修养有正面的作用，好的职业活动对个人以后的发展大有帮助。

60. C　职业道德可以调节交往中从业人员内部以及从业人员与服务对象的关系，对感情不融洽的同事，在工作上也应该积极配合，互相帮助。

61. B　根据有关规定，车主必须购买的险种为第三者责任险。

62. A　保险单缮制完毕后，制单人应将交费单自己留存，作为凭证，不用一起送复核人员。

63. B

三、多项选择题

1. ABC

2. ABCD　市场营销观念包括生产观念、推销观念、产品观念、营销观念、社会营销观念。

3. ABCD

4. ABC

5. ABC　不利用当地的生产成本间接出口，直接通过国外中间商出口，直接通过国外分公司出口这三种策略都可以降低成本，获取更多的利益。

6. AC

7. AB　人口、购买力、商品和购买欲望是构成市场的四要素。

8. ABC　人口众多的地方市场肯定就大的说法是错误的，还有购买力、商品和购买欲望这几个因素影响市场的大小。

9. CD　企业作为社会的细胞，他们的活动信息往往与环境发生着千丝万缕的联系，分析营销环境的根本目的是寻求营销机会、避免环境威胁。

10. ABCD　购买力是构成市场的重要因素。居民收入、币值、消费者储蓄、消费者信贷是影响社会购买力的因素。

11. AB

12. ABCD

13. ABCD

14. ABCD

15. ABCD

16. ABCD

17. ABC　进口车与一般新车在办理新汽车入户手续时有些不同，必须要有进口批文、海关货物进口证明书、商检单。

18. ABCD

19. BD　成本因素、竞争状况是二手车销售定价应考虑的因素。

20. BCD

21. ABCD　车主姓名、地址、联系电话、保险信息是车损报告中不可缺少的基本信息。

22. ABC　机动车辆保险所承保的机动车辆是指汽车、电车、电瓶车、摩托车、拖拉机、各种专用机械车、特种车。

23. ABC

24. ABD

25. ABCD

26. BCD

27. ABCD　道德的主要特点是自律性、广泛性、多层次性、阶级性和继承性。

28. ABC　职业道德的特征是范围上的有限性、内容上的稳定性和连续性、形式上的多样性。

29. ABD

30. ABCD

四、案例分析

答：(1)“泥石流”属于车辆损失险的保险责任范围，但只有泥石流造成保险车辆的损毁、灭失时，保险人才承担保险责任。

(2) 本案中虽然保险车辆被泥石流围困，但被围困本身并非保险事故，保险车辆本身并未发生损毁，即保险事故尚未发生，保险人此时无须承担保险责任。但考虑到本案的具体情况，保险车辆被困后极有可能因其他自然灾害或意外事故发生损毁，而损毁与泥石流对车辆的围困有较为密切的牵连关系。

(3) 从维护被保险人利益的角度出发，保险人可与被保险人约定，在车辆被解救出来后(不受保险期限还有一个月的限定)，如发现在遭遇泥石流期间发生的损毁，将其视为保险期限内发生的事故承担保险责任。

五、简答题

答：汽车营销师的职业道德可以概括为：实事求是、真诚可信；公正无私、光明磊落；勤奋努力、精益求精。

(1) 遵守国家法律法规，不违法经营。

(2) 遵守公平竞争、公平买卖的市场规则，不搞不公平竞争。

(3) 讲求商业信誉，抵制假冒伪劣产品。

(4) 接待客户真诚守信。

（5）维护企业与客户正当利益，不损人利己，不损公肥私。
（6）热情服务，耐心周到，平等待人，文明经商。
（7）有强烈的市场开拓精神，能吃苦耐劳。
（8）严于律己，工作认真负责，不懈怠，不懒散。

单元2 汽车营销商务礼仪

一、判断题

1.√

2.√

3.√

4.× 汽车销售人员社交场合的着装基本要求是时尚个性。

5.√

6.× 初次见面，可以一次同时接受几张名片。

7.√

8.× 汽车销售人员在与顾客会谈过程中，可以接打电话，但要注意礼貌。

9.√

二、单项选择题

1. A	2. B	3. B	4. C	5. D	6. C	7. A	8. A
9. B	10. B	11. A	12. A	13. C	14. C		

三、多项选择题

1. AC	2. BCD	3. ABC	4. ABCD
5. ABCD	6. ABD	7. ABCD	8. CD

四、问答题

1. 答：商务礼仪是人们在商务活动中，用以维护企业形象或个人形象，对交往对象表示尊重和友好的行为规范和惯例。

2. 答：汽车销售人员的外在形象包括：

(1) 仪容：通常指人的外观、容貌。

汽车营销职业对个人仪容的首要要求是仪容美。

修饰仪容的基本规则是：美观、整洁、卫生、得体。

注意的方面有：头发、面容、手臂、腿部、化妆。

(2) 仪态：是指人在行为中的姿势和风度，姿势是指身体呈现的样子，风度是气质方面的表露。

注意的方面有：站姿、坐姿、手姿。

(3) 仪表：是指人的外表，服饰对人的仪表起到修饰作用。

汽车销售人员的着装要区分公众场合、社交场合、休闲场合及遵循男性和女性的着装基本原则。

单元 3　汽车技术

一、判断题

1. ×　汽车上用的电是交流电，日常生活上用的是直流电。
2. ×　全世界公认的第一辆四轮汽车是由德国人戴姆勒发明的。
3. √
4. √
5. ×　机油粗滤器并联在机油泵和主油道之间。
6. √
7. √
8. √
9. √
10. ×　汽车产品型号中，车辆类别代号 7 代表轿车。
11. √
12. √
13. ×　为了防止空调系统泄漏，在加注制冷剂时要适量。
14. √
15. ×　减震器在汽车行驶中变热是正常的。
16. √
17. ×　汽车发动机燃料消耗量随其负荷而变化的特性称为发动机的内特性。
18. ×　评价汽车动力性的指标：最高车速、加速性能和最大爬坡度。
19. ×　汽车后轮驱动避免横向倾翻、侧滑的条件为：汽车横向稳定性系数小于路面附着系数。
20. √
21. ×　发动机转速越高，最佳点火提前角越提前。
22. √
23. √
24. √
25. ×　发动机在冷起动时，应供给浓混合气。
26. √
27. √　越野汽车都是由后轮驱动的。
28. √
29. √
30. √
31. √
32. ×　多缸发动机各汽缸的工作容积之和，称为发动机排量。
33. ×　发动机的燃油消耗率越小，经济性不一定越好。

34. × 经济车速是指最省油的行驶速度。

35. √

36. √

37. √

38. × 为了从根本上解决“鱼形汽车”的升力问题，人们设想了种种方案，最后终于找到了“楔形汽车”。

39. √

40. × 喷油器的作用是将燃油雾化，并分布在燃烧室内与空气混合。

41. √

42. × 轿车 VIN 车辆识别代号编码为便于查验，应位于车窗底部。

43. √

44. × VIN 车辆识别代号编码由一组英文和阿拉伯数字组成，共 17 位。

45. √

46. × 世界汽车产业已经初步形成了“6+4”的格局。

47. × 发动机是将燃料燃烧所产生的热能转变为机械能，并通过底盘驱动汽车行驶。

48. × 排量是指发动机各缸工作容积之和。

49. √

50. √

51. × 耗油量参数是指汽车行驶百公里消耗的燃油量。

52. √

53. √

二、单项选择题

1. A
2. C
3. D
4. B
5. D
6. A
7. C
8. C
9. C
10. B
11. B
12. B
13. A
14. C
15. A
16. D
17. C

18. D

19. B　发动机燃烧不完全会造成发动机冒白烟。

20. C

21. D　特种垃圾是指直接造成环境污染的垃圾。汽车用的油液都是化学用品，属于特种垃圾。

22. B

23. B

24. A

25. B　蓄电池正常使用一段时间后电解液亏损时应添加蒸馏水，若添加矿泉水等含杂质较多的液体会造成蓄电池自放电现象严重。

26. C

27. C

28. C　使用稀混合气易产生爆震，严重影响发动机的寿命。

29. B

30. B

31. B

32. A

33. D　丰田汽车公司首先推出既考虑了机械工程学、流体力学诸因素，又强调了以人为主体，注重乘员舒适性和驾驶员操纵性的新车型。

34. B

35. A

36. C　离合器的功用是保证汽车平稳起步、防止传动系过载、保证接合平顺。

37. A　车架对汽车不是必需的。

38. A

39. D　对于公路赛车，为了提高车速采用平纹轮胎。

40. A

41. D

42. C

43. D

44. D　关于汽车的公害，尾气公害对人们的生活环境影响最大，噪声是汽车的第二大污染。

45. D　汽车尾气中直接排出的氮氧化物基本上是 NO 和 NO_2。

46. B　柴油的标号是根据凝点高低来定的。

47. C　自动变速器中的行星齿轮机构，行星架固定，齿圈输入，太阳轮输出是加速并且反向。

48. D

49. B

50. D　ABS 的作用是在车辆制动时，防止出现车轮抱死，对发动机转矩不能进行调节。

51. B

52. D

53. D

54. B

55. A

56. C

57. B　因为四冲程发动机曲轴每转 2 圈，进气门只打开一次，所以发动机曲轴转速为 3 000 r/min 时，则同一气缸的进气门，在 1 min 时间内开闭次数应该是 1 500 次。

58. C

59. C

60. B

61. B

62. A

63. C

64. C

65. D　单向流量控制阀的作用是防止怠速时曲轴箱内气体吸入汽缸冲淡混合气。

66. A

67. D

68. B　汽车工业大致经历了三次变革：

(1) 第一次变革是汽车实现流水线生产，进入生产阶段。

(2) 第二次变革是汽车行业竞争态势凸现，汽车行业进入营销阶段。

(3) 第三次变革是到汽车行业全球化趋势加快，汽车行业进入个性化阶段。

所以汽车行业进入营销阶段，是汽车工业的第二次变革。

69. D

70. B　国内汽车发展史分为五个阶段：起步阶段；计划时代；批发时代；"井喷"时代；理性增长时代。桑塔纳、富康、捷达三足鼎立的时代，是批发时代。

71. C　国外轿车分类中德系，将轿车分为 A、B、C、D 级，其中 A 级车又可分为 A00、A0 和 A 三级车，相当于我国微型轿车和普通型轿车；B 级和 C 级分别相当于我国的中级轿车和中高级轿车；D 级车相当于我国的红旗等高级轿车。

72. B　国外汽车编码由三部分组成，世界制造厂识别代号（WMI）、车辆说明部分（VDS）和车辆指示部分（VIS）。

73. A

74. A　汽车产品的技术参数是车身尺寸、轴距、轮距、最小离地间隙、最小转弯半径、接近角、离去角、行李箱容积、悬挂、转向系统、轮胎型号、整备质量、发动机形式、最大扭矩、排放标准、加速时间、最高车速、油耗。

75. A

76. D

三、多项选择题

1. ABC	2. AB	3. ABD	4. ABC
5. AB	6. ABC	7. AB	8. ABC

9. ABCD	10. BCD	11. ABCD	12. ACD
13. ABC	14. ABCD	15. AB	16. ABC
17. ABCD	18. ABCD	19. BC	20. ABC
21. ABCD	22. ABCD	23. ABCD	24. BCD
25. ACD	26. ABCD	27. ABCD	28. ABCD
29. ABCD	30. ABCD	31. BD	32. AC
33. AB	34. BC	35. AB	36. AD
37. AC	38. BC	39. AB	40. ABCD
41. BCD	42. ACD	43. ABCD	44. CD
45. ABCD	46. ABC	47. ABD	48. ABCD
49. ABCD	50. ABD		

四、问答题

1. 答：汽油发动机包括两大机构和五大系统。即曲柄连杆机构、配气机构，燃料供给系、点火系、冷却系、润滑系、起动系。柴油发动机没有点火系。

汽油发动机的作用是将燃料燃烧所产生的热能转变为机械能，并通过底盘驱动汽车行驶。

2. 答：走合期的使用要求：

（1）减少装载质量。走合期内，汽车必须适当减载。其装载质量一般不应超过汽车额定装载质量的 80%，并不得拖带挂车或其他机械行驶。

（2）控制车速。一般载重车在走合期的最高车速不应超过 45 km/h，小型乘用车不超过 50 km/h。同时，在走合期间不得拆除限速装置。

（3）发动机起动时不要猛踏加速踏板。要控制加速踏板行程，避免发动机高速运转。

（4）起步要平稳，换挡要及时，选择平坦的良好路段行驶，以避免震动和冲击。

（5）避免紧急制动、长时间制动或使用发动机制动。

单元4　汽车市场调查

一、判断题

1. × 　市场细分就是企业的管理者按照一定的细分变量，把整个市场细分为若干需要不同产品和市场营销组合的市场部分或子市场，其中任何一个市场部分或子市场都是一个有相似欲望和需要的购买者群，都可能被选为企业的目标市场，它不等同于市场分类。

2. × 　递减。

3. √ 　在良好的竞争环境下，企业才能公平地、优胜劣汰地进行竞争。

4. √ 　企业的商品品种多、全，有利于在各个领域扩大品牌的知名度、名气，从而提升企业的竞争能力。

5. √ 　促进销售简称为促销，促销就是企业为了激发顾客的购买欲望、影响他们的消费行为、扩大市场而进行的一系列联系、报道、说服等促进工作。

6. × 　一般来说，信息渠道是指获得信息的途径。

7. × 　产品质量法中的产品不包括军工产品。

8. √ 　服务指的是企业为满足消费者需求和愿望而提供的无形产品或有形产品加无形产品的组合。

9. × 　街头访问的时间要控制在 10 min 以内。

10. √

11. × 　市场细分就是企业的管理者按照一定的细分变量，把整个市场细分为若干需要不同产品和市场营销组合的市场部分或子市场，其中任何一个市场部分或自市场都是一个有相似欲望和需要的购买者群，都可能被选为企业的目标市场。市场细分不是简单的区域划分。

12. √

13. √

14. × 　市场营销历经了生产观念、产品观念、销售观念、市场营销观念、现代市场营销理念等演变的过程。

15. √

16. √

17. × 　市场营销组合指的是企业在选定的目标市场上，综合考虑环境、能力、竞争状况，对企业自身可以控制的因素进行最佳组合和运用，以完成企业的目的与任务，不属于战略性市场营销。

18. √ 　汽车市场调查的内容主要包括：汽车产品供求及其变化的信息，汽车产品的价格及其变化信息，汽车行业市场竞争情况及其发展趋势信息，技术进步及新产品开发信息，国际市场及其变化信息，与市场营销有关的其他信息。

19. × 　只有获得被访者的认同，访问才能真正开始。

20. ×

二、单项选择题

1. D　市场细分的方法有：按地理位置细分，按人口特点细分，按购买者心理细分，按最终用户的类型细分，按用户规模细分，按照用户的购买特点细分，等等。以上三个选项都是汽车市场常见的细分方法。

2. C　假冒他人的注册商标是违法的，属于不正当的竞争行为。

3. B

4. A

5. A

6. C　应考虑的因素：①企业资源或实力；②产品的同质性；③市场同质性；④产品所处生命周期的不同阶段；⑤竞争者的市场营销策略；⑥竞争者数目。

7. B

8. B　企业转投其他行业，通过市场开发的手段寻求市场营销机会。

9. A　家电企业和汽车制造厂属于不同的行业，相对来说，竞争不是太激烈，所以为一般竞争者。

10. B

11. A　中间商是指在生产者和消费者用户之间进行产品流通业务活动，达成买卖交易的经济组织或个人，合理选择中间商应考虑的首要因素就是要考虑其所具备的条件。

12. B　竞争是商品经济中企业活动的一种普遍特性，而自由、平等、公开的社会经济条件是市场竞争存在的前提。

13. C　市场开发是指用企业现有的产品去满足新的市场需求从而增加销售。

14. C　统一商标策略是指企业经营的所有产品都采用同一商标投入市场的策略。

15. A

16. D

17. C　市场开发战略即寻求新用户，是指以现有产品开发新市场。

18. B

19. A　市场渗透的策略是指在现有市场推出新的产品。

20. C　制造商代表只是视察、监督、协助买卖成交、推销产品，但对所经营产品没有所有权。

21. C　市场需求的整体性和可能性是市场细分的客观基础。

22. B

23. B　食盐市场政府宏观调控，属于不可扩张市场。

24. A　产品形象是指企业从消费者的角度对创意所作的详尽描述。

25. B

26. A　市场营销职能审计包括对企业市场营销组合因素所进行的效率审计。

27. B　两个国家的企业合作，共同开拓或占领市场属于市场营销与服务联盟。

28. C　市场需求的层次性决定市场能够细分。

29. A

30. A　以销定产的经营模式，市场的激烈竞争使得企业不断地扩大生产。

31. D

32. C　财务审计是指客观地对财务会计资料进行考察、询问、分析检查，作出结论和报告。

33. B　人员访问是最有效而且实用的调查方法。

34. B　人员访问最富有灵活性，但是花费成本较高。

35. A　市场营销管理的任务是使得营销活动的几个职能之间协调、沟通，并各自充分发挥作用，完成市场营销的过程，在不规则需求情况下，市场营销管理的任务是协调市场营销。

36. B　改变营销策略，重振市场营销，提高消费者在电影院观看电影的需求。

37. C

38. A

39. A　企业市场营销的目的在于了解消费者的需要，按照消费者的需要来设计和生产适销对路的产品，从而使这些产品可以轻而易举地销售出去。满足消费者的需求和欲望是企业市场营销的最终目的。

40. C

41. C

42. A　随着消费者收入的提高，支出的比例也变小，所以恩格尔系数将越来越小。

43. C

44. D

45. A

46. D

三、多项选择题

1. ACD　市场细分的方法有按地理变量细分市场、按人口变量细分市场、按心理变量细分市场、按行为变量细分市场。

2. ABC　有效的市场细分的原则应遵循以下原则：可衡量性、可进入性、有效性、对营销策略反应的差异性。

3. ACD　单价高、技术性强、市场集中的产品宜采用短渠道分销。

4. ABCD　适合直复营销的是具有特色性、稀缺性、隐私性、时代性的商品。

5. ABCD　一般来说，商品质量的基本特性有可靠性、安全性、适用性、经济性。

6. ABCD

7. ABCD

8. ABCD

9. AC

10. ABCD

11. ABCD　汽车市场调查的内容主要包括：①市场环境调查；②市场需求调查；③市场供给调查；④市场营销因素调查；⑤市场竞争情况调查。

12. AC

13. ACD

14. AB

15. ABC

16. ABCD　经营能力、所有制结构、所在区域、经营水平是考察一个中间商需要综合考虑的因素。

17. AD　内部报告系统、市场营销研究系统是市场营销信息系统的内容。

18. ACD

19. ABC

20. ACD

21. BCD

四、案例分析

【案例 1】

答：(1) 汽车市场激烈竞争的原因有：

1) 市场上同质性的汽车产品日益增多。

2) 汽车消费者的消费行为逐渐趋于理性，不再单一地追逐价格的高低。

3) 汽车消费者需求的差异性。

(2) 解决方案：

1) 给消费者提供更加新颖、细微周到的服务。

2) 掌握购车者的基本资料以及购车的使用环境，根据不同的人群采用不同的营销手段。

3) 选择恰当的价格策略。

4) 提供贷款、上牌、购买保险等方便客户的服务。

【案例 2】

答：无论是大众、通用、日产、本田等世界汽车品牌，还是奇瑞、比亚迪、力帆、长安等国内汽车品牌，都对世博会倾注了大量心血。它们或直接在世博园建设汽车馆，或赞助各国国家馆贵宾车辆，或在场外打起"擦边球"，如借世博之名推新能源出租车等。总之，"低碳世博"让众商家带来了当今全球汽车工业最先进、最前沿的汽车新技术或新理念，突出展示了新能源及混合动力汽车的研发，推广普及节能减排技术等最新成果。

五、简答题

答：市场调研的主要内容一般包括以下五个方面：

(1) 市场环境调查。

(2) 企业竞争者调查。

(3) 市场竞争需求及产品状况调查。

(4) 企业自身营销组合要素调查。

(5) 销售企业的客户满意度调查。

单元5　汽车消费者购买行为分析

一、判断题

1. √

2. ×　从广义上说，公众是除自己之外的所有人，具有排己性。从狭义上说，公众是除自己及与自己有相当关系或一定交往的人（或团体）外的人群，具有排他性。公众具有以下特征：排己性、排他性、相关性、共同性、变化性、多样性。

3. √

4. ×　《产品质量法》规定：由于销售者的过错使产品存在缺陷，造成人身、他人财产损害的，销售者应当承担赔偿责任。销售者不能指明缺陷产品的生产者也不能指明缺陷产品的供货者的，销售者应当承担赔偿责任。

5. √　价格是一种从属于价值并由价值决定的货币价值形式。价值的变动是价格变动的内在的、支配性的因素，是价格形成的基础，因此在现代商品经济中不能过分夸大价格在竞争中的作用。

6. ×　需要是人脑对生理需求和社会需求的反映。因此是主观的，不完全是外界刺激的结果。

7. ×　与外界刺激有关。

8. √　企业要在社会公众中树立良好的形象，首先，要靠自己的内功——为社会提供优良的产品和服务；其次，还要靠企业的真实传播——通过各种宣传手段向公众介绍、宣传自己，让公众了解熟知、加深印象。

9. √

10. √　派生需求是由阿弗里德·马歇尔在其《经济学原理》一书中首次提出的经济概念，是指对生产要素的需求，意味着它是由对该要素参与生产的产品的需求派生出来的，又叫引申需求或衍生需求。

11. √

12. ×　《产品质量法》规定：因产品存在缺陷造成人身、缺陷产品以外的其他财产损害的，生产者应当承担赔偿责任。

13. ×　单一来源采购也称直接采购，是指达到了限额标准和公开招标数额标准，但所购商品的来源渠道单一，或属专利、首次制造、合同追加、原有采购项目的后续扩充和发生了不可预见紧急情况不能从其他供应商处采购等情况。该采购方式的最主要特点是没有竞争性。政府购车一般采取议价合约选购。

14. ×　影响者的看法和建议对最终决策有一定影响，决策者对整个购买行动起决定性作用。

15. √

16. √

17. ×　产品品质主要指产品物理化学性质、技术经济性能、使用寿命等，是表明产品的质量水平的重要标志。

18. × 产品生命周期是指产品的市场寿命。

19. × 换代新产品是指在原有产品的制造原理基础上，部分采用新技术、新材料或新元件，使产品性能有显著提高的产品。

20. √

21. × 所谓直接重购，是指采购部门根据过去的一贯性需要，按原有订货目录和供应关系所进行的重复购买。

22. × 议价合约选购。集团组织的采购部门同时和若干供应商就某一采购项目的价格和有关交易条件展开谈判，最后与符合要求的供应商签订合同，达成交易。汽车产品的大宗订单、特殊需求订单一般均采取此种购买方式。

23. √

24. √

25. √

二、单项选择题

1. B 特点指：产品所独具有的特征。优点指：产品优于其他同类产品的地方。

2. C 产品提价通常会抑制需求，但有时会使用户将提价理解为：①此产品为走俏产品，市场很快会脱销；②该产品有新功能或特殊价值；③可能还要涨价，迟买不如早买。

3. B

4. C

5. A 需求价格弹性是指商品的市场需求量随着价格变化而变化的程度，即价格变化率引起的需求量变化率大小。需求交叉弹性，是指相关两种商品中一种商品的价格变动，引起的另一种商品的需求量变动的比率，即一种商品的需求量变动对另一种商品价格变动的反应程度。需求收入弹性用来表示消费者对某种商品需求量的变动对收入变动的反应程度。

6. D

7. B 一般销售单位的汽车销售价：汽车销售价＝进货价＋商品流通费＋销售利润。

8. C 人员促销主要适用于消费者数量较少、比较集中的情况。

9. D

10. D

11. B 资金成本是指企业为筹集和使用资金而付出的代价。资金成本包括资金筹集费用和资金占用费用两部分。

12. D 竞争对等法：根据市场上竞争者广告费用投入的多少来确定本企业的广告费用的预算，以保持竞争优势。目标任务法：把完成广告目标所必须进行的工作费用计算出来，它们的和作为企业广告费用的总预算。销售百分比法是指依据特定销售额（当期或预测数）的百分比或售价的一定比率决定公司促销预算。

13. D

14. B 汽车服务企业具有法人资格。

15. B 顾名思义，品牌效应是由品牌为企业带来的效应，是商业社会中企业价值的延续，在当前品牌先导的商业模式中，品牌意味着商品定位、经营模式、消费族群和利润回报。

16. A 首要群体：在消费社会中也叫做主要群体或者主导群体，是指有着极其密切关系的消费者所组成的群体，如亲戚朋友、家庭成员、同事等。

17. A　知觉：外界刺激作用于感官时人脑对外界的整体的看法和理解，它为我们对外界的感觉信息进行组织和解释。

18. C　修正重购是指用户为取得更好的采购效果而进行修正采购方案，改变产品规格、型号、价格等条件或改变新的供应商的情形。这种购买类型下的采购行为比直接重购复杂，它要涉及更多的购买决策人员和决策项目。

19. D　组织市场是由各种组织机构形成的对企业产品和劳务需求之总和。

20. C

21. B　延伸产品是指顾客购买形式产品和期望产品时，附带获得的各种利益的总和，包括产品说明书、保证、安装、维修、送货、技术培训等。

22. C

23. C

24. C

25. B　寻求多样化的购买行为指消费者购买产品有很大的随意性，并不深入收集信息和评估比较就决定购买某一品牌，在消费时才加以评估，但是在下次购买时又转换其他品牌。产生的条件：消费者属于低参与并了解现有品牌和品种之间具有的显著差异，会产生寻求多样化的购买行为。

26. C　向往群体：把他人的目标、标准和规范作为自己的行为动机，从而调节自己思想和行为的一种群体。通俗地说，就是人们心目中向往和崇尚的群体。

27. C　"学"偏重于思想意识的理论领域，"习"偏重于行动实习的实践方面。学习就是获得知识，形成技能，培养聪明才智的过程。实质上就是学、思、习、行的总称。

28. C

29. C　发起者：首先提出购买意向的人，包括使用者，消息灵通人士、已购车的朋友等。影响者：其看法和建议对最终决策有一定影响的人，一般指紧密群体的成员。决策者：对整个购买行动起决定性作用的人，包括家长、单位领导等。购买者：最终实际采购的人，一般包括家庭成员、办公室负责人等。使用者：最终使用产品和服务的人，一般指司机、实际驾驶人员。

30. D

31. C　消费者购买决策过程由认识需要、收集信息、评价方案、决定购买和购后行为五个阶段构成。

32. A

33. A　所谓产品就是向市场提供能满足人们某种需要的一切实物和服务、场所、组织、主意等。

34. C

35. B

36. B

37. D

38. C

39. A

40. B

41. C

42. C

43. D

44. A

45. A　将同一种产品或服务，以不同价格销售给不同的消费者叫做顾客差别定价。

46. B　数量折扣又称批量作价，是企业对大量购买产品的顾客给予的一种减价优惠。一般购买量越多，折扣也越大，以鼓励顾客增加购买量，或集中向一家企业购买，或提前购买。

47. C　利用消费者对某些名牌或流行产品产生的崇尚心理而制定价格的策略叫做声望定价法。招徕定价法，是一种有意将商品按低于市场平均价格的价格出售来招揽、吸引消费者的定价策略。反向定价法，又称可销价格倒推法，是指企业根据产品的市场需求状况，通过价格预测和试销、评估，先确定消费者可以接受和理解的零售价格，然后倒推批发价格和出厂价格的定价方法。

48. D　凡消费者或用户对某一产品的需要、偏好、购买行为以及对企业营销的反应等方面具有基本相同或极为相似的一致性，即为同质产品。

49. C

50. A　批发商是指向生产企业购进产品，然后转售给零售商、产业用户或各种非营利组织，不直接服务于个人消费者的商业机构，位于商品流通的中间环节。一般是企业，用来说没有服务终端意识的坐商。

51. A　渠道通常指水渠、沟渠，是水流的通道。现被引入到商业领域，引申意为商品销售路线，是商品的流通路线，指厂家的商品通过一定的社会网络或代理商而卖向不同的区域，以达到销售的目的，故而渠道（marketing channel）又称网络。

52. A

53. D　公共关系（Public Relation）是指某一组织为改善与社会公众的关系，促进公众对组织的认识、理解和支持，达到树立良好组织形象、促进商品销售的目的的一系列促销活动。

54. D　人员推销是指企业通过派出销售人员与可能成为购买者的人交谈，作口头陈述，以推销商品，促进和扩大销售。人员推销是销售人员帮助和说服购买者购买某种商品或劳务的过程。

55. C　推销员是实现公司与消费者双向沟通的桥梁和媒介之一，推销员在营销活动，特别是促销活动中的地位和作用是不容忽视的，是企业最重要、最宝贵的财富之一。在推销过程中，推销员就是企业的代表和象征，推销员有现场经理、市场专家、销售工程师等称号。越是在竞争激烈、复杂的市场上，企业越需要应变能力强、创造力强的开拓型推销员。

56. C　横向一体化源起市场营销和战略管理，又称“水平一体化”或“整合一体化”，是指企业收购或兼并同类产品生产企业以扩大经营规模的成长战略，其实质则是提高系统的结构级别。

57. C　感觉分两部分：一是欲望，它是动物体的一种“需要”；二是感知，它是动物体的一种“知道”。

58. A

三、多项选择题

1. AB

2. BD

3. ABCD

4. ABCD

5. AC　产业市场的特点：①购买者数量较少，购买者规模较大；②地理位置集中；③生产者市场的需求是派生需求；④生产者市场的需求波动性较大；⑤生产者市场的需求一般都缺乏弹性；⑥长期联系；⑦生产资料的购买要求较为严格。

6. BCD

7. ABCD　汽车营销程序是在现代市场营销观念指导下，实施汽车营销的一整套步骤，主要包括了解顾客、整车销售、售后服务、备件供应、信息反馈。

8. ABD　影响车辆价值量变化的因素有市场价格、机动车辆的实体性贬值、机动车辆的功能性贬值、机动车辆的经济性贬值。

9. AB　产品组合也称产品集合，是指一个企业在一定时期内生产经营的各种不同产品的全部产品类别、产品项目的组合。它包括以下四个要素：宽度——指企业的产品线总数；长度——指一个企业的产品项目总数；深度——指企业各产品线平均包含的产品项目数等，它等于产品组合的长度除以宽度；关联性——指一个企业的各产品线在最终用途、生产条件、分销渠道等方面的相关联程度。

10. ABCD

11. AB　参照群体并非某一（些）成员身份所属的群体，但它却被某一（些）成员用做其所属群体的参照对象。作为参照对象的群体简称参照群体，其影响力度取决于产品和品牌。

12. CD

13. ABC

14. ABD　需要层次论的内容有生理需要、安全需要、社会需要、尊重需要、自我实现的需要。

15. ABD　消费者购买行为类型有习惯性购买行为、信誉型购买行为、触发型购买行为、复杂型购买行为。

16. ABCD　产品生命周期是指产品的市场寿命，即一种新产品从开始进入市场到被市场淘汰的整个过程，分为投入期期、生长期、成熟期、衰退期四个阶段。

17. ABCD

18. ABCD

19. ABCD

20. ABCD　心理因素包括：①动机。任何购买活动总是受一定的动机所支配，这种来自于消费者内部的动力反映了消费者在生理上、心理上和情感上的需要。②感觉和知觉。两个具有同样动机的消费者，会因为各自的感觉和知觉不同而做出不同的购买决策。③学习。学习是一种由经验引起的个人行为相对持久变化的心理过程，是消费者通过使用、练习或观察等实践，逐渐获得和积累经验，并根据经验调整购买行为的过程。企业应创造条件，帮助消费者完成学习过程。④信念和态度。消费者在购买和使用商品的过程中形成了信念和态度，这些又反过来影响其未来的购买行为，企业最好改变自己的产品以迎合消费者已有的态度，而不是去试图改变消费者的态度。

21. ABC

22. ABD

23. ABC

24. BCD

25. AC

26. ACD

27. ABCD

28. AD

29. ABCD

30. ACD

31. ABC

32. BC

四、案例分析

【案例 1】

(1) 答：准确的促销时间是促销效果的保证，所以促销时要把握好时机。可利用人们密切关注的重大事件，借机促销；可由企业设定议题如企业成立纪念日、举行新闻发布会等造势，大搞促销；可以利用市场旺季，乘势实施密集促销，突出自己的产品，在竞争中占得先机。

(2) 答：当“非典”突如其来袭击中国大地时，健康问题备受关注。公共汽车上人多，怕传染，对于本来是持币待购的消费者，“非典”正好帮助其下了买车的决心。此时厂家、经销商推波助澜，采用适时的促销，自然销售火爆。

【案例 2】

(1) 答：运用组合营销策略：产品策略、渠道策略、价格策略、促销策略。

(2) 答：沟通工具包括广告、人员推销、公关宣传。

【案例 3】

答：据资料显示，企业品牌知名度每提高 1%，需要投入约 2 000 万美元的广告费，但借助大型体育比赛进行宣传，同样的广告费用，其效果可以提高 10%。现代汽车的世界杯赞助经历就是最好的证明。2002 年韩日世界杯，现代斥资 15 亿欧元成为官方赞助商，同年现代在美国的销量增长高达 40%，品牌认知度从 32%一举跃升至 67%。四年一次的世界杯，每一场比赛都受到了全世界球迷的高度关注，车企在此时推出与世界杯有关的活动自然也会引起众多球迷的关注。借着世界杯这“东风”，既可提升品牌知名度，还可对企业形象起到宣传作用，何乐而不为。

五、简答题

答：影响消费者购买决策的角色有：

(1) 发起者。指首先提出购买意向的人，包括使用者、消息灵通人士、已购车的朋友等。

（2）影响者。指其看法和建议对最终决策有一定影响的人。一般指紧密群体的成员。

（3）决策者。指对整个购买行动起决定性作用的人。包括家长、单位领导等。

（4）购买者。指最终实际采购的人。一般包括家庭成员、办公室负责人等。

（5）使用者。指最终使用产品和服务的人。一般指司机、实际驾驶人员。

单元6　汽车销售

一、判断题

1.×　尊重就是照顾他人的体面，不伤及或不严重伤及他人的不满足本性的行为。

2.×　这种观念的产生说明企业意识到卖方市场已经向买方市场转化，但它只注重对既定产品的推销，至于顾客需要什么、购买产品后是否满意等问题，则未给予足够的重视。

3.×　与客户见面的头几分钟内是非常重要的，但是对于客户的态度应该善始善终。

4.×　广告中涉及专利产品或者专利方法的，必须标明专利号和专利种类。

5.×　作为一名业务接待员，不光只要外貌、形象好，更重要的是对市场情况了解，对公司情况了解，对产品情况了解，具备基本的汽车理论知识，有一定的营销理论知识。

6.×　在接待客户时，为了表示亲近，与客户之间的距离应保持在80～120 cm。

7.√

8.√

9.√

10.√　企业常用的定价方法有专家意见定价法、竞争导向定价法、成本导向定价法、需求导向定价法。

11.√　汽车销售（Auto Sales）是消费者支出的重要组成部分，同时能很好地反映出消费者对经济前景的信心。

12.√

13.×　汽车销售过程：客户开发→接待→咨询→产品介绍→试车→协商→成交→交车→跟踪。

14.√

15.√

16.×　顾问式营销，顾名思义就是站在专业角度和客户利益角度提供专业意见和解决方案以及增值服务，使客户能做出对产品或服务的正确选择。在顾问式营销的过程中，建立了客户对产品或服务的品牌提供者的感情及忠诚度，有利于进一步开展关系营销，达到较长期稳定的合作关系，实现战略联盟，从而能形成独具杀伤力的市场竞争力。

17.√

18.√　离岸价格，是以货物装上运载工具为条件的价格，又称装运港船上交货价格。

19.√

20.√

21.√

22.×　售后服务是汽车销售过程中的一个重要环节。

23.√

二、单项选择题

1.D

2.D　现行市价法也称市场比较法，是根据目前公开市场上与被评估资产相似的或可比的参照物的价格来确定被评估资产的价格。现行市价法是一种最简单、有效的方法，是因为评估过程中的资料直接来源于市场，同时又为即将发生的资产行为估价。

3. A　提问的形式分为封闭式和开放式。

4. C

5. D

6. C　商务谈判方法有当面洽谈、电话洽谈、信函磋商、电报磋商。

7. B　走私车、没收车、非法改装车、已经报废的车不得进入流通领域，因此成交双方签订的合同属于无效合同。

8. C

9. B

10. B

11. A　《产品质量法》第41条规定：因产品存在缺陷造成人身、缺陷产品以外的其他财产损害的，生产者应当承担赔偿责任。

12. A

13. C　异议是指不同的意见，特指相反的意见，因此缺乏事实依据的拒绝不属于异议。

14. D

15. C

16. D　售后服务是指生产企业、经销商把产品（或服务）销售给消费者之后，为消费者提供的一系列服务，包括产品介绍、送货、安装、调试、维修、技术培训、上门服务等。

17. D

18. D

19. B　汽车销售公司进货，这是第二手货源，进货价比第一手货源要高。

20. B

21. A　运输方式有委托汽车制造厂发货、委托当地储运公司发货、由汽车制造厂派司机或雇司机通过公路长途运送。最常用的是委托工厂发货。

22. D

23. D

24. C　通过产品的文字、图片、影视、音响、证明等资料去引导客户做出购买决策称为产品说服法。

25. D

26. B

27. D

28. B　邮寄问卷法是将调查表或问卷邮寄给被调查者，由被调查者填妥后寄还的一种调查方法。

29. B

30. A

31. C

32. D

33. D

34. B　食盐市场是不可扩张市场。

35. D

36. A

37. A

38. A　MAN——M：Money，代表金钱；A：Authority，代表购买决定权；N：Need，代表需求。

39. D

40. C

41. D　价格谈判原则有强调价值、弱化价格、把产品与其经济使用寿命相结合、创造建议性降价。

三、多项选择题

1. ABCD

2. ABCD

3. ABCD

4. ABCD

5. ABCD

6. ABD

7. ABCD

8. ABCD

9. ABCD

10. ABCD

11. CD

12. ABC　所谓促销组合，是企业在指定时期内运用广告、人员推销、公众宣传、营业推广四种基本促销方式混合运用，激励和诱导目标市场消费者购买行为的策略。

13. AB　谈判是有关方面就共同关心的问题互相磋商，交换意见，寻求解决的途径和达成协议的过程。因此，必须兼顾科学与艺术，才能掌握谈判的全貌。

14. ABCD　汽车销售人员职责的是收集信息、沟通关系、销售商品、提供服务。

15. ABCD

16. ABCD

17. ABC

18. AB　流动资金管理效率指标可以通过全部流动资金周转率、资金利润率比率来分析。

19. ABCD

20. ABC

21. ABCD　直复营销是指营销者运用一定的信息传递工具使顾客或潜在顾客了解产品和服务，发生订货行为，再通过恰当的方式将产品或服务送达顾客手中，收取款项的营销行为和系统。

22. ABD　渠道越长，企业产品市场的扩展可能性就越大，但企业对产品销售的控制能力和信息反馈的清晰度越低。渠道设计的好坏直接影响到企业的收益与发展。

四、案例分析

【案例 1】

（1）答：品牌是一种名称、术语、标记、符号或设计，或是它们的组合运用。其目的是借以辨认某个销售者或某群销售者的产品或服务，并使之同其竞争对手的产品和服务区别开来。

（2）答：利于管理，受法律保护、提高消费者忠诚度，有利于细分市场，有助于提高公司形象。

【案例 2】

（1）答：按年龄标准来细分市场。因为三菱公司敏锐地发现，一些青年，特别是女青年崇尚个性，希望拥有符合女性审美特点的女性专用手机。

（2）答：以女青年为目标市场。采用投其所好的市场策略。

（3）答：三菱公司顺藤摸瓜，深入调研，专门为女青年设计了“三菱小菲”手机，以银色、银灰色的外壳改变了过去黑、蓝、灰的经典手机颜色，修长的机身、圆润的弯角处处体现了女性的柔美。

五、简答题

答：（1）专心致志地倾听。

（2）鉴别地倾听。

（3）不因反驳而结束倾听。

（4）倾听时要有积极的回应。

汽车营销师（四级）理论知识考核模拟试卷一

一、单项选择题

1. B　从本质上说，市场营销是一种以顾客需求和欲望为导向的观念，是消费者主权在企业市场营销中的体现。

2. A　汽车、住房、旅游属于发达国家三大消费品。

3. A

4. C　营销活动是连接生产者和消费者之间关系的重要环节，顾客作为核心功能是营销在公司中最理想的地位。

5. D　社会市场营销观念要求企业在制定市场营销策略时，要统筹兼顾企业利益、消费者利益和社会利益，保证企业能长期地可持续发展。

6. B

7. A

8. A

9. C

10. C

11. B　汽车工业大致经历了三次变革：第一次变革是汽车实现流水线生产，进入生产阶段；第二次变革是汽车行业竞争态势凸现，汽车行业进入营销阶段；第三次变革是汽车行业全球化趋势加快，汽车行业进入个性化阶段。

12. D

13. B　国内汽车发展史分为五个阶段：起步阶段；计划时代；批发时代；“井喷”时代；理性增长时代。中国汽车行业桑塔纳、富康、捷达三足鼎立的时代，是批发时代。

14. C　国外轿车分类中德系将轿车分为A、B、C、D级，其中A级车又可分为A00、A0和A三级车，相当于我国微型轿车和普通型轿车；B级和C级分别相当于我国的中级轿车和中高级轿车；D级车相当于我国的红旗等高级轿车。

15. B　国外汽车编码由三部分组成：世界制造厂识别代号（WMI）、车辆说明部分（VDS）和车辆指示部分（VIS）。

16. A

17. A　汽车产品的技术参数有车身尺寸、轴距、轮距、最小离地间隙、最小转弯半径、接近角、离去角、行李箱容积、悬挂、转向系统、轮胎型号、整备质量、发动机形式、最大扭矩、排放标准、加速时间、最高车速、油耗。

18. A

19. D

20. A

21. C

22. D

23. B

24. D

25. A

26. C

27. C

28. C

29. B

30. B

31. D　市场细分的方法有：按地理位置细分，按人口特点细分，按购买者心理细分，按最终用户的类型细分，按用户规模细分，按照用户的购买特点细分。

32. C

33. B

34. A

35. C

36. C

37. B　无差异性目标市场策略不究其差异点，只向市场提供一种规格、一种式样、一种渠道和策略，主要适用于产品性质相似的特点。

38. B　企业转投其他行业，通过市场开发的手段寻求市场营销机会。

39. A　家电企业和汽车制造厂属于不同的行业，相对来说，竞争不是太激烈，所以为一般竞争者。

40. B

41. B　特点指产品所独具有的特征，优点指产品优于其他同类产品的地方。

42. C　产品提价通常会抑制需求，但有时会使用户将提价理解为：①此产品为走俏产品，市场很快会脱销；②该产品有新功能或特殊价值；③可能还要涨价，迟买不如早买。

43. B　汽车营销控制的主要内容有战略控制、年度计划控制和利润控制。

44. C

45. A　需求价格弹性是指商品的市场需求量随着价格变化而变化的程度，即价格变化率引起的需求量变化率大小。需求交叉弹性，是指相关两种商品中一种商品的价格变动比率，引起的另一种商品的需求量变动比率，即一种商品的需求量变动对另一种商品价格变动的反应程度。需求收入弹性被用来表示消费者对某种商品需求量的变动对收入变动的反应程度。

46. D

47. B　一般销售单位的汽车销售价：汽车销售价＝进货价＋商品流通费＋销售利润。

48. C　人员促销主要适用于消费者数量较少、比较集中的情况下进行。

49. D

50. D

51. D

52. D　现行市价法也称市场比较法，是根据目前公开市场上与被评估资产相似的或可比的参照物的价格来确定被评估资产的价格。现行市价法是一种最简单、有效的方法，是因为评估过程中的资料直接来源于市场，同时又为即将发生的交易资产估价。

53. A　提问的形式分为封闭式和开放式。

54. C

55. D

56. C　商务谈判方法有当面洽谈、电话洽谈、信函磋商、电报磋商。

57. B　走私车、没收车、非法改装车、已经报废的车不得进入流通领域，因此成交双方签订的合同属于无效合同。

58. C

59. B

60. B

二、多项选择题

1. CD　企业作为社会的细胞，他们的活动信息往往与环境发生着千丝万缕的联系，分析营销环境的根本目的是寻求营销机会、避免环境威胁。

2. ABC

3. ABCD

4. CD

5. BCD

6. ACD　市场细分的方法：按地理变量细分市场，按人口变量细分市场，按心理变量细分市场，按行为变量细分市场。

7. ABC　有效的市场细分原则应遵循以下原则：可衡量性、可进入性、有效性、对营销策略反应的差异性。

8. ACD

9. ABD　直复营销是通过一种或多种广告媒体，在任何地方都能有效地做出回复达成交易的一种互动的营销体系。其指导思想是坚持以消费者需要为导向，强调以比竞争者更有效的方式传递目标市场所期待的产品与服务，是一种新型的市场营销观念。

10. ABCD

11. AB

12. BD

13. ACD

14. ABCD

15. AC　产业市场的特点：①购买者数量较少，购买者规模较大；②地理位置集中；③生产者市场的需求是派生需求；④生产者市场的需求波动性较大；⑤生产者市场的需求一般都缺乏弹性；⑥长期联系；⑦生产资料的购买要求较为严格。

16. ABCD

17. ABCD

18. ABCD

19. ABCD

20. ABC

三、判断题

1. √　传统营销观念以企业为中心，现代营销观念以顾客为中心，以社会长远利益为中心。

2.× 代理商是指接受委托，从事产品销售业务，但是对产品没有所有权的中间商。代理商可以有固定的营业场所，最主要的特点是对产品没有所有权。

3.× 营销推广是消费品营销活动中的促销手段之一，不是主要促销手段。

4.√

5.√

6.√

7.√

8.× 耗油量参数是指汽车行驶百公里消耗的燃油量。

9.√

10.√

11.× 市场细分是企业的管理者按照一定的细分变量，把整个市场细分为若干需要不同产品和市场营销组合的市场部分或子市场，其中任何一个市场部分或子市场都是一个有相似欲望和需要的购买者群，都可能被选为企业的目标市场，它不等同于市场分类。

12.× 产品组合的深度，是指产品线中的每一产品所包含的不同花色、规格、型号、功能和配方等数目的多少。

13.√

14.√ 企业的商品品种多、全，有利于在各个领域扩大品牌的知名度，从而提升企业的竞争能力。

15.√ 促进销售简称为促销，是企业为了激发顾客的购买欲望、影响他们的消费行为、扩大市场而进行的一系列联系、报道、说服等促进工作。

16.× 一般来说，信息渠道是指获得信息的途径。

17.× 产品质量法中的产品不包括军工产品。

18.√ 服务指的是企业为满足消费者需求和愿望而提供的无形产品或有形产品加无形产品的组合。

19.√

20.√

21.√

22.× 从广义上说，公众是除自己之外的所有人，具有排己性。从狭义上说，公众是除自己及与自己有相当关系或一定交往的人（或团体）外的人群，具有排他性。公众具有以下特征：排己性、排他性、相关性、共同性、变化性、多样性。

23.√

24.× 《产品质量法》第 42 条规定：由于销售者的过错使产品存在缺陷，造成人身、他人财产损害的，销售者应当承担赔偿责任。销售者不能指明缺陷产品的生产者也不能指明缺陷产品的供货者的，销售者应当承担赔偿责任。

25.√ 价格是一种从属于价值并由价值决定的货币价值形式。价值的变动是价格变动的内在的、支配性的因素，是价格形成的基础。因此，在现代商品经济中不能过分夸大价格在竞争中的作用。

26.× 需要是人脑对生理需求和社会需求的反映，因此是主观的，不完全是外界刺激的结果。

27. × 与外界刺激有关。

28. √ 企业要在社会公众中树立良好的形象，首先，要靠自己的内功——为社会提供优良的产品和服务；其次，还要靠企业的真实传播——通过各种宣传手段介绍向公众介绍、宣传自己，让公众了解熟知、加深印象。

29. √

30. √ 派生需求是由阿弗里德·马歇尔在其《经济学原理》一书中首次提出的经济学概念，是指对生产要素的需求，意味着它是由对该要素参与生产的产品的需求派生出来的，又叫引申需求或衍生需求。

31. × 尊重就是照顾他人的体面，不伤及或不严重伤及他人的不满足本性的行为。

32. × 这种观念的产生说明企业意识到卖方市场已经向买方市场转化，但它只注重对既定产品的推销，至于顾客需要什么，购买产品后是否满意等问题，则未给予足够的重视。

33. × 与客户见面的头几分钟内是非常重要的，但是对于客户的态度应该善始善终。

34. × 广告中涉及专利产品或者专利方法的，必须标明专利号和专利种类。

35. × 作为一名业务接待员，不光只要外貌、形象，更重要的是要对市场情况了解，对公司情况了解，对产品情况了解，个人必须具备基本的汽车理论知识，有一定的营销理论知识。

36. × 在接待客户时，为了表示亲近，与客户之间的距离应保持在 80～120 cm。

37. √

38. √

39. √

40. √ 企业常用的定价方法有专家意见定价法、竞争导向定价法、成本导向定价法、需求导向定价法。

汽车营销师（四级）专业能力考核模拟试卷一

第一部分 案例分析

【题目一】

1. 答：

异议：价格适中但省油性能不好。

方法：介绍本公司一款更好的汽车产品给顾客。

异议：质量、性能还可以但价格太高。

方法：指出自己的汽车价格与同质汽车价格相比还是较低的，最后留下电话和相关材料给顾客，留给顾客充分考虑的时间。

2. 略。

【题目二】

答：应按照调整后的价值11.8万元计算赔偿。

依据是：保险条款中明确规定，机动车辆在全部损失的情况下，按保险金额计算赔偿，但保险金额高于实际价值时，以不超过出险当时的实际价值计算赔偿。

赔偿金额＝11.8×（1－15％）＝10.3万元

或赔偿金额＝（11.8万元－残值）×（1－15％）

【题目三】

答：

（1）提供各种咨询服务要热情周到。即主动热情打招呼，服务周到细致。遇到对商品十分挑剔的消费者，应更加热情、细致，不应产生不耐烦的情绪。

（2）提供有关的服务要简明确切。即让顾客从你提供的服务中加深对商品的了解。回答消费者的问题时要言简意赅，不啰唆。

（3）提供服务应能为消费者解决实际问题。咨询服务人员为消费者提供的服务应能解决其实际问题。不要乱许诺提供各种服务又不能兑现，这样会引起消费者不满，使他们有上当受骗的感觉。同时，对咨询服务人员及企业的形象也有很大的不良影响。

（4）文字组织。

汽车营销师（四级）理论知识考核模拟试卷二

一、单项选择题

1. A

2. B

3. C

4. C　非要式同签订程序简单，只要当事人双方依法就合同的主要条款协商一致，合同即告成立。因此，只要保险人和投保人就合同条款达成一致，汽车保险合同就生效。

5. C　合同订立应遵循平等自愿、协商一致、合法原则，受到法律的保护和约束。

6. A　爱岗敬业的具体要求是树立职业理想，强化职业责任，提高职业技能。

7. C　职业道德是指从事一定职业的人们在职业活动中应当遵循的职业行为道德规范，具有促进人们的行为规范化的社会功能。

8. B

9. B

10. A　保险单缮制完毕后，制单人应将交费单自己留存，作为凭证，不用一起送复核人员。

11. B

12. C

13. A

14. C

15. C

16. C

17. D

18. C

19. B

20. B

21. A

22. C

23. B

24. B　蓄电池正常使用一段时间后电解液亏损时应添加蒸馏水，若添加矿泉水等含杂质较多的液体会造成蓄电池自放电现象严重。

25. C

26. B

27. A　汽车的结构可分为动力装置、底盘、车身及其附件和电气设备四大部分。

28. D　关于汽车的公害，在所有的危害中，尾气公害对人们的生活环境影响最大，噪声是汽车的第二大污染。

29. B

30. B
31. D
32. B
33. C
34. B
35. C
36. A
37. A
38. D
39. D
40. A
41. D
42. B
43. D
44. B　汽车服务企业具有法人资格。
45. D
46. B　寻求多样化的购买行为指消费者购买产品有很大的随意性，并不深入收集信息和评估比较就决定购买某一品牌，在消费时才加以评估，但是在下次购买时又转换其他品牌。产生的条件：消费者属于低参与并了解现有品牌和品种之间具有的显著差异，则会产生寻求多样化的购买行为。
47. D
48. B
49. B
50. C　一般来说，随着汽车消费阶段的推进，消费者解决问题的方式有三个：解决大量问题、解决有限问题和反应行为定型。
51. C　推销员是实现企业与消费者双向沟通的桥梁和媒介之一，推销员在企业的营销活动、特别是促销活动中的地位和作用是不容忽视的，是企业最重要、最宝贵的财富之一。在推销过程中，推销员就是企业的代表和象征，推销员有现场经理、市场专家、销售工程师等称号。越是在竞争激烈、复杂的市场上，企业越需要应变能力强、创造力强的开拓型推销员。
52. D　现行市价法也称市场比较法，是根据目前公开市场上与被评估资产相似的或可比的参照物的价格来确定被评估资产的价格。现行市价法是一种最简单、有效的方法。
53. D
54. C　商务谈判方法有当面洽谈、电话洽谈、信函磋商、电报磋商。
55. B　走私车、没收车、非法改装车、已经报废的车不得进入流通领域，因此成交双方签订的合同属于无效合同。
56. C　异议是指不同的意见，特指相反的意见，因此缺乏事实依据的拒绝仍属于异议。
57. C　在营销实践中，灵活用语、热情用语和礼貌用语是服务语言艺术最基本的表现。
58. D
59. A　汽车产品售后服务工作内容的是：建立客户档案，踊跃服务并反馈客户信息；

满足用户的备品供应；汽车产品的质量保证。

60. C

二、多项选择题

1. ABC

2. ABCD

3. ABC

4. ABC

5. ABC　机动车辆保险所承保的机动车辆是指汽车、电车、电瓶车、摩托车、拖拉机、各种专用机械车、特种车。

6. AC

7. CD

8. ABC

9. BCD

10. ABCD

11. ABC

12. BC

13. ABCD

14. AD

15. BCD　汽车营销控制的主要内容有战略控制、年度计划控制、利润控制。

16. ABCD

17. BC

18. ABCD

19. ABCD

20. ABCD

三、判断题

1. √

2. √　现行的国家相关法律规定汽车保险必须要缴纳交强险，即车损险和第三者责任险。

3. √

4. √　一般来说，保险车辆损失赔偿及施救费用不能超过保险金额。

5. √

6. √

7. ×　汽车销售人员在与顾客会谈过程中，可以接打电话，但要注意礼貌。

8. √

9. √

10. √

11. ×　减震器在汽车行驶中变热是正常的。

12. ×　评价汽车动力性的指标有最高车速、加速性能和最大爬坡度。

13. √　汽车的驱动力必须大于地面与轮胎附着力，汽车才能正常行驶。

14. √

15. √

16. √

17. × 发动机的燃油消耗率越小，经济性不一定越好。

18. × 为便于查验，轿车 VIN 车辆识别代号编码应位于车窗底部。

19. √

20. × VIN 车辆识别代号编码由一组英文和阿拉伯数字组成，共 17 位。

21. √

22. √ 汽车市场调查的内容主要包括：汽车产品供求及其变化的信息、汽车产品的价格及其变化信息、汽车行业市场竞争情况及其发展趋势信息、技术进步及新产品开发信息、国际市场及其变化信息、与市场营销有关的其他信息。

23. × 与外界刺激有关。

24. √

25. × 议价合约选购。集团组织的采购部门同时和若干供应商就某一采购项目的价格和有关交易条件展开谈判，最后与符合要求的供应商签订合同，达成交易。汽车产品的大宗订单、特殊需求订单一般均采取此种购买方式。

26. √

27. √

28. √

29. × 单一来源采购也称直接采购，是指达到了限额标准和公开招标数额标准，但所购商品的来源渠道单一，或属专利产品、首次制造、合同追加、原有采购项目的后续扩充和发生了不可预见紧急情况不能从其他供应商处采购等情况。该采购方式的最主要特点是没有竞争性。

30. × 推销观念的产生说明企业意识到卖方市场已经向买方市场转化，但它只注重对既定产品的推销，至于顾客需要什么，购买产品后是否满意等问题，则未给予足够的重视。

31. × 作为一名业务接待员，不光只要好的外貌、形象，更重要的是要对市场情况了解，对公司情况了解，对产品情况了解，个人必须具备基本的汽车理论知识，有一定的营销理论知识。

32. √

33. √

34. √ 企业常用的定价方法有专家意见定价法、竞争导向定价法、成本导向定价法、需求导向定价法。

35. √

36. × 汽车销售过程：客户开发→接待→咨询→产品介绍→试车→协商→成交→交车→跟踪。

37. √

38. √ 离岸价格是以货物装上运载工具为条件的价格，又称装运港船上交货价格。

39. √

40. √

汽车营销师（四级）专业能力考核模拟试卷二

第一部分 案例分析

【题目一】

1. 答：案例 1 类型：信誉型；案例 2 类型：复杂型。

消费者购买模式还有理智型、冲动型、选价型、情感型、习惯型。

2. 答：典型的汽车消费者的购买决策过程：确认需要→收集信息→选择判断→购买决策→购后感受。

【题目二】

答：车损险条款的解释部分对“使用过程”界定为“保险车辆作为一种工具被使用的整个过程，包括行驶和停放”。车辆在行驶中发生故障，为避免影响交通，需推至路边，应视为车辆停放过程，在其过程中发生事故，所以保险人需承担保险责任。

【题目三】

答：获取市场信息的程序：

（1）确定目标。即确定市场信息搜集的基本方向。

（2）明确需要。即所需要搜集的市场信息的具体内容。

（3）选择信息源。即从何处搜集所需的市场信息。

（4）选择方法。即应用何种方法搜集最为有效。

（5）实际搜集。即组织搜集人员，展开市场信息搜集活动。

（6）初步整理。即进行初步的分类、归纳、分析。

（7）追踪搜集。即根据初步整理的结果，决定是否进行补充搜集。

汽车营销师（四级）理论知识考核模拟试卷三

一、判断题

1. √	2. √	3. √	4. ×	5. √	6. √	7. √	8. √
9. ×	10. √	11. √	12. ×	13. √	14. ×	15. ×	16. √
17. √	18. √	19. √	20. √	21. √	22. ×	23. √	24. ×
25. √	26. ×	27. ×	28. √	29. √	30. ×	31. ×	32. ×
33. ×	34. ×	35. √	36. √	37. √	38. √	39. ×	40. √

二、单项选择题

1. B	2. D	3. C	4. B	5. C	6. D	7. C	8. D
9. D	10. A	11. D	12. C	13. C	14. B	15. C	16. D
17. C	18. A	19. D	20. A	21. A	22. D	23. D	24. C
25. C	26. C	27. D	28. C	29. C	30. B	31. B	32. B
33. B	34. B	35. A	36. C	37. D	38. D	39. C	40. D

三、多项选择题

1. ABCD	2. ABDE	3. AD	4. ABCDE
5. ACE	6. ABDE	7. ACDE	8. ABD
9. ABCD	10. AE	11. ACDE	12. BCE
13. ABCE	14. ABCDE	15. ABCD	16. ACD
17. ABD	18. ABCDE	19. ABC	20. ABCE

汽车营销师（四级）专业能力考核模拟试卷三

【题目一】案例分析

评分标准：应结合案例对答案要点进行相应阐述，否则酌情扣分。

1. 答：合理的车型、优异的性能、良好的服务和超低的价位，很快在美国树立起丰田的品牌。20 世纪 80 年代起，丰田公司开始在美国设厂，实行销售车辆本土化生产。

2. 答：丰田公司在美国营销工作的成功之处在于：

（1）看准市场、定位恰当、抢先开发、占领细分市场。

（2）服务于消费者，为消费者的需求实施创新，解放思想、敢于首先开发美国人需要用的车，研制出适用于美国消费者的中小型轿车。

（3）敢于面对竞争，在中小型汽车市场上与欧洲和本土汽车企业展开竞争，在产品品质上、价格上、服务上都能胜出一筹，最后将德国大众公司在美国的营销部门大多兼并，从而巩固了在目标市场上的地位。

（4）在美国汽车市场上，找准空缺、避实就虚，在总体上与美国汽车公司争夺消费者，在具体产品上显示出特征，不与其争夺同一类消费者，从而减轻了竞争压力，有利于迅速占领目标市场。

（5）创新地建立了精益生产模式，管理上极大程度地降低成本，技术上积极采用先进科技成果，以低价位、高品质的产品树立起良好的企业形象和品牌形象。

【题目二】论述题

评分标准：应对答案要点进行相应阐述，否则酌情扣分。

1. 答：规范的质量保修流程要点如下：

（1）用户至特约维修站。

（2）业务接待员听取用户的反映及报修内容。

（3）业务接待员对车辆进行初步检查，根据故障情况及用户反映的情况，分为普通报修车和申请索赔车。

（4）申请索赔车辆交由索赔员检查鉴定。

（5）确属索赔范围车辆由索赔员登记有关的车辆数据。

（6）修理工作结束后，及时在索赔件上挂上标签。

（7）用户凭修理单领取车辆，所有属于质量保修范围均免费修理。

（8）每天工作结束后，由索赔员根据当天的修理情况，填写好故障报告，并将带有标签的索赔件放入索赔件仓库。

（9）定期向汽车公司售后服务部门寄发“故障报告单”。

（10）定期完成索赔申请单，寄往售后服务总部。

（11）所有的索赔件保持原样，按有关规定处理。

（12）根据计算机清单，定期向总部结算索赔费用。

2. 答：服务质量的评价通常，可以从以下五个方面去评价服务质量：

（1）感知性。指提供服务的有形部分，如各种设施、设备、服务人员的仪表等。

（2）可靠性。指服务提供者准确无误地完成所承诺的服务。可靠性要求避免服务过程中的失误。许多以优质服务著称的服务企业，正是通过强化可靠性来建立自己的声誉的。

（3）适应性。主要指反应能力，即随时准确地为顾客提供快捷、有效的服务，包括矫正失误和改正对顾客不便之处的能力。对顾客的各项要求能否予以及时满足，表明企业的服务导向，即是否把顾客利益放在第一位。

（4）保证性。主要指服务人员的友好态度与胜任能力。服务人员较高的知识技能和良好的服务态度，能增强顾客对服务质量的可信度和安全感。

（5）移情性。指企业和服务人员能设身处地为顾客着想，努力满足顾客的要求。给予顾客充分的关心和相应的体贴，使服务过程充满人情味，这便是移情性的体现。

汽车营销师（四级）理论知识考核模拟试卷四

一、判断题

1. √	2. √	3. ×	4. √	5. √	6. √	7. ×	8. ×
9. √	10. ×	11. ×	12. ×	13. ×	14. ×	15. ×	16. √
17. √	18. ×	19. ×	20. √	21. √	22. ×	23. ×	24. √
25. √	26. ×	27. √	28. ×	29. ×	30. √	31. ×	32. ×
33. ×	34. ×	35. √	36. √	37. √	38. ×	39. ×	40. ×

二、单项选择题

1. A	2. B	3. C	4. B	5. D	6. D	7. D	8. D
9. B	10. C	11. D	12. B	13. B	14. A	15. C	16. B
17. A	18. C	19. B	20. A	21. B	22. A	23. A	24. B
25. D	26. A	27. A	28. D	29. A	30. A	31. D	32. C
33. A	34. B	35. B	36. A	37. C	38. D	39. C	40. D

三、多项选择题

1. ABCDE	2. ABCDE	3. BD	4. BCDE
5. ABC	6. ABCD	7. ACE	8. ABCDE
9. ACD	10. ABC	11. BCDE	12. ABCDE
13. BCD	14. BCD	15. BC	16. ABD
17. AB	18. ABC	19. ABCDE	20. ABCDE

汽车营销师（四级）专业能力考核模拟试卷四

【题目一】案例分析（1）

1. 答：

案例1类型：习惯型。消费者对某种商品的态度，常取决于对商品的信念。信念可以建立在知识的基础上，也可以建立在信任的基础上。对商品形成一种习惯性态度，使之在需要时会不假思索地去购买，这就形成了购买行为的习惯性。属于此类行为的购买主体，往往根据过去的经验和使用习惯进行购买活动，或长期光临某商店，或长期使用某个厂牌、某个商标的商品，而很少受时尚风气的影响。

案例2类型：感情型。这种购买行为兴奋性较强，情感体验深刻，想象力也特别丰富，审美感比较灵敏，因此，购买主体在购买商品时容易受感情的影响，也容易受宣传的诱导，往往以商品品质是否符合其感情的需要来确定是否作出购买。

消费者的购买模式还有理智型、冲动型、选价型。

2. 答：典型的汽车消费者的购买决策过程：确认需要→收集信息→选择判断→购买决策→购后感受。

【题目二】案例分析（2）

答：应按照调整后的价值21.58万元计算赔偿。

依据是：保险条款中明确规定，机动车辆在全部损失的情况下，按保险金额计算赔偿，但保险金额高于实际价值时，以不超过出险当时的实际价值计算赔偿。

赔偿金额＝21.58×（1－15%）＝18.343万元

或赔偿金额＝（21.58万元－残值）×（1－15%）

【题目三】论述题

答：汽车企业的定价方法主要有汽车成本导向定价法、汽车需求导向定价法和汽车竞争导向定价法三种。

汽车成本加成定价法即在单台汽车成本的基础上，加上一定比例的预期利润作为汽车产品的售价。售价与成本之间的差额，就是利润。由于利润的多少是按一定比例反映的，这种比例习惯上称为“几成”，所以这种方法被称为汽车成本加成定价法。汽车成本加成定价法是一种最简单的汽车定价方法。

汽车成本加成定价法的优点：

（1）计算方法简便易行，资料容易取得。

（2）根据完全成本定价，能够保证汽车企业所耗费的全部成本得到补偿，并在正常情况下能获得一定的利润。

（3）有利于保持价格的稳定。当消费者需求量增大时，按此方法定价，产品价格不会提高，而固定的加成，也使企业获得较稳定的利润。

（4）汽车行业的各企业如果都采用完全成本加成定价，只要加成比例接近，所制定的价格也将接近，可以减少或避免价格竞争。